ein Ullstein Buch

Giovannino Guareschi

Enthüllungen eines Familienvaters

Eine ergötzliche Autobiographie

ein Ullstein Buch

ein Ullstein Buch
Nr. 22745
im Verlag Ullstein GmbH,
Frankfurt/M – Berlin
Deutsche Übersetzung der
italienischen Originale
Lo Zibaldino und La Scoperta
di Milano von Hans Weigel
und Wolfram Bacher

Ungekürzte Sonderausgabe
von UB 42

Umschlagentwurf:
Hansbernd Lindemann
Illustration:
Silvia Mieres

Lizenzausgabe des Donau-Verlages,
Wien – München

Printed in Germany 1991
Druck und Verarbeitung:
Ebner Ulm
ISBN 3 548 22745 7

Oktober 1991

Die Deutsche Bibliothek –
CIP-Einheitsaufnahme

Guareschi, Giovannino:
Enthüllungen eines Familienvaters: eine
ergötzliche Autobiographie / Giovannino
Guareschi. [Dt. Übers. der ital. Originale
Lo Zibaldino und La Scoperta di Milano
von Hans Weigel und Wolfram Bacher]. –
Ungekürzte Sonderausg. – Frankfurt/M;
Berlin: Ullstein, 1991
(Ullstein-Buch; Nr. 22745)
Orig.-Ausg. gesondert u. d. T.:
Guareschi, Giovannino: Lo Zibaldino
und: Guareschi, Giovannino: La
Scoperta di Milano
ISBN 3-548-22745-7
NE: GT

Inhalt

Der Fahrraddieb

Am Morgen des 10. Juni 1929 fand der dreizehnjährige Francesco R., geboren in Mailand, vor dem Gittertor der Villa des Herrn Luigi in der Umgebung der Stadt P. ein unbewachtes Fahrrad und schwang sich auf dessen Sattel.

Nach einer vergnüglichen und ausgedehnten Spazierfahrt wurde der vielversprechende Jüngling aufgespürt, gab das Fahrrad zurück und erhielt dafür eine stattliche Zahl von Kopfstücken.

Selbst wenn man in Betracht zieht, daß das Fahrrad dem Autor dieser Aufzeichnungen gehörte, wäre die Erwähnung eines solchen Zwischenfalles außerhalb der Grenzen lokaler Berichterstattung kaum zu rechtfertigen, hinge er nicht aufs engste mit dem Ausgangspunkt der vorliegenden Geschichte zusammen. Der Autor möchte in diesem Zusammenhang dartun, daß es nicht auf menschlichen Einfluß, sondern auf den höchsten Beschluß des Schicksals zurückzuführen war, wenn er sich am Morgen des 10. Juni 1929 zu Fuß in die Schule begeben mußte.

Er möchte außerdem deutlich machen, daß sich zum Schutz seines bescheidenen Fahrrades Autoritäten von geradezu weltumspannender Bedeutsamkeit eingeschaltet haben; dies tut er nicht aus Eitelkeit, sondern aus reiner Liebe zur Wahrheit und um der Erzählung von allem Anfang an die Bedeutung zu geben, die ihr zukommt.

Machen wir darum aus dem Jahr 1929 einen Schritt um dreizehn Jahre zurück.

Es war eine trübselige Novembernacht des Jahres 1916. Mailand hatte sich in Dunkelheit gehüllt. Alles schlief. Als es Mitternacht schlug, trafen auf einem einsamen kleinen Platz sieben geheimnisvolle Gestalten zusammen: ein Mann und sechs Frauen. Der Mann hatte einen langen weißen Bart und einen weiten Mantel, und das ist nichts Außergewöhnliches; doch die Kleidung der sechs Frauen war eigenartig. Die erste, eine dürre Hagere, trug ein weites schwarzes Dominokostüm, dessen Kapuze bis zu den dunklen, tiefliegenden Augen herabhing. Die zweite, eine schöne Dame mit umfangreicher Taille, hatte ein reiches Kleid von glänzendweißer geblümter Seide, und die offenen Haare wallten ihr über die Schultern. Die dritte, eine ganz kleine, magere, gebückte Alte, umhüllte ein tausendfarbiger Schal, und auf der spitzen Hakennase trug sie große rauchgeschwärzte Gläser. Die vierte, eine blauäugige junge Dame, trug ein einfaches, gutgeschnittenes grünes Kleid und in den Haaren eine frische Marguerite. Die ganze Bekleidung der fünften bestand aus einem Schleier, und dies war erfreulich, da es sich um ein Mädchen von bester Machart handelte; ihr Blick war treu, fleißig und ehrlich. Die sechste Frau bot einen etwas zweideutigen Anblick: Sie hatte ein exzentrisches, auffallendes Kleid und stark geschminkte Lippen; ihre Augen waren nicht zu sehen, da sie durch einen sehr dichten Schleier verborgen waren.

Der Mann: die Zeit.

die sechs Frauen: der Tod, das Leben, die Lüge, die Hoffnung, die Wahrheit und das Glück.

Die sieben eigenartigen Gestalten trafen einander auf dem einsamen kleinen Platz.

»Gehen wir gleich?« fragte die Zeit, die keine Zeit zu verlieren hatte.

»Nein, zuerst machen wir einen kleinen Spaziergang«, antwortete ein wenig vorlaut das Leben, das alles menschenmögliche getan hätte, nur um die Pläne der Zeit zu durchkreuzen.

Die eigenartige Gesellschaft setzte sich in Bewegung.

»Ein trübseliger Abend«, seufzte die Wahrheit und betrachtete den finsteren Himmel. »Der Krieg ist eine traurige Angelegenheit.«

»Eine tragische«, steigerte das Leben.

»Und eine lange«, betonte die Zeit.

»Glücklicherweise ist das der letzte Krieg, der die Welt erschüttert!« rief die Lüge.

Die sonderbare Gesellschaft blieb vor einem Bauzaun stehen.

»Was soll das werden?« fragte die Hoffnung interessiert.

»Der neue Bahnhof«, erklärte die Wahrheit.

»Es wird ein künstlerisches Meisterwerk«, fügte die Lüge hinzu.

»Ich gehe lieber zu Fuß«, stammelte das Leben.

Das Glück sagte nichts.

Die Gesellschaft setzte sich wieder in Bewegung und gelangte auf den Domplatz.

Der Mond hatte die Wolken zerteilt. Die Fassade des Domes stand in vollem Lichte. Die tausend Spitzen schienen mit Bleiweiß auf den Himmel gezeichnet.

»Ein wunderbarer Bau!« sagte die Wahrheit. »Schade, daß immer so ein Gerüst ihn entstellt.«

»Macht euch nichts draus«, erklärte die Lüge. »Ihr seht heute zum letztenmal ein Gerüst an unserem Dom. Bald ist er endgültig fertig.«

Die breiten Straßen verlassend, gingen sie durch ein gewundenes

Gäßchen weiter. Vor einem bescheidenen Haus wies die Wahrheit auf einen blassen Lichtstrahl, der durch den Spalt einer Jalousie drang, und sagte:

»Hier ist es!«

Die eigenartige Gesellschaft stieg langsam und geräuschlos die Treppen hinauf. Und es konnte auch gar kein Geräusch zustande kommen, denn es handelte sich um ewige Personen, und das Ewige macht keinen Lärm.

In einem von einer Kerze erleuchteten ganz kleinen Zimmer standen ein großes Bett und eine ganz kleine Wiege, und in der ganz kleinen Wiege lag ein ganz kleines Kind von ganz wenigen Zentimetern Länge. Das Kind schlief, und die Mutter, über die Wiege gebeugt, betrachtete es sinnend.

Die sieben Gestalten stellten sich hinter der Frau im Halbkreis auf.
»Mein Kind ist das schönste auf der ganzen Welt«, sagte die Mutter.
»Das finde ich auch«, rief die Lüge.

»Die Schönheit zählt nicht«, erklärte die Zeit.

Und das Leben bemerkte trocken: »Vor allem muß es gesund sein.«
Der Tod beugte sich über den ganz kleinen Knaben und legte das Ohr auf seine Brust.

»Rühr ihn nicht an, sonst breche ich dir die Knochen!« rief das Leben und packte den Tod an der Schulter.

»Mach dir keine Sorgen«, antwortete der Tod, »ich kenne mein Handwerk.«

Er horchte lange, dann entschied er: »Ein wenig schwach auf der Lunge. Ich könnte ihn gleich mitnehmen.«

»Untersteh dich«, replizierte das Leben angriffslustig. »Der gehört mir!«

»Zankt nicht schon wieder!« vermittelte die Zeit. »Laßt nur mich machen. Ihr wißt, daß ich jedem gebe, was ihm zukommt.«

»Lassen wir die Zeit machen«, stimmten alle zu.

Die Mutter hörte nichts; sie war über ihr Kind gebeugt und sah nur ihr Kind.

»Du wirst der Trost meines Lebens sein«, sagte sie. »Wer weiß, was du werden wirst, wenn du groß bist?! Ich werde mir für dich das Brot vom Mund absparen, ich werde große Säcke mit Kartoffeln auf meinen Schultern tragen; und wenn dein Vater aus dem Krieg zurückkommt, wird er auch nur für dich arbeiten.«

Die Wahrheit schüttelte betrübt den Kopf. »Sein Papa wird nicht zurückkommen«, seufzte sie.

Der Tod blätterte in einem seiner Notizbücher. »Sehr richtig! Zwei Tage hat er noch.«

Das Leben ballte die Fäuste und schüttelte sie drohend vor seinem Gesicht.

»Was willst du?« murmelte der Tod. »Den Krieg habe ich nicht erfunden, sondern du.«

Das Leben senkte den Kopf.

Die Mutter schaute ihr Kind an. »Vielleicht wirst du ein tüchtiger Doktor mit einem weißen Kittel, vielleicht ein Geometer, dem das Lineal aus der Rocktasche guckt. Vielleicht wirst du sogar ein Offizier.«

Alle blickten fragend auf die Wahrheit.

»Er wird ein Fahrraddieb werden«, seufzte die Wahrheit betrübt.

»Aber dann wird er in sich gehen!« rief die Hoffnung.

»Nein, er wird im Gefängnis enden. Arme, unglückliche Frau!«

Das Leben konnte sich nicht halten und ging auf das Glück los. »Warum benimmst du dich nicht wenigstens einmal anständig, du schamlose Person? Warum hilfst du dieser Unglücklichen nicht ein bißchen?«

Das Glück begann zu greinen. »Was kann ich denn dafür? Ihr wißt doch, daß ich nichts sehe, daß ich dem Zufall hörig bin, der mich schändlich mißbraucht! Warum haßt ihr mich so? Ich möchte ja, aber ich kann nicht. Es ist zu spät. Der widerwärtige Zufall wünscht, daß ich heute abend in Mailand den Commendatore Abici begünstige und ihn weitere vier Millionen gewinnen lasse.«

Alle schwiegen. Dann rief der Tod in einem plötzlichen Anflug von Edelmut: »Jetzt nehme ich ihn mit! Sofort! Und wenn du dich widersetzt, bist du eine schlechte Person.«

Das Leben senkte den Kopf.

Der Tod streckte die Hand aus, aber die Wahrheit hielt ihn zurück. »Nichts zu machen! Das Schicksal will, daß er ein Fahrraddieb wird.«

»Nie kann man eine gute Tat vollbringen!« brummte der Tod.

Die Mutter betrachtete ihr Kind und sagte. »Ich werde die glücklichste Frau der Welt sein.«

Die sieben Gestalten entfernten sich schweigend. Als sie auf der Straße waren, fragte die Zeit. »Nun, was schreiben wir in unserem Bericht an das Schicksal?«

»Schreibt: Es ist vollkommen unnütz, uns hierhin und dorthin zu schicken, wenn sowieso schon alles festgesetzt ist!« rief das Leben. »Wir sind ja alle miteinander nichts wert.«

»Der neue Bahnhof wird ein Meisterwerk«, sagte die Lüge.

»Ich muß fort, ich habe keine Zeit zu verlieren«, sagte die Zeit.

»Auf Wiedersehen!« sagte die Hoffnung.

»Glück auf!« sagte das Glück.

Und so geschah's nicht durch das Werk eines irdischen Wesens, sondern durch den feierlichen Beschluß des unsterblichen Schicksals und trotz der Intervention ewiger und weltumspannender Gestalten zugunsten meines Fahrrades, daß ich, Giovannino, mich am 10. Juni 1929 zu Fuß in die Schule begeben und so die Erzählung meines Lebens mit einer höchst bedeutungsvollen Episode beginnen mußte.

Das Schloß

Dank dem eingangs erwähnten Zwischenfall hatte ich die sechstausend Meter, die unser Haus von dem Gebäude des Lyzeums trennen, ausnahmsweise einmal zu Fuß zurückzulegen.

Unterwegs blieb ich mindestens hundertmal stehen; ich sah auf das Gras, auf das reife Getreide, ich schleuderte manchen Stein gegen die Isolatoren der Telegraphenleitung. Ich stand knapp vor der Vollendung meines vierundzwanzigsten Lebensjahres, und auch ich hatte das Recht, mein Leben zu leben.

Herr Luigi weiß nichts von diesen elementaren Notwendigkeiten. Das Alter, die Geschäfte und schlechte Lektüre haben ihn für die Psychologie unempfänglich gemacht. Überdies hat er nicht das geringste Vertrauen zu seinem Sohn, und dies betrübt mich, vor allem wegen des Schlosses.

Herr Luigi steht jeden Morgen, Sonn- und Feiertage ausgenommen, um 8 Uhr 40 an der Gartentür und alarmiert mich mit einem Pfiff. Vor seinen Augen besteige ich das Fahrrad. Er sieht nach, ob alles in Ordnung ist, kontrolliert die Härte der Pneus, das Funktionieren der Bremsen und der Klingel; dann läßt er das Schloß aufspringen. Und ich bin tiefbetrübt – nicht etwa, weil das Schloß gewaltige Ausmaße hätte, nein, es ist von gefälligem Format und stört weiter nicht –, sondern wegen der Tatsache, daß dieses Schloß, wenn es zuschnappt, in die letzten Glieder einer Stahlkette greift, deren unteres Ende zwischen den Sattelfedern durchgeht und deren oberes Ende durch eine Art Knopfloch an der Taille meiner Hose gezogen wird. Dies aber bedeutet, daß ich mit meinem Fahrrad fest verbunden bin. Ich könnte zwar ohne Schwierigkeiten das Knopfloch durchreißen und mich befreien; doch wie sollte ich das am Abend rechtfertigen? Nur im Fall wirklicher Gefahr kann ich vom Fahrrad herunter und muß dann unter Beibringung von Augenzeugen oder irgendeines sichtbaren persönlichen Schadens Bericht erstatten. Die zur Verfügung stehende Zeit ist so bemessen, daß ich rechtzeitig in der Schule ankomme, wenn ich mit gemäßigter Eile in die Pedale trete; bei Regen wird diese Zeit um ein angemessenes Stück verlängert, bei Rückenwind wird sie verkürzt. Ich kann mich also auf dem Schulweg keinen Augenblick aufhalten. Vor dem Gebäude tritt der Schuldiener in Aktion, der mich mittels eines zweiten Schlüssels vom Fahrrad abmontiert und zu sofortigem Betreten der Klasse veranlaßt.

Herr Luigi hat kein Vertrauen zu seinem Sohn; die mißliche Geschichte mit dem Schloß ist ein klarer Beweis dafür, und diese Geschichte dauert nun schon ein ganzes Schuljahr. Herr Luigi hat es sich nämlich in den Kopf gesetzt, daß ich dieses Lyzeum, dem ich so sehr zugetan bin, verlassen soll. Nach seiner Meinung sind neun Jahre mehr als ausreichend, um das Lehrziel der drei Klassen zu erreichen. Herr Luigi hat bezüglich dieses Punktes wenig angenehme Ausdrücke gebraucht; er hat sogar bedroht, mich in eine Erziehungsanstalt zu stekken, falls ich nicht in diesem Jahr bei der Reifeprüfung durchkomme. Ich werde durchkommen, aber wie soll ich das Margherita beibringen?

Margherita wird meinen, daß ich durchkomme, weil ich sie nicht mehr liebe, weil ich ihrer überdrüssig bin, weil ich sie verlassen will. Ich habe ihr geschworen, ihretwegen mein ganzes Leben auf dem Lyzeum zu bleiben. Herr Luigi will aber nicht, daß ich eine Klasse länger als drei Jahre besuche.

Heute bin ich also mit Verspätung und ohne Schloß in die Schule gekommen. Mit erheblicher Verspätung – denn alle waren schon im Begriff, zum Mittagessen zu gehen.

Margherita hat mich gleich erblickt und mich sehr besorgt angesehen.

Nachmittags trafen wir einander im Park.

Margherita spricht wenig; sie ist ein Tatmensch. Die Frau, die das Schicksal mir zugedacht hat, ist schlank, hat sehr große schwarze Augen und noch schwärzere Haare. Sie ist vierundzwanzig Jahre alt wie ich und am selben Tag im Mai geboren, als der liebe Gott aus einem Windhauch zwei Seelen machte, um sie auf die Erde zu schikken.

Wir lieben einander seit neun Jahren. Wir haben einander am 12. November 1920 kennengelernt; ich war fünfzehn Jahre alt, gerade in die erste Klasse eingetreten und hatte mich mit so viel Begeisterung auf

Tacitus und die Logarithmen gestürzt, daß Herr Luigi ausgerufen hatte: »Übertreibe nicht, Giovannino!«

Ich werde mich immer an diesen 12. November 1920 erinnern. Ich war der ruhigste, fleißigste, ordentlichste Schüler der Klasse; wer gab es mir am 12. November 1920 um 10 Uhr 25 ein, ein Lehrbuch in den südöstlichen Winkel des Klassenzimmers zu schleudern?

Wirre Erinnerungen wollen mir erklären, daß dies durch Giancarlo provoziert wurde, der mich seit einer halben Stunde aus diesem südöstlichen Winkel mit gekauten und dann passenderweise in Tinte getauchten Papierkugeln beschoß; doch ich glaube es nicht! Hier tritt nämlich das Schicksal auf den Plan, dasselbe Schicksal, welches gefügt hat, daß ich eines Morgens zu Fuß und ohne Schloß in die Schule kam.

Ich wurde vom Lateinprofessor gebeten, mich möglichst schnell aus dem Schulgebäude zu entfernen. Der Herr Direktor schloß sich dieser Meinung an, und ich kam den Wünschen unverzüglich nach. Ich erinnere mich genau: Es war ein milder, klarer Novembertag, das Laub des Parks war vergoldet, alle Bänke waren leer, nur eine einzige wurde von einem Mädchen mit schwarzen Haaren eingenommen. Das Schicksal wollte, daß ich mich gerade auf die von dem Mädchen mit den schwarzen Haaren eingenommene Bank setzte. Das Mädchen las in einer Zeitschrift, und als ich einige Spannen von ihr entfernt Platz nahm, erblickte ich einen Tacitus und eine griechische Syntax. »Sind Sie auch im Lyzeum?«

Das Mädchen hob die Augen von der Zeitschrift, Augen, die selbst einen Universitätsstudenten aus der Ruhe gebracht hätten. »Ja«, erklärte sie, »erste Klasse, zweite Abteilung.«

»Sind Sie auch suspendiert?«

»Ja. Mathematik. Tintenfaß.«

»Latein. Wörterbuch«, sagte ich.

Wir schwiegen lange, dann teilte ich ihr errötend mit, daß ich Giovannino hieße.

»Margherita«, antwortete sie. »Drei Tage Suspendierung.«

»Ich auch.«

Dann schwiegen wir, denn über dieser ganzen Unterhaltung war es Mittag geworden, und wir mußten nach Hause gehen.

Am Parktor trennten wir uns.

»Guten Tag.«

»Guten Tag.«

Am nächsten Morgen kam ich wieder in den Park, um den Herbst zu betrachten. Um zehn erschien Margherita.

Und auch am Tag darauf war es so. Immer war es so.

Wir waren zusammen dreißig Jahre alt. Abends, wenn wir aus der Schule gingen, trafen wir rasch unser heimliches Übereinkommen. »Morgen?«

»Übermorgen.«

Und wir ließen uns suspendieren. Dann trafen wir einander im Park oder an der Stadtmauer und sprachen von unbedeutenden, unschuldigen Dingen; sehr oft schwiegen wir auch, einen Meter voneinander entfernt sitzend, aber ich fühlte mein Herz voll Süße und dachte an Dido und andere große Liebende der Geschichte.

Am Ende des Schuljahres fielen wir beide durch.

»Vielleicht werden sie uns nächstes Jahr in dieselbe Abteilung stekken«, sagte Margherita, und ich fühlte mich glücklich.

Im Jahr darauf kam ich jedoch in die B, und Margherita kam in die A. Und wir fielen nach gemeinsamen Beschluß wieder durch. Als ich zum drittenmal in die erste Klasse eintrat, barst mir fast das Herz vor Freude; Margherita war in derselben Abteilung wie ich. Wir beschlossen aufzusteigen. Wir wollten nicht allzusehr auffallen, indem wir übermäßig auf einer Klasse bestanden. Als wir in die zweite kamen, waren wir achtzehn. Eines Tages schwor ich ihr im Park feierlich, ich würde mein Leben lang im Lyzeum bleiben, nur um sie jeden Tag in meiner Nähe zu haben.

Margherita machte, wie gewöhnlich, wenig Worte. »Ich auch, ich schwöre es dir.«

Wir fielen wieder durch, aber als wir zum zweitenmal in die Zweite gekommen waren, bemerkten wir, daß wir bei boshaften Leuten Verdacht zu erregen begannen. Wir mußten uns für die Augen der Welt wenigstens kurze Zeit trennen. Einer von uns beiden mußte aufsteigen. Mutig bot ich mich an.

»Nein«, antwortete Margherita, »die Liebe muß vor allem für die Frau ein Opfer sein! Ich werde aufsteigen.«

Ich ging zum drittenmal in die zweite Klasse, und Margherita stieg in die dritte auf. Im nächsten Jahr bewirkte es Margherita, daß sie durchfiel, und ich stieg auf. Dann fielen wir beide durch, und ebenso im Jahr darauf; die Welt sollte nur sehen!

Wichtig war es, beisammenzubleiben, einander jeden Tag zu treffen, sich jede Woche suspendieren zu lassen, in den Park zu gehen, um den Frühling, den Herbst, den Winter zu genießen. An die Ferien dachten wir mit Schaudern.

Und nun sollte alles ein Ende haben; Herr Luigi hatte es sich in den

Kopf gesetzt, daß ich die Reifeprüfung ablegen sollte. Seit Jahresfrist hat er mich an das Fahrrad gekettet, damit ich keine Stunde versäume.

Wie soll ich dies alles Margherita beibringen?

Am Nachmittag trafen wir einander im Park. Wir setzten uns auf die Bank. Margherita nahm aus ihrem Beutel Nadel, Fingerhut, Schere und Zwirn. Wie oft hat mir Margherita in diesen acht Monaten der Fesselung geduldig das Knopfloch wieder in Ordnung gebracht, und zwar so geschickt, daß Herr Luigi niemals das geringste bemerkt hat!

Margherita fädelte ein.

»Nein«, sagte ich, »es ist nicht notwendig. Glücklicherweise hat man mir das Fahrrad gestohlen. Aber heute muß ich unbedingt mit dir sprechen.«

Margherita verstaute alles wieder sorgfältig in ihrem Beutel.

»Margherita«, stammelte ich, »erst heute finde ich den Mut, dir zu sagen, wie sehr mein Herz seit acht Monaten gequält wird. Ich muß dieses Jahr die Reifeprüfung machen! Mein Vater verlangt es. Margherita, versuche, mich zu verstehen.«

Margherita sah mich mit ihren großen tiefen Augen an und fragte mich mit fester, ruhiger, unbefangener Stumme: »Liebst du eine andere?«

»Nein, Margherita!«

»Ich glaube dir«, sagte Margherita. »Ich wußte, daß etwas so Schönes nicht ewig dauern kann. So ist das Leben, Giovannino! Auch ich werde die Prüfung machen. Wirst du auf die Universität gehen?«

»Nein, ich werde arbeiten. Herr Luigi hat mir diesbezüglich ernste Worte gesagt. Wenn ich nach Absolvierung des Lyzeums mit einiger Regelmäßigkeit essen wolle, behauptet er, müsse ich nun arbeiten.«

»Mein Vater behauptet wieder, ich müsse nach Absolvierung des Lyzeums an einen Mann denken.«

Ich fühlte meinen Herzschlag aussetzen.

»Und du, was wirst du tun?« fragte ich erbleichend.

»Ich werde an einen Mann denken. Es ist nichts Schlimmes dabei, an einen Mann zu denken. Zehn Jahre lang habe ich gemeint, das Leben einer Frau bestehe aus dem Lyzeum. Jetzt werde ich meinen, das Leben einer Frau bestehe aus der Ehe. Aus der Ehe mit dir –«, fügte sie hinzu, als sie sah, daß ich mich plötzlich auf die Bank gesetzt hatte und sie sonderbar anschaute.

»Aber ich . . . ich . . .«, stammelte ich in freudigem Schrecken.

»Mach dir keine Sorgen!« Das süße Mädchen, das mich als fünfzehnjährigen Schüler kennengelernt hatte und das mit dem vierundzwanzigjährigen Schüler geschwisterlich die trüben Tage der Schule und die heiteren Tage der Suspendierung teilte, lächelte, und ihre großen schwarzen Augen sagten mir. »Giovannino, Giovannino . . .«

Die Reifeprüfung

Herr Luigi ist zufrieden. Ich nicht. Denn ich bin nicht nur mit Stimmeneinheit durchgekommen. Herr Luigi hat mir auch, um das Ereignis zu feiern, sein Jagdgewehr geschenkt, das ich mir, wenn ich schon nicht schieße, doch dann und wann umhängen soll, um so zu tun, als wollte ich in Kleewiesen auf Wachteln und im Akaziengebüsch auf Hasen feuern.

Dies macht mir große Sorge; denn auch völlig ungeladen kann so ein Gewehr gefährlich werden. Es ist eines von jenen wunderbaren Dingen »aus der Vorkriegszeit«, die besser sind als alles Heutige. Seit vielen Jahren bin ich das Opfer solcher wunderbaren Erzeugnisse der Vorkriegszeit.

Ich war genau zwölf Jahre alt, als mich Herr Luigi eine seiner Jacken anziehen ließ, wobei er meiner Mutter erklärte, sein Sohn würde einen ausgezeichneten Mantel haben, wenn man das Kleidungsstück mit einem Kaninchenkragen verzierte und die Knöpfe entsprechend versetzte. Ich protestierte; es erschien mir nicht gerecht, daß eine alte Jacke so ohne weiteres die wichtige Rolle eines Winterüberziehers übernehmen sollte. Aber Herr Luigi warf seine Autorität in die Waagschale. »Du hast nie einen besseren Mantel gehabt und wirst nie einen besseren haben. Bedenke, das ist ein Stück aus der Vorkriegszeit! So etwas erzeugt man nicht mehr und wird man nie mehr erzeugen; heutzutage könnte nicht einmal ein Millionär solche Kleidungsstücke tragen!«

Ich sagte nichts mehr, doch schien es mir sonderbar, daß Kleidungsstücke, die von Schneidern der Vorkriegszeit als Jacken gemacht worden waren, nach dem Krieg mir nichts, dir nichts als Mäntel dienen sollten. Mit dreizehn Jahren erhielt ich von Herrn Luigi ein zweites wichtiges Geschenk. Ich zog hinfort, wenn es regnete, ein paar Überschuhe mit vielerlei Löchern an, und das Wasser drang in kalten kleinen Gießbächen hinein und kam warm wieder heraus; aber es waren Überschuhe aus der Vorkriegszeit, und hätte ich gesagt, daß sie Wasser durchließen, so hätte mein Vater mir gewiß geantwortet, daran sei nur das schlechte Wasser der Nachkriegszeit schuld, das Wasser der Vorkriegszeit wäre niemals eingedrungen.

Mit fünfzehn Jahren bekam ich von Herrn Luigi feierlich sein Fahrrad. »Bedenke, es ist ein Stück aus der Vorkriegszeit! Hüte es wie einen kleinen Schatz, denn solches Material gibt es heute nicht mehr!« Es schien eher der Sockel eines Monuments nach den Richtlinien des Ingenieurs Eiffel als ein Fahrrad zu sein. Als mir gleich die Vordergabel brach, war das natürlich die Schuld der tadelnswerten Nachkriegsstraßen. Wenn ich mit einer einfachen Beule davonkam, war es hingegen das Verdienst meines vortrefflichen Vorkriegskopfes.

Mit zwanzig Jahren bekam ich Herrn Luigis Rasiermesser. »Einen Stahl von solcher Härte gibt es heute nicht mehr; er würde soviel kosten wie Platin oder Radium.« Auch von Spezialisten geschliffen, tat dieses Werkzeug mehr als die Haare an ihrem unteren Ende abzuschneiden, wie es die Gewohnheit jedes Rasiermessers ist; es packte sie an der Taille, wie es die Kämpfer im griechisch-römischen Ringkampf zu tun pflegten, zerrte heftig an ihnen und riß sie schließlich mit der ganzen Wurzel aus. Ich hatte einen minderwertigen Nachkriegsbart und wurde nur dank meiner ausgezeichneten Vorkriegshaut vor Schaden bewahrt.

Und jetzt schenkt mir Herr Luigi sein famoses Vorkriegsgewehr. Herr Luigi ist befriedigt; während ich darauf warte, eine Anstellung zu finden, darf ich nach Belieben und ohne Schloß herumfahren.

Aber ich bin betrübt. Das Gewehr könnte ich ja im Garten unter dem wilden Rosenbusch vergraben, doch nie wieder werde ich in mein teures altes Lyzeum zurückkehren können, wo ich neun Jahre hindurch jeden Tag Margherita so traulich kennengelernt habe.

Bei den schriftlichen Prüfungen war ich von Margherita nur durch den schmalen Zwischenraum des Ganges getrennt. Wie oft haben wir einander in die Augen geblickt!

Ästhetische Analyse? Geschichtliches Thema? Wer wußte, worum es sich handelte? Ich dachte ununterbrochen an Margherita; und schließlich weckte mich eine rauhe Stimme: »Abgeben, abgeben! Die Zeit ist um!«

Ich schaute um mich. Alle waren fortgegangen, zurückgeblieben waren nur ich und das süße Mädchen, das mit mir geschwisterlich die neun Jahre der drei Klassen geteilt hatte. Ich gab beschriebene Blätter ab, ohne sie auch nur anzusehen, denn ich hatte mich entschlossen: Ich würde mich noch einmal durchfallen lassen. Herr Luigi sollte die Partie auch diesmal verlieren; die Liebe würde sie gewinnen.

Indessen hat doch Herr Luigi gewonnen, denn ich wurde das Opfer meines Unterbewußtseins, meines so tückischen, höchst zügellosen

Unterbewußtseins. Wir alle haben ein Unterbewußtsein. Jeder Mensch führt es hinten mit sich wie das Auto den Ersatzreifen; und genau so tritt das Unterbewußtsein in Aktion, wenn irgendwo aus irgendeiner Ursache die Luft ausgeht. Unter normalen Umständen schläft das Unterbewußtsein, wenn wir wach sind, und wacht, während wir schlafen. Aber mein Unterbewußtsein unterscheidet sich von allen anderen. Es irrt sich im Turnus, es wacht, während ich wache, und schläft, wenn ich schlafe. So bin ich, wenn ich schlafe, vollkommen dem Zufall ausgeliefert; wache ich jedoch, bin ich ein Unglücklicher, der höllisch aufpassen muß, weil sonst zum Beispiel ein ungezogenes Unterbewußtsein, das sich neun Jahre lang um alles gekümmert hat, was die Lehrer sagen, während ich an Margherita dachte, meine Zerstreutheit ausnützt und mich Blätter um Blätter mit so kostbaren Texten vollschreiben läßt, daß sie mich vieler Auszeichnungen und Glückwünsche würdig machten. So wurde ich verraten und mit Stimmeneinheit in allen Gegenständen für reif erklärt, weil mich das perfide Unterbewußtsein dann auch noch während der mündlichen Prüfungen tyrannisiert hat.

»Erklären Sie mir den Vorgang bei der Erzeugung der Schwefelsäure«, fragte mich der Chemieprofessor.

»Wie werde ich es anstellen, Margherita jeden Tag zu treffen, wenn wir die Schule verlassen müssen?« fragte indessen ich mich, indem ich ins Leere starrte.

»Ausgezeichnet!« hörte ich kurz darauf den Professor ausrufen. »Sie wissen ja mehr als genug, junger Mann; ich beglückwünsche Sie!« Treulos bist du, Unterbewußtsein! Und egoistisch noch dazu. Denn obwohl mit Stimmeneinheit für reif erklärt, kann ich kein Wort Latein oder Griechisch, verstehe nicht das geringste von Algebra und bin nicht in der Lage, einen Logarithmus von einem Epigramm zu unterscheiden. Vor der Tafel mit den Prüfungsergebnissen haben Margherita und ich mit einer letzten Hoffnung langsam alle Namen gelesen. Durchgekommen! Beide durchgekommen. Ich fühlte, wie Margheritas Hand die meine drückte. Im Unglück vereint. Gesenkten Hauptes gingen wir fort und setzten uns auf die Bank am Ende der Allee, von der man in der Ferne, von grünem Laub umrahmt wie auf einem Ehrendiplom, das Gebäude des Lyzeums sah.

Ade, alter Bau mit allen deinen von hunderttausend Messerklingen durchfurchten Bänken, mit deiner Glocke, die jeden Tag tausend jungen Leuten den blauen Himmel entreißt, weil die jungen Leute lernen müssen, daß Homer vielleicht blind war, daß Tullius Hostilius auf Numa Pompilius folgte, daß die Formel der Schwefelsäure so und so lautet. Ade, Herr Latein- und Griechischprofessor, der du uns die »Consecutio temporum« und den Ariost beigebracht und den von hundert Schülergenerationen abgenützten Wörtern die jugendliche Poesie der vergangenen Jahrtausende wiedergegeben hast; da bekamen alte Knochen wieder Fleisch, und auch Giovannino, der Esel und ungezogene Schlingel, dachte mit Ehrfurcht an die Herren, die unter Säulen wandeln, Lorbeerkränze auf dem Haupte tragend.

Ade, altes Lyzeum!

Herr Luigi ist zufrieden und hat mir sein Vorkriegsgewehr geschenkt; aber Herr Luigi hat einen Sohn, der die Reifeprüfung bestanden hat und sehr unglücklich ist.

Auf der Bank erwartete ich mit Margherita den Sonnenuntergang. Als die ersten Sterne des Abends erglommen, lächelte das süßeste Mädchen, das der Himmel je verschwenderisch über meine Mittelschule ausgoß, melancholisch, und ihre großen schwarzen Augen sagten mir: »Giovannino, Giovannino . . .«

Der Weg ins Leben

»Kauf dir ein Pferd, Giovannino, und geh nach Argentinien. Dort ist Platz für alle, und wenn du schlau bist, kannst du dein Glück machen«, sagte Großmutter Giuseppina und gab mir fünfzehn Centesimi.

Ich dankte Großmutter Giuseppina und erklärte ihr, es schiene mir nicht so dringend, fortzugehen und in Argentinien mein Glück zu suchen.

»Doch, du wirst fortgehen müssen, Giovannino«, erklärte Großmutter Giuseppina mit Tränen in den Augen.

Wenn es schon seltsam erscheinen mag, daß eine alte Frau eine so persönliche Meinung in geographischen Dingen hat, wird es noch seltsamer erscheinen, daß sie fünfzehn Centesimi als ausreichend für den Ankauf eines Pferdes ansieht. Ein Pferd, mag es noch so heruntergekommen sein, ist immer ein Pferd; auch wenn es nur ein Bein hat, ist es immer noch ein Stück Vieh, das auf dem Markt unweigerlich einen höheren Wert als fünfzehn Centesimi darstellt. Wenn aber ein Pferd immer ein Pferd ist, ist es ebenso wahr, daß Großmutter Giuseppina immer Großmutter Giuseppina ist.

Großmutter Giuseppina ist zweiundneunzig Jahre alt, lebt seit dreißig Jahren im Lehnstuhl und verläßt nie das Zimmer. Ihre Beine sind es müde geworden, durch das Haus zu wandern, aber im übrigen ist

Großmutter Giuseppina durchaus im Besitz ihrer Kräfte. Sie liest nur die Bibel, aber sie liest sie ohne Brille; sie ist noch imstande, wichtige Additionen im Kopf auszuführen, und immer gelingt es ihr, Herrn Luigi zu demonstrieren, daß er ein tadelnswerter Vater beziehungsweise Gatte beziehungsweise Sohn ist.

Großmutter Giuseppina verließ zusammen mit ihrem Gatten, dem Großvater Francesco, am 6. Februar 1887 das Haus. Sie begleitete ihn zum Familiengrab, sorgte dafür, daß der Sarg mit Zartgefühl hinabgelassen wurde, daß der große marmorne Grabstein genau wieder auf seinen Platz gestellt wurde und daß man die Blumen in passender Weise verteilte. Dann kehrte sie nach Hause zurück und ging nie wieder aus.

Großmutter Giuseppina war damals fünfzig Jahre alt, Herr Luigi zweiundzwanzig und meine Mutter, Frau Flaminia, zwanzig.

Großmutter Giuseppina blieb uneingeschränkte Verwalterin der häuslichen Geschäfte: Sie nahm die Aktiven von Herrn Luigi an sich und verabfolgte jeden Morgen an Frau Flaminia das für den Haushalt nötige Geld.

Zwei Jahre hindurch funktionierte alles ausgezeichnet, aber eines Tages legte sich Großmutter Giuseppina mit Fieber ins Bett; meine Mutter hatte ihr mitgeteilt, daß die Butter um sechs Centesimi pro Kilo teurer geworden sei. Das war ein furchtbarer Schmerz für Großmutter Giuseppina. Die vortreffliche Frau konnte es nicht billigen, daß die Preise des Jahres 1887 Veränderungen mit steigender Tendenz unterworfen wurden. Sie sah dafür keinen vernünftigen Grund.

Und um ihr weiteren Schmerz zu ersparen, entwarfen Herr Luigi und Frau Flaminia einen wahrhaft genialen Plan. Für Großmutter Giuseppina sollten die Preise nie wieder erhöht werden, die Lebenskosten sollten auf der Grundlage von 1887 verharren. Herr Luigi fuhr fort, Großmutter Giuseppina die gleiche wöchentliche Summe einzuhändigen, und Großmutter Giuseppina übergab ihrerseits meiner Mutter jeden Morgen einen unveränderlichen Betrag für die häuslichen Ausgaben. Natürlich glich Herr Luigi die erforderliche Differenz mit einer gesonderten Kasse aus. Alles funktionierte vortrefflich. Im Jahre 1902 hatte Herr Luigi eine der wenigen guten Ideen seines Lebens, um die betrübte Seele der Großmutter Giuseppina aufzuheitern, die infolge eines plötzlich aufgetretenen Gebrechens genötigt war, ihren Lehnstuhl nicht mehr zu verlassen. Er gab ihr weiterhin vier Lire wöchentlich, doch ließ er eine progressive Preissenkung einsetzen. Alle zwei, drei Tage rief meine Mutter mit freudigem Staunen aus: »Großmutter Giuseppina, es genügt, wenn du mir heute statt siebenundfünfzig nur fünfundfünfzig

Centesimi gibst; das Fleisch ist von zwanzig auf achtzehn pro Kilo gefallen!« Und die Preissenkung hielt an; das Brot gelangte im Jahre 1920 auf zwei Centesimi, 1923 kostete das Kalbfleisch einen Centesimi, 1925 kostete ein Faß guten Weines nicht mehr als drei Centesimi. Im Jahre 1929 stellte Großmutter Giuseppina nach sorgfältig durchgeführten Berechnungen fest, daß man für 15 Centesimi ein vortreffliches Pferd kaufen konnte.

Dank der List Herrn Luigis hat Großmutter Giuseppina siebenundzwanzig Jahre wachsenden Glückes durchlebt; denn sie konnte große Ersparnisse zurücklegen: 214 Lire und 87 Centesimi.

»Wenn ich sterbe, wird alles dir gehören«, sagte mir Großmutter Giuseppina eines Tages. »Du wirst dir ein schönes Haus kaufen, und wenn du ein wenig Zeit hast, wirst du zu mir auf den Friedhof kommen, um ein bißchen mit mir zu schwatzen.«

Arme Großmutter Giuseppina! Du wirst nie erfahren, daß man mit fünfzehn Centesimi kein Pferd kaufen kann. Deine 214 Lire und 87 Centesimi bedeuten, solange du das Sonnenlicht siehst, eine Summe, die Giovannino genügt, um ein schönes Haus zu kaufen. Dann, wenn du Großvater Francesco eingeholt haben wirst, der seit zweiundvierzig Jahren auf dich wartet, werde ich deine 214 Lire und 87 Centesimi, alles in ganz kleiner Münze, in ein Safe der Nationalbank einschließen und werde ruhig und sicher sein, denn ich werde sagen können: »Ich habe eine Million auf der Bank.«

Ich setzte mich neben den Lehnstuhl von Großmutter Giuseppina, denn ich begriff gleich, daß da etwas dahintersteckte.

»Großmutter Giuseppina, warum sagst du, daß ich nach Argentinien reisen soll?«

»Deine Eltern haben gestern lange miteinander gesprochen. Sie haben gesagt, daß du dir deinen Lebensunterhalt selbst verdienen mußt. Die Butter ist pro Tonne von zwei auf eineinhalb Centesimi gefallen, aber das Leben ist teuer, Giovannino. Dein Vater ist alt und will nicht, daß du morgen mittellos auf der Straße stehst. Ich könnte dir mehr geben, aber ich fürchte, daß man es dir stiehlt. Es heißt, daß es in Amerika Räuber gibt. Wenn du etwas brauchst, schreib; ich kann dir auch zehn Centesimi wöchentlich schicken.«

»Danke, Großmutter Giuseppina.«

Ich drückte einen Kuß auf ihre weißen Haare und ging in den Garten hinunter. In diesem Augenblick rief mich Herr Luigi in sein Arbeitszimmer.

Herr Luigi war schwarz gekleidet und trug das Cavaliere-Kreuz im Knopfloch. Auch meine Mutter, Frau Flaminia, war in Schwarz, ohne Cavaliere-Kreuz, aber gleichfalls feierlich.

Nach einem Moment des Schweigens sagte Herr Luigi: »Giovannino, du bist kein Knabe mehr; du bist vierundzwanzig Jahre alt und hast das humanistische Reifezeugnis. Deine Großmutter Giuseppina ist zweiundneunzig Jahre alt, dein Vater zweiundsechzig, deine hier anwesende Mutter sechzig.«

»Neunundfünfzig«, berichtigte Frau Flaminia flüsternd.

»Deine Mutter ist neunundfünfzig Jahre alt, du bist vierundzwanzig, dein Bruder ist dreißig und gegenwärtig im Bett, deine Schwester ist neunzehn, aber sie hat im vergangenen Jahr geheiratet und zählt nicht. Insgesamt sind es einhundertfünfundneunzig Jahre.

Stimmt's?«

Ich nahm einen Zettel und einen Bleistift und rechnete nach.

»Genau einhundertfünfundneunzig«, bestätigte ich. Herr Luigi nahm eine ernste Miene an, sah auf Flaminia und sagte mir bedeutsam: »Giovannino, suche mich zu verstehen. Wenn ich auch unermüdlich arbeite, sehe ich mich nicht mehr imstande, das Gewicht dieser einhundertfünfundneunzig Jahre auf meine Schultern zu nehmen. Im äußersten Fall könnte es mir gelingen, einhunderteinundsiebzig zu tragen.«

Ich nahm einen anderen Zettel und führte die Subtraktion durch: einhundertfünfundneunzig weniger einhunderteinundsiebzig ist gleich vierundzwanzig.

»Also vierundzwanzig Jahre zuviel«, sagte ich.

»Genau, lieber Giovannino; deine vierundzwanzig Jahre!«

»Bist auch du einverstanden, Mama?« fragte ich.

»Vollkommen einverstanden«, antwortete Frau Flaminia. »Es ist Zeit, daß du dir deinen Lebensunterhalt verdienst. Geh in die Stadt, nimm dir ein Zimmer, lauf herum, finde etwas, arbeite, wie es alle machen. Es ist unzulässig, daß sich ein Mann von vierundzwanzig Jahre weiterhin zu Hause herumtreibt. Deine Koffer sind fertig. Hier sind fünfhundert Lire, die es dir erlauben werden, Nahrung und Unterkunft zu finden, bis du eine anständig bezahlte Stelle hast. Du wirst in dieses Haus erst zurückkehren, wenn du dank deinem guten Willen die Achtung deiner Vorgesetzten erringen konntest.«

Herr Luigi erhob sich. »Giovannino, dein Vater billigt vollkommen die Worte deiner Mutter.«

»Hol deine Koffer«, sagte Frau Flaminia. Ich folgte ihr in mein Zimmer.

Kaum angelangt, begann Frau Flaminia zu weinen. »Dein Vater ist grausam!« schluchzte sie. »Ich mußte dir sagen, was ich dir gesagt habe, weil er es gewollt hat. Aber ich bin deine Mutter und verlasse dich nicht. Ich will dich täglich sehen, Giovannino. Komm jeden Nachmittag gegen zwei, wenn dein Vater schläft; ich werde dir das Essen im Gartenhäuschen bereiten. Aber versäume es nicht, wenn du mir keinen Kummer zufügen willst.«

Frau Flaminia umarmte mich, und ich ging mit meinem Köfferchen hinunter.

Am Gartentor traf ich Herrn Luigi.

»Giovannino«, sagte er ernst, »du kennst deine Mutter und weißt, wie sie ist, wenn sie sich etwas in den Kopf gesetzt hat. Ich habe mit dir so verfahren müssen, um ihr nicht zuwiderzuhandeln. Aber ich bin dein Vater und will dich jeden Tag sehen. Komm jeden Abend gegen acht, wenn deine Mutter zu Bett geht; ich werde dafür sorgen, daß du das Abendessen im Gartenhäuschen bereit findest. Sieh nur zu, daß du es nicht versäumst, wenn du mich nicht beunruhigen willst.«

Herr Luigi drückte mir die Hand.

Ich bestieg mein Fahrrad und radelte in die Stadt.

Margherita erwartete mich an der Ecke ihrer Straße.

Ich erstattete ihr kurz Bericht.

»Margherita, sie haben mich verstoßen, den Nachmittag und Abend ausgenommen. In der Zwischenzeit werde ich arbeiten müssen. Was soll ich tun?«

»Du wirst arbeiten«, erwiderte Margherita.

»Und wie werde ich dich treffen?«

»Das wirst du schon sehen«, antwortete Margherita lächelnd. Und ihre großen schwarzen Augen sagte mir: »Giovannino, Giovannino . . .«

Das Plakat

»Du wirst arbeiten«, sagte das süße Geschöpf, welches der Himmel mit vollen Händen auf meinen schmalen Lebenspfad ausgestreut hatte. Das ist schnell gesagt. Doch um arbeiten zu können, muß man vor allem eine Arbeit finden; und in P. Arbeit zu finden, ist schwierig.

P. ist eine eigenartige Provinzstadt mit gelben Häusern, vielen öffentlichen Platanen, vielen Fresken gegen Eintrittsgebühr und mit vielen Tischen auf der Piazza. Alle kennen einander, studieren einander, überwachen einander aufmerksam. Jeder weiß alles über dich. Du gehst zum Direktor eines Betriebes und unterbreitest ihm deinen Wunsch, in seinen Diensten einige Tätigkeit zu entfalten. Erstaunt starrt er dich an. »Sie? Ich habe Sie doch mindestens zweitausendmal im Kino gesehen und bin Ihnen durch Jahre und Jahre beim Friseur begegnet. Ich weiß, daß Sie im Sommer Erdbeereis mit Schlagrahm essen. Unmöglich!«

So reden sie in den kleinen Städten. Die Tatsache, daß man dasselbe Café besucht, die Hemden im selben Hemdengeschäft kauft, jeden Abend in derselben Straße spazierengeht, macht alles unmöglich. In der Zeitung lesen sie von einem ausgewanderten Mitbürger. Indigniert schütteln sie den Kopf. »Der Soundso hat eine Komödie geschrieben?« sagen sie. »Unmöglich! Ich habe ihn doch mit eigenen Augen sieben Jahre hindurch auf der Piazza Kaffee trinken gesehen!« Sie lesen in der Zeitung, daß der Mitbürger P. Mitglied der Akademie geworden ist. Sie sind zutiefst betroffen. »Unmöglich! Drei Jahre lang hat er sich beim selben Friseur rasieren lassen wie ich!« Alles wird unmöglich in dieser köstlichen Kleinstadt; man hat dich acht Jahre deine Zigaretten kaufen gesehen, wie kannst du etwas werden? Du bist ein Mitbürger und sollst einfach ein Mitbürger bleiben.

»Du wirst arbeiten«, hat Margherita gesagt. Das ist schnell gesagt, doch man müßte es nach dem Rezept der Großmutter Giuseppina machen: aufs Pferd steigen und nach Argentinien reiten.

Oder aber nach Mailand gehen.

Im Arbeitszimmer des Herrn Luigi hängt seit dreiundzwanzig Jahren ein Plakat der Weltausstellung des Jahres 1906. Es stellt eine Lokomotive dar, die eben aus einem Tunnel in eine unermeßliche Ebene hinausfahren will. Auf der Vorderseite der Lokomotive kauern zwei knallrote Menschen, deren einer einen geflügelten Helm auf dem Kopf trägt.

Bis zu meinem vierten Lebensjahr stellten diese Männer dank der listigen Überredungskunst der Frau Flaminia für mich zwei Teufel dar, die aus der Hölle gekommen waren, um unartige Kinder zu fressen.

Vom fünften bis zum zehnten Jahr verursachten mir die beiden Männer heftiges Unbehagen; denn da man nur ihre Rückansicht sah, war es mir unmöglich, ihnen zwei so majestätische Schnurrbärte aufzumalen wie anderen Bildern im Haus.

Vom elften bis zum vierzehnten Jahr verkörperten die zwei Knallroten dank dem Eingreifen Herrn Luigis für mich die Industrie und den Fortschritt, welche dank der Durchbohrung des Simplon der Zivilisation einen neuen Weg in die Lombardische Ebene eröffnet hatten.

Als ich Margherita kennenlernte, begannen die beiden roten Menschen angesichts unserer besonderen Umstände für mich Margherita und Giovannino darzustellen, die mittels einer Lokomotive den finsteren Tunnel der Heimatstadt verließen und nach Mailand fuhren, das man undeutlich an der Horizontlinie der unendlichen Ebene erblickt.

Vor einigen Tagen rollte ich das Plakat sorgfältig zusammen und brachte es Margherita. Ich setzte ihr meine neueste Interpretation auseinander. Die süße Gefährtin meiner Träume betrachtete aufmerksam die Allegorie.

»Ich soll dieser halbverborgene rote Herr links sein und du der Herr rechts?« Sie schüttelte den Kopf. »Wir können doch nicht vollkommen nackt reisen! Und warum trägst du einen Hut mit Hörnern?«

Ich erklärte ihr, daß allegorische Figuren immer nackt reisen und daß es sich nicht um Hörner handle, sondern um Flügel, wie man sie dem Merkur zuschrieb.

Das süße Geschöpf, welches das Schicksal in mein Leben gestellt hat, um meinen Gedanken Nahrung zu geben, schüttelte den Kopf. »Auf einer Lokomotive sitzend zu reisen, ist gefährlich und widerspricht den Vorschriften. Giovannino, finde bitte eine Allegorie, die einen bekleideten Jüngling darstellt, der eine Anstellung findet und schnell läuft, um es einem Fräulein, das ihn gern hat, mitzuteilen!«

Es ist nutzlos! Wenn Margherita sich etwas in den Kopf setzt, ist sie davon nicht abzubringen. Ich begab mich daher auf der Suche nach einer halbwegs einträglichen Stellung wieder in die Vorzimmer der öffentlichen und privaten Büros der kleinen Provinzstadt, in der jedermann alles über jeden weiß, welche Zigaretten du rauchst, ob du den Kaffee zuckerst oder nicht, einer Stadt, wo du nichts sein kannst als Mitbürger.

Wie lange wird dieser unerfreuliche Zustand noch dauern? Ich weiß es nicht, und das bedrückt mich, denn ich sehe, wie die Schar derer anwächst, die mich liebevoll überwachen. Herr Luigi hat seine besten Freunde gebeten, sich Giovanninos ein wenig anzunehmen. Frau Flaminia hat ihre besten Freundinnen gebeten, sich Giovanninos ein wenig anzunehmen. Margherita hat ihre bösesten Schulkolleginnen mobilisiert, die sich Giovanninos ein wenig annehmen sollen. Die Wirtin des Zimmers, wo ich jede Nacht ruhe, hat ihre Bekannten gebeten, sie möchten doch in Erfahrung bringen, was dieser Giovannino eigentlich treibt; sie will in kein schiefes Licht kommen.

Jeden Tag vergrößert sich die Schar. Jeder meiner Schritte ist bewacht, aber ich spreche mit Margherita nicht darüber. Sonst würde das süße Mädchen, das mich als beschäftigungslosen Glücklichen kennengelernt hat und seine ganze Aufmerksamkeit darauf richtet, aus mir einen unglücklichen Lohnempfänger zu machen, lächelnd den Kopf schütteln, und ihre schwarzen Augen würden mir sagen: »Giovannino, Giovannino . . .«

Redaktionsgeheimnisse

Um 1440 fand Herr Gutenberg, als der erste Abzug seines ersten Druckbogens vor ihm lag, in der zweiten Zeile eine »Elefantendame« statt einer »eleganten Dame«. Als er die ganze Druckfahne aufmerksam durchgelesen hatte, zeichnete er einige über das Blatt verstreute Fehler an und erging sich in furchtbaren Verwünschungen gegen seinen armen Kompagnon Fust, der nicht das geringste dafür konnte.

So traten gleichzeitig der Setzer, der Druckfehler und der Korrektor in die Welt. Und so konnte ich, fast fünf Jahrhunderte später, die Stelle eines Korrektors annehmen, die mir nach langem, ergebnislosem Suchen von der Verwaltung der lokalen Tageszeitung angeboten wurde.

Ich gestehe, daß ich zunächst enttäuscht war. Der Gegner nahm die Schlacht nicht an. Er zeigte sich nicht. Ich konnte keine Fehler finden. Der Cavaliere G. T., mein Vorgänger und Lehrmeister, hatte vergessen, mir die Taktik auseinanderzusetzen, deren man sich bedienen muß, um die Druckfehler zu entdecken. Ich habe jedes System versucht: nur mit einem Auge zu lesen, jede zweite Zeile zu überspringen, von links unten nach rechts oben zu lesen. Ich versuchte, so zu tun, als ginge ich fort, um dann eilends zurückzukehren und mit höchster Geschwindigkeit die Korrekturbogen zu überfliegen. Ich versuchte, mich zu verkleiden, mein Gesicht mit falschem Schnurrbart und Bart unkenntlich zu machen . . . die verdammten Druckfehler zeigten sich nicht. Dafür überfielen sie mich tags darauf hinterrücks, wenn die Zeitung schon gedruckt war. Ja, dann entdeckte ich ihrer Dutzende in jedem Satz: schwere, enorme Fehler, Großbuchstaben statt Ziffern, verdrehte Zeilen, Sätze, die plötzlich aufhörten, um nach einer halben Spalte wieder weiterzugehen.

Ich war enttäuscht, aber nicht entmutigt. Man muß sie finden, die verdammten Fehler. Der Korrektor muß sie finden!

Wenn Herr Cesare die Fehler in den Korrekturbogen gefunden hätte, besäße diese entzückende kleine Stadt noch zwei Zeitungen. Statt dessen hat sie nur eine; die andere, jahrhundertealte, das Nationaldenkmal, ist verschwunden und hat nur ihren Namen zurückgelassen, ganz klein angeklebt an den großen Titel der Schwesterzeitung, die sie geschluckt hat.

Herr Cesare, ein sehr munterer Mann, wurde bei der alten Zeitung angestellt, um die Druckbogen durchzusehen. Am sechsten Tag rief ihn der Direktor in sein Büro. Er hatte einen Gesichtsausdruck von edler Trauer.

»Teurer Freund«, sagte er zu ihm, »ein außerordentlich schwerwiegender Umstand nötigt mich, mit Ihnen zu sprechen. Darf ich auf Ihre Aufmerksamkeit rechnen?«

»Sie dürfen.«

»Vor allem würde ich mich freuen, mit Ihnen über ein Prinzip, das ich für grundlegend halte, eines Sinnes zu sein. Sie stimmten mir wohl zu, wenn ich behaupte, daß man, um schreiben zu können, zumindest lesen können muß.«

Herr Cesare stimmte vorbehaltlos zu.

»Gut«, meinte der Direktor. »In der Setzerei meiner Zeitung hat sich ein einzigartiger Fall ereignet: Drei Tag lang hat ein Mann gesetzt, ohne lesen zu können.«

Die Sache interessierte Herrn Cesare, der um nähere Einzelheiten bat. »Ganz einfach«, sagte der Direktor. »Vor drei Tagen haben wir einen neuen Setzer aufgenommen. Und drei Tage hat besagter Setzer Spalten und Spalten von Artikeln, Erzählungen und Nachrichten gesetzt, obwohl er völliger Analphabet ist. Mit anderen Worten: Er hat einfach mit den Fingern auf die Tastatur der Setzmaschine geklopft, ohne auch nur den mindesten Verdacht zu hegen, daß die Manuskriptblätter, die man ihm ausfolgte, in irgendeinem Zusammenhang mit der Arbeit stünden, die er an der Maschine vollführte. Er hat sich darauf beschränkt, das zu tun, was er seine Arbeitskollegen tun sah: mit den Fingern auf gewisse Tasten zu drücken und von Zeit zu Zeit einen bestimmten Hebel zu betätigen.«

»Das ist ebenso eigenartig wie bedeutsam«, bemerkte Herr Cesare. »Ein Glück, daß jemand es bemerkt hat!«

»Ja, man hat es bemerkt. Der Jammer ist nur, daß Sie es beim Durchsehen der Korrekturbogen nicht bemerkt haben und daß immerhin einige Artikel mit dieser eigenwilligen Textgestaltung in meine Zeitung gekommen sind. Ich werde Sie in die Lokalredaktion versetzen«, schloß der Direktor. »Sie haben Verstand, und es wird Ihnen nicht schwerfallen, kleine Artikel über Straßenereignisse, Diebstähle, Feierlichkeiten zu schreiben.«

Nun widmete sich Herr Cesare mit Enthusiasmus dem lokalen Teil.

Am nächsten Abend brachte er mindestens zehn Zettel mit unbedeutenden Vorfällen, kleinen Unglücksfällen, Hühnerdiebstählen in die Setzerei. Einen Tag später beglückwünschte ihn der Direktor für den ausführlichen Bericht über einen Käsediebstahl, der noch durch eine Körperverletzung und eine beginnende Überschwemmung bereichert war. Zehn Tage ging die Sache vortrefflich: Die lokale Seite war der interessanteste und abenteuerlichste Teil der Zeitung geworden. Am elften Tag rief der Direktor Herrn Cesare in sein Arbeitszimmer. »Entschuldigen Sie meine Indiskretion«, begann er, »aber Sie müssen doch vom Morgen bis zum Abend verdammt dahinter her sein, um so viel Material für die Berichterstattung aufzutreiben!«

»Warum? Die Sache ist ganz einfach: ein paar Stunden am Schreibtisch und fünfzehn Blätter sind beschrieben.«

»Sie gehen also bei Ihren lokalen Artikeln nicht von der Wirklichkeit aus?«

»Ich werde mich hüten! Nur ganz wenige Schriftsteller, die von der Wirklichkeit ausgehen, haben Werke von künstlerischem Wert hervorgebracht. Ich arbeite nur mit der Phantasie.«

»Das habe ich vermutet«, sagte der Direktor. Dann erklärte er, daß bei der Lokalberichterstattung das traditionelle System vorzuziehen sei: einen Diebstahl, einen Überfall, einen Zusammenstoß nur dann zu schildern, wenn er wirklich vorgefallen ist, besonders wenn, wie bei Herrn Cesare, die Namen von wirklich existierenden Personen genannt wurden.

»Die Berichterstattung liegt Ihnen auch nicht«, schloß der Direktor. »Von nun an sind Sie Chefredakteur und werden sich mit dem politischen und literarischen Teil befassen, mit den Lokalereignissen nur insofern, als Sie die Berichte anordnen. Sie sollen aus den Beiträgen der einzelnen Redakteure ein organisches und harmonisches Ganzes machen.«

Das interessierte Herrn Cesare ganz besonders. Er hatte nun vier Redakteure, einen Korrektor und einige dreißig Korrespondenten unter sich, hielt ihnen eine Ansprache und machte sie mit den Direktiven bekannt.

Hierauf beschloß er, die Schlagzeilen abzuschaffen.

Die Schlagzeile ist dekorativ, aber gefährlich. Sie nimmt die Überraschung vorweg und zeigt, daß man in sieben Worten all das ausdrücken kann, was weiter unten mit zweihundert gesagt ist. Welche Kunst also! Herr Cesare führte darum Überschriften allgemeinen Charakters ein: »Kreuz und quer durch die Welt« – »Kreuz und quer durch Italien« –

und »Kreuz und quer durch die Stadt« – »Kreuz und quer durch die Provinz« – »Kreuz und quer durch das Reich des Films«, und trennte die einzelnen Nachrichten durch einfache Sternchen.

Tags darauf rief ihn der Herr Direktor und sagt sanft: »Sie werden sicherlich lebhaft überrascht sein, wenn Sie die heutige Nummer durchblättern. Die Anordnung ist vollständig anders, als sie gestern abend von Ihnen vorgesehen wurde. Die Sache ist nämlich die, daß ich kurz vor Redaktionsschluß von der aufgeregten Stimme des Chefreporters telefonisch in die Setzerei gerufen wurde und es für opportun hielt, die Zeitung noch in der bei allen Tageszeitungen der Welt üblichen Aufmachung herauszubringen. Zusammenfassend gestatte ich mir, Ihnen zu sagen: Teurer Herr Cesare, angesichts der Tatsache, daß Sie als Korrektor nicht funktioniert haben, habe ich Sie zum Lokalberichterstatter gemacht; angesichts der Tatsache, daß es mit der Berichterstattung nicht ging, habe ich Sie zum Chefredakteur befördert; in Anbetracht dessen, daß Sie nicht einmal als Chefredakteur zu brauchen sind, sehe ich mich jedoch vor die schmerzliche Alternative gestellt, Sie entweder zu entlassen oder Ihnen meinen Posten als Direktor zu geben.«

Mit edlem Pathos rief Herr Cesare aus: »Das würde ich nicht annehmen; ich gehe!«

Doch der Direktor, ein Mann von außerordentlicher Korrektheit, entließ Herrn Cesare nicht und gab ihm auch nicht seinen Posten. Er fand einen brillanten Ausweg: Er verkaufte die Zeitung an die Konkurrenz und zog sich aufs Land zurück.

Ich will nicht Chefredakteur werden, ich will die Zeitung nicht ruinieren. Ich habe geschworen, die verdammten Druckfehler aufzustöbern. Gestern, endlich, als ich Margherita traf, zeigte ich ihr einen Abzug der Zeitung.

»Margherita«, sagte ich stolz, »lies dieses rot unterstrichene Wort!«

»Rom«, las Margherita.

»Sie hatten geschrieben, ›Rum‹. Diesen Fehler habe ich gefunden!« Das süße Geschöpf, das geschwisterlich die Freuden meines halben Päckchens Zigaretten mit mir teilt, lächelte holdselig, und ihre großen, schwarzen, tränenüberfluteten Augen sagten mir: »Giovannino, Giovannino ...«

Zwei Frauen

Von Zeit zu Zeit kommt plötzlich ein unbekannter Herr in die ruhigen Räume der Provinzzeitung, legt, kaum daß er die Schwelle des Vorzimmers überschritten hat, Hut und Jacke ab, schleudert sie auf einen Sessel, krempelt die Ärmel seines Hemdes auf, schüttelt den Kopf und ruft aus: »Das muß alles anders werden!«

Da steht der junge Mann an der Kartothek, der die Szene ruhig verfolgt hat, auf, nimmt eine Hand aus der Tasche, schließt die Tür des Redaktionszimmers bis auf einen Spalt und verkündet: »Ein neuer Direktor ist da!«

Wie schnell die Direktoren wechseln! Das ist schon mein sechster, seit ich Margherita stolz verkündet habe: »Diesen Fehler habe ich gefunden!« Der sechste Direktor! Es sind also schon mindestens zwei Jahre vergangen seit dem ersten Korrekturbogen meines Lebens.

Aber ich kümmere mich nicht übermäßig darum. Ich weiß längst, was mich bei jedem Direktorenwechsel erwartet.

Während der ganzen Dauer des ersten Direktors blieb ich in meiner Kammer bei den Korrekturbogen. Ein ruhiges Leben ohne dramatische Wendung. Plötzlich kam der neue Direktor. Nachdem er festgestellt hatte, daß die Zeitung ganz falsch gemacht werde, entschloß er sich, die Redaktion zu verjüngen: Man müßte frische Kräfte hineinbringen, der Jugend Geltung verschaffen, den Alten untergeordnete Rollen zuteilen.

Die Redaktion der Zeitung bestand aus drei Personen: einem Chefredakteur, einem Lokalredakteur und einem Korrektor. Dazu kamen einige externe Mitarbeiter.

Der zweite Direktor setzte sein Projekt sofort in die Tat um: Er nahm mich von den Korrekturbogen weg und versetzte mich in die Lokalredaktion. »Der Jugend Geltung verschaffen!« Er beförderte den Lokalredakteur zum Chefredakteur.

Und der Chefredakteur kam im Sinne der Verjüngungstendenz zu den Korrekturbogen.

Der dritte Direktor fand, kaum angekommen, daß die Zeitung falsch gemacht würde und verjüngt werden müßte: frische Kräfte einsetzen, der Jugend Geltung verschaffen, den Alten untergeordnete Aufgaben zuweisen. Deshalb versetzte er den Korrektor in die Lokalredaktion, verschaffte der Jugend Geltung, indem er mich aus der Lokalredaktion herausnahm und zum Chefredakteur beförderte, und teilte den Alten untergeordnete Aufgaben zu, indem er den Chefredakteur in die Korrekturkammer schickte.

Dann kam der vierte Direktor.

Diese hervorragende Persönlichkeit hatte kaum die Schwelle des Vorzimmers überschritten, als sie voll Abscheu den Kopf schüttelte: Die Zeitung sei sehr schlecht gemacht. Warum? Weil man keine frischen Kräfte einsetze, der Jugend nicht Geltung verschaffe und die Alten nicht auf Posten von untergeordneter Bedeutung verbanne.

Also wurde der Korrektor zum Lokalredakteur und der Lokalredakteur zum Chefredakteur befördert, ich aber wurde im Sinne der Verjüngungstendenz aus einem Chefredakteur zum Korrektor. Wohl bekomm's. Der erste Kreis hatte sich geschlossen, und alles kehrte zu seinem Ausgangspunkt zurück. Als beim fünften Direktor der zweite Kreislauf begann, wanderte ich von den Korrekturbogen in die Lokalredaktion, der Lokalredakteur wurde zum Chefredakteur befördert, und der Chefredakteur kam zu den Korrekturbogen. Als beim sechsten Direktor der Chefredakteur zu den Korrekturbogen überging und der Korrektor zur Lokalredaktion, wurde ich zum zweitenmal Chefredakteur.

Was für eine Überraschung kann ein neuer Direktor noch für mich in Reserve haben? Ich mache mir keine Sorgen; es ödet mich nur an, wenn meine Freunde sagen: »Du Glücklicher, mit deiner guten festen Stellung bei der Zeitung!«

Der wahre Jammer ist, daß mit dem Dahingehen der Direktoren auch die Jahre dahingehen: Ich werde allmählich dick und fange an zu denken, daß ich mein Leben lang diese alten Mauern anschauen werde. Ich werde sehen, wie mein Friseur alt wird. Eines Tages werde ich an der Straßenecke den Nekrolog auf meinen alten Mathematikprofessor lesen, und es wird mir scheinen, als nehme er in sein Grab alle die Gedanken, alle die Träume, alle die Hoffnungen mit, die in neun Jahren Algebra und Logarithmen aufgeblüht sind, auf einer Bank des Lyzeums, in die mein Name geschnitten ist.

Dann und wann gehe ich mit Margherita aus der Stadt hinaus, am Eisenbahndamm entlang, um die Züge vorbeifahren zu sehen.

Auch Herr Luigi wird alt. Jedesmal, wenn ich einen Sprung nach Hause mache, beginnt nach den üblichen Freudenbezeigungen über den Besuch eine sonderbare Unterhaltung:

»Giovannino, kanntest du den Cavaliere Frotti?«

»Nein, Papa.«

»Neulich an Apoplexie gestorben. Und der Doktor Giovanelli, erinnerst du dich an ihn?«

»Nein, Papa.«

»Samstag abend an galoppierender Schwindsucht gestorben. Frisch wie das Wasser, nicht einmal zweiundsiebzig. Ach ja . . .«

»Ach ja . . .«

»Der Professor Marietti, der 1918 das Palais der Brelli gekauft hat, entsinnst du dich seiner?«

»Nein, Papa.«

»Gestern in Palermo gestorben. Herzerweiterung.«

»Papa, entsinnst du dich des Commendatore Silicchi?«

»Ja!«

»Lebt.«

»Um so besser. Die Lebenshaltungskosten haben sich verdoppelt. Ach ja . . .«

»Ach ja . . .«

»Ein Autobus in eine Schlucht gestürzt, gestriger ›Corriere della Sera‹. Sechsundzwanzig Tote. Bist du immer gesund?«

»Ja, Papa.«

»Freut mich. Eine Kunstdüngerfabrik in Wien in die Luft geflogen, ›Resto del Carlono‹ vom Donnerstag. Vierzig Tote. Leistet dir mein Rasiermesser noch gute Dienste?«

»Ja, Papa.«

Frau Flaminia ist hingegen temperamentvoller und erzählt mir immer von dem neuen Speisezimmer, das der Mann meiner Schwester Rosina gekauft hat.

Mein Bruder, der mit jugendlichem Schwung das fünfunddreißigste Lebensjahr erreicht hat, beweist mir, daß seine neue Beschäftigung unendlich besser sei als jene, die er das letztemal in den Himmel gehoben hatte.

Großmutter Giuseppina hat sich ohne Aufsehen davongemacht und hat mir vor ihrer Abreise das Säckchen mit den 247 Lire und 58 Centesimi übergeben, alles in allerkleinster Münze.

Ich denke mit Wehmut an die ersten Kapitel.

Als ich an das Fahrrad gekettet dahinfuhr, baute ich mir eine Welt voll herrlicher Dinge, von denen nichts geblieben ist als das süße Geschöpf, welches der liebe Gott auf meinen Weg gestreut hat.

Margherita ist noch dieselbe wie früher. Nein, sie ist besser als früher.

Sie ist zu einem Weib geworden. Wenn wir einander vor zwei Jahren nicht sehen konnten, hat sie mir noch lange Briefe mit wunderschönen Sätzen geschrieben: »Mein Gefühl für Dich überwindet die engen Grenzen der uns umgebenden Wirklichkeit und reicht in die ewige Zukunft. Meine Liebe zu Dir ist nicht ein Seelenzustand, sondern die Seele selbst, die von dieser Liebe bis zu einem solchen Grade durchdrungen wird, daß sie ihr eigentlicher Inhalt geworden ist . . .«

Wenn sie mir vor einem Jahr schreiben mußte, schickte sie mir kürzere und nervösere Briefe: »Ich kann Dir die Melancholie nicht schildern, die mich gestern abend erfaßt hat, als ich Dich vergeblich erwartete. Wenn Du mir fehlst, scheint mir das Leben selbst zu fehlen . . .«

Heutzutage schreibt sie nur Postkarten mit raschen, kraftvollen Sätzen: ». . . ich wußte, daß es vollkommen zwecklos war, Dich gestern abend erwarten. Ich glaube, auf Männer wie Dich ist kein Verlaß nicht.« Margherita ist zum Weib geworden, sie hat großartig die neun Jahre Lyzeum vergessen und zögert nicht eine Sekunde zu schreiben: »Dich gestern abend erwarten« oder »kein Verlaß nicht.«

Die wahre Liebe setzt sich über die Schranken des Todes und der Grammatik hinweg.

Margherita ist mein einziger Trost.

Gestern abend trafen wir einander wie gewöhnlich in der Bierwirtschaft vor der Stadt. Ich sprach viel und dürfte recht oft den Kellner um ein neues Glas Kognak gebeten haben. Und wirklich und wahrhaftig, einen schönen Augenblicks sah ich zwei Margheritas vor mir statt einer einzigen wie sonst. Die Erscheinung, an und für sich schon eigenartig, wird es noch mehr, wenn man bedenkt, daß es sich nicht um zwei gleiche Margheritas handelte. Die erste war die gewohnte, dunkel, mit ihren schwarzen Augen; sie saß. Die zweite, ebenfalls dunkel und mit schwarzen Augen, stand hinter der normalen Margherita, trug die Haare nicht auf die Schultern herabfallend, sondern mit schönen flatternden Bändern auf dem Scheitel zusammengebunden, und hatte eine Art langen grünen Capes, das ihr bis zu den Füßen reichte. Der linke Arm hing ganz natürlich herunter, aber der rechte war erhoben, ausgestreckt, und die Hand hielt einen Fahrradreifen; im Hintergrund rauchten schwarze Fabrikschornsteine in einen gelben Himmel. Ich informierte Margherita über die eigenartige Verdoppelung und fragte sie: »Margherita, ist das eine Auswirkung des Alkohols, oder stecken wirklich zwei Frauen in dir?«

»Es sind zwei Frauen«, erklärte Margherita. »Die erste bin ich, und die andere ist ein altes großes Werbeplakat für die Bianchi-Fahrräder, das an der Mauer klebt.«

Ich mußte an das Plakat der Mailänder Weltausstellung von 1906 denken.

»In diesen Plakaten mit Beziehungen auf die lombardische Metropole, die mir auf den Weg gestreut werden, sehe ich den Fingerzeig des Schicksals«, sagte ich.

Margherita lächelte, und ihre großen schwarzen Augen sagten mir: »Giovannino, Giovannino . . .«

Ausfahrt und Ankunft

Auch Margherita gab zu, daß ich damals mit meiner Erklärung des Weltausstellungsplakats von 1906 recht gehabt hatte.

Wenn ich und Margherita, statt bekleidet in einem gewöhnlichen Abteil zu reisen, nackt und knallrot bemalt gefahren wären, mit einem Flügelhelm auf der Lokomotive sitzend, hätten wir uns bei unserer Ankunft in Mailand vollkommen wohl gefühlt.

Der neue Bahnhof von Mailand scheint mehr dazu geschaffen, Allegorien zu empfangen als Reisende.

Die Allegorien aus Gewerbe und Industrie, wie sie uns von den Diplomen und Ehrenurkunden unserer Druckereien her vertraut sind, lieben die marmornen Adler, Löwen, Girlanden, Hämmer und Bänder, die marmornen Frauenköpfe und marmornen Zahnräder, welche aus dem neuen Mailänder Bahnhof einen lehrreichen zoosymbologischen Garten machen.

Wir kamen jedoch als zwei achtundzwanzigjährige Geschöpfe des lieben Gottes, von denen das eine namens Giovannino an einem gewissen Abend gesagt hatte: »Margherita, ich bin dieses eintönigen und trübseligen Lebens müde; ich bin es müde, immer dieselben Leute vorübergehen zu sehen, ich bin es müde, immer zu wissen, was ich am nächsten Tag tun werde. Eine innere Stimme erinnert mich daran, daß das Leben ein Abenteuer ist, daß man etwas wagen muß! Margherita, wollen wir Sonntag nach Mailand fahren, um die Mustermesse zu sehen?«

Und das Geschöpf Margherita blickte dem Geschöpf Giovannino heiter in die Augen und sprach die erhabenen Worte: »Wenn der Mann, den ich liebe, zu mir sagt: ›Ich sterbe‹, so antworte ich: ›Laß uns zusammen sterben.‹ Wenn der Mann, den ich liebe, mir sagt: ›Fahren wir zur Messe‹, so antworte ich ihm: ›Fahren wir zusammen zur Messe!‹ Aber am Abend will ich zurück sein.«

Ich werde diesen 15. April nie vergessen. Ich hatte dafür gesorgt, daß unser Messebesuch ein süßes Geheimnis zwischen mir und Margherita bleibe. Niemand sollte es wissen, niemand sollte es gewußt haben. Um acht Uhr verließ ich das Haus und traf auf der Treppe die Hausbesorgerin. »Schicken Sie mir eine Ansichtskarte mit dem Dom!«

Der Milchmann kam gerade mit seinem Dreirad daher. »Mailand! Ja, das ist eine Stadt!« rief er. »Wenn ich rechtzeitig nach Mailand gegangen wäre, müßte ich heute nicht dieses verdammte Dreirad treten.«

Sechs Schritte weiter begegne ich dem Zeitungsmann. »'s geht nix über Mailand!« rief er mir fröhlich zu. »Geben Sie auf die Verkehrsampeln acht!«

Diese liebenswürdigen Ausrufe lockten meinen Friseur und den Wirt meines Stammlokals auf die Straße; der Zeitungsmann erklärte ihnen die Sachlage in großen Zügen, und der Künstler billigte meinen Entschluß ebenso rückhaltlos wie der Gewerbetreibende.

Auf der Piazza kaufte ich mir Zigaretten. »In Mailand ist die Manufaktur, dort werden Sie sie frisch bekommen; hier sind sie, wie sie eben sind«, meinte der Tabakhändler.

»Mailand ist im Winter am schönsten, der Nebel verhüllt alles mit einem nordischen Zauber«, seufzte die Kassiererin, sentimental, wie sie ist, während sie den Kassenzettel für meinen Espresso abriß.

»In Mailand ist mein Bräutigam«, flüsterte die Kellnerin, indem sie mir die Tasse brachte. »Wenn du ihn siehst, tue, als ob du von nichts wüßtest.«

Ich ging mitten auf die Straße, um nicht aufgehalten zu werden; da überholte mich die Straßenbahn und blieb stehen.

»Herr Giovannino!« rief der Schaffner, »wenn Sie nicht einsteigen, kommen Sie zu spät zum Schnellzug um 8 Uhr 27.«

Ich dankte ihm für seine Liebenswürdigkeit, eigens meinetwegen anzuhalten, und stieg ein.

»Wenn ein Wagenführer in Mailand nur ein einziges Wort spricht, wird er entlassen«, bemerkte der Wagenführer, ohne sich umzudrehen. »Aber sie fahren sitzend.«

Beim Ausfolgen der Fahrkarten informierte mich der Schalterbeamte höflich: »Fräulein Margherita ist schon da und erwartet Sie auf dem Bahnsteig. Warum kommen Sie nicht erst morgen früh zurück? Die Sonntagsfahrkarte gilt bis Montag mittag.«

Beim Lochen der Fahrkarte gab mir der Bahnhofsportier einen wertvollen Hinweis. »Bei der Rückfahrt nehmen Sie den Beschleunigten um 23 Uhr 15, mit dem fährt kein Mensch. In Damengesellschaft ist man gern ungestört.«

Ich durchschritt die Unterführung und ging auf Margherita zu, die mich neben dem Erfrischungskiosk erwartete. Da kam jenseits der

Gleise der Kellner Gigi aus dem Restaurant. »Herr Giovannino!« rief er. »Straße Soundso, Nummer 15. Nicht vergessen! Ein Hotel, und was für eines!«

Einige Reisende schlossen sich dem Rat des Kellners Gigi vollinhaltlich an. Die beiden Träger, die jenseits der Gleise neben Gigi standen, schüttelten jedoch mißbilligend den Kopf. »Nein! Gehen Sie in die andere Straße!« rief der erste. »Das Richtige für Sie ist das Hotel Ypsilon in der Zet-Straße! Man verlangt nicht einmal die Ausweise!« schrie der zweite. Im Zug fragte ich Margherita: »Du hast niemandem etwas gesagt, nicht wahr?«

»Niemandem, nur meiner Freundin Maria hab' ich es gesagt. Was ist mir anderes übriggeblieben? Sie hat meinen Mantel in Ordnung gebracht.«

»Das hast du gut gemacht«, stimmte ich zu. »Die Nachricht wird erst um drei Uhr nachmittags in die Vororte gelangen, und Herr Luigi wird heute abend nicht mehr dazu kommen, die Angelegenheit zu untersuchen.«

Die Leute in der Provinz haben einen sonderbaren Begriff von der Straßenbahn: Sie ist nach ihrer Meinung etwas Grünliches, das auf Rädern über Schienen gleitet, um dem Stadtbild eine moderne Note zu verleihen. Sie bedienen sich der Elektrischen nur, wenn sie sich langweilen und irgendeine Abwechslung suchen. Sie geben im äußersten Fall zu, daß die Straßenbahn bequem ist, doch sie lehnen es ab, ihre Notwendigkeit anzuerkennen. Denn die Wege, die einer zurückzulegen hat, sind immer kurz, und wenn er sich beeilt, befindet sich der Provinzler in einer ernsten Verlegenheit: Was soll er mit der gewonnenen Zeit anfangen?

Daher fragt der Provinzler, wenn er auf den Bahnhofplatz von Mailand geströmt ist, nie, welche Linie er nehmen muß, um zur Messe zu gelangen; er fragt einfach, in welcher Richtung man zur Messe kommt. Und wenn er die Auskunft erhalten hat, macht er sich entschlossen auf den Weg.

So befindet er sich, nachdem er den Bahnhof um 10 Uhr 35 in Richtung Mustermesse verlassen hat, nach Besichtigung der Arena, des Castello Sforzesco, der Station Porta Genova, des Bogens der Porta Romana, des Cinque-Giornate-Denkmals, gegen 22 Uhr im Angesicht der freundlichen Gewässer des Idroscalo.

Nun benimmt er sich genau so, wie ich mich benommen habe. Er bleibt stehen, er verhält sich einige Minuten schweigend, dann schüttelte er den Kopf und sagte genau die Worte, die ich gesagt habe: »Ich habe den Verdacht, daß wir nicht auf dem richtigen Weg sind.« Um 22 Uhr 30 gelang es mir und Margherita dank der Hilfe eines Taxis, hungrig und müde die Lichter der Stadt wiederzusehen und uns an einen gedeckten Tisch zu setzen.

Schweigend nahmen wir Speisen und Getränke ein. Ich war in Sorge. Sofort zurückfahren? Nicht zurückfahren? Und Margheritas Eltern? Ich habe Margheritas Eltern niemals gesehen, aber ich kenne sie besser, als ich Herrn Luigi und Frau Flaminia kenne. Margherita hat sie mir mindestens tausendmal beschrieben. Allein die Tatsache, daß sich Margherita, um mich öfter sehen zu können, entschlossen hatte, jede Klasse drei Jahre lang zu besuchen, bot mir den überzeugendsten Beweis für ihre Strenge. Wenn wir in der Bierwirtschaft außerhalb der Stadt waren, wurde Margherita von Gedanken an ihre Eltern gepeinigt. Sie erzählte mir von den Ausreden unter Einbeziehung von Freundinnen. Kulturfilmvorführungen, klassischen Konzerten, pflegebedürftigen Kranken und Übungen religiöser Natur, die sie ausdenken mußte, um der höllischen Überwachung für einige Augenblicke zu entrinnen. Dann stand sie plötzlich auf, und niemand konnte sie mehr halten. »Ich muß gehen; wenn ich fünf Minuten später käme, würde mich mein Vater umbringen! Er hat ein südliches Temperament.«

Ich befand mich wirklich in einer sehr heiklen Lage: Ein tyrannischer Vater von südlichem Temperament, der die ganze Nacht wartend und nervös im Zimmer auf und ab geht – wie wird er sich verhalten, wenn seine Tochter nicht heimkommen?

Die Situation war ernst. Die Stunden vergingen unerbittlich. Man mußte sich entschließen. »Margherita, was tun wir?«

»Wir trinken Kaffee, dann gehen wir zu Bett«, meinte Margherita. »Die Frau hat gesagt, daß hier zwei Zimmer frei sind.«

Ich wundere mich nie, wenn eine Frau etwas Unsinniges sagt. Ich kenne die Männer. Sie sprechen oft in den Tag hinein. Und die Frauen sind, im Grunde genommen, genau wie die Männer.

»Margherita«, warf ich mit äußerster Sanftmut ein, »und dein Vater? Und deine Mutter? Was werden sie denken, wenn du nicht heimkommst? Margherita, ich habe die Pflicht, dich daran zu erinnern, daß du zwar mit mir zusammen glücklich das achtundzwanzigste Lebensjahr erreicht hast, aber immer noch den Gesetzen unterstehst, die das tägliche Leben deiner Familie bestimmen.«

Margherita schlug die Augen nieder; und während sie aus Brotkugeln symmetrische Häufchen baute, sprach sie mit einer Stimme, die aus weiter Ferne zu kommen schien: »Als ich das Licht der Welt erblickte, machte mein Vater eine unmutige Geste; er hatte sich einen Sohn männlichen Geschlechts gewünscht, ich aber war, was ich immer noch bin, eine Tochter weiblichen Geschlechts. Mein Vater war ein Mann von Charakter; nachdem er die Unmöglichkeit eingesehen hatte, das Übel aus der Welt zu schaffen, packte er seine Koffer und fuhr nach Amerika. Dort angekommen, richtete er an meine Mutter die Botschaft: ›Wer mich liebt, möge mir folgen!‹ Angesichts der Tatsache, daß ich im Alter von zwei Monaten meinem Vater nicht in Liebe zugetan sein konnte, fand meine Mutter, daß sie die einzige Person sei, die ihn liebe. Sie übergab mich darum mit tausend Segenswünschen einer unverheirateten Tante und fuhr ihrem Gatten nach. Diese Tante, die nicht ganz mittellos war, zog mich liebevoll auf. Als ich das sechste Jahr vollendet hatte, kam ein Brief, in dem mein Vater sich verpflichtete, ihr ein angemessenes Monatsgeld auszusetzen, bis ich nach Ablegung der Reifeprüfung imstande sein würde, meinen Lebensunterhalt selbst zu verdienen. Meine arme Tante wurde es müde, auf dieser Erde zu bleiben, und zwar gerade an dem Tag, an dem ich ins Lyzeum eintrat. Seit damals habe ich von der Rente, die mir mein Vater schickte, allein gelebt. Am Ende jedes Jahres sandte ich ihm meine Zeugnisse, und er ersah daraus, daß ich immer noch das Lyzeum besuchte. Mein Vater, ein Mann von Charakter, hielt Wort. Aber jetzt habe ich das Lyzeum seit vier Jahren hinter mir; und mit dem Ankauf einer großen Reisetasche und eines Koffers ist das Geld verbraucht, das ich klugerweise von den Monatsrenten abgespart hatte.«

Ich wundere mich nie, wenn Frauen unsinnig reden, ich wundere mich jedoch, wenn sie vernünftig reden. In diesem Fall hatte ich freilich auch Grund, mich zu beunruhigen. Und ich beunruhigte mich.

»So hast du mich also, obwohl du ganz allein lebst, dreizehn Jahre lang glauben gemacht, du seiest das Opfer eines tyrannischen Vaters! Das ist ernst, Margherita. Du bist also nicht aus Liebe zu mir, sondern aus Liebe zur monatlichen Rente durchgefallen! Margherita, ich muß dir zu meinem Bedauern mitteilen, daß du berechnend gehandelt hast.«

Margherita lächelte. »Giovannino, wenn ich berechnend gehandelt hätte, hätte ich nicht nach neun Jahren die Reifeprüfung abgelegt. Ich hätte das Studium bis ins Alter fortgesetzt. Und die Rente hat mir ja nicht nur das Leben ermöglicht, sondern auch das tägliche Beisammensein mit dir.«

»Margherita, wenn du aber mit deinem Vermögen am Ende warst, warum hast du für das letzte Geld eine große Reisetasche und einen Koffer gekauft? Das stellt deinen administrativen Fähigkeiten ein schlechtes Zeugnis aus.«

»Giovannino, wie hätte ich ohne Reisetasche und Koffer meine Kleider und meine Wäsche befördern sollen?«

»Deine Kleider befördern? Wohin?«

»Nach Mailand. Sie liegen auf dem Bahnhof; um sie zu bekommen, muß ich nur diesen Schein vorweisen.«

Ich gestehe, daß ich das Abenteuer liebe. Dennoch war ich einige Zeit sprachlos.

»Margherita«, stammelte ich schließlich, »du hast deine Bekleidung nach Mailand befördert! Darf ich daraus schließen, daß du die Absicht hast, in dieser Stadt zu bleiben?«

»Gewiß. Sonst wäre es ja unüberlegt gewesen, das Gepäck zu befördern.«

Die Bemerkung war vernünftig. Es blieb jedoch noch ein nicht völlig geklärter Punkt.

»Margherita, da du erklärst, über keine Geldmittel zu verfügen, wirst du dich wohl, um in Mailand bleiben zu können, bei irgend jemandem aus deiner Bekanntschaft einquartieren.«

»Gewiß. Ich werde bei einem Bekannten wohnen.«

»Und bei wem, wenn man fragen darf?«

»Bei dir, Giovannino.«

»Warum hast du mich dann, Margherita, zwölf Stunden herumirren und beim Indroscalo ankommen lassen, während ich mich bemühte, in die Nähe der Mustermesse zu gelangen?«

»Giovannino, du hast Mailand kennengelernt, bist immer mit mir Arm in Arm gegangen und hast alle Züge für die Heimfahrt versäumt. Versuche, mich zu verstehen, Giovannino. Bist du böse, wenn ich dich um deine Hand bitte? Mache dir keine Sorgen wegen der Formalitäten: Ich habe hier alle Papiere, die ich brauche. Und da ich weiß, daß die Zeit der Männer kostbar ist, habe ich auch deine Papiere besorgt.«

Margherita hatte recht. Die Zeit der Männer ist kostbar.

»Margherita, ich muß dir noch einiges zu bedenken geben: Zum Funktionieren eines Haushaltes genügt es nicht, einen Mann zu besitzen. Es ist nötig, daß dieser Mann arbeitet und Geld verdient.«

»Du wirst arbeiten und Geld verdienen. Ich habe so viel Vertrauen zu dir. Ich bin überzeugt, daß du in diesen fünf Jahren Arbeit so umsichtig gewesen bist, dir wenigstens achttausendfünfhundertvierzig Lire zu ersparen!«

»Achttausendvierhundert«, verbesserte ich, »einhundertvierzig Lire habe ich für die Reise abgehoben.«

Auf der Straße kamen die Leute eben aus den Theatern und Kinos, und die leuchtenden roten, gelben und blauen Firmenschilder sahen aus wie das Titelblatt einer Sonntagsbeilage.

»Margherita«, sagte ich streng, »das war nicht schön von dir. Du hast einen jungen Mann veranlaßt, seine Heimatstadt, sein Haus, seine Arbeit, seine Familie zu verlassen und sich dem Unbekannten anheimzugeben. Nein, das ist nicht schön von dir, Margherita! Herr Luigi würde dich eine Abenteurerin nennen.«

Margherita begann still zu weinen. Der Wirt kam und sagte, daß die beiden Zimmer bereit seien.

»Margherita«, sprach ich mit fester Stimme, »geh jetzt ins Bett. Wenn du morgen früh dein Gepäck vom Bahnhof holst, löse auch meines aus: zwei Koffer, drei große Reisetaschen und eine Kiste. Hier sind die Scheine. Das Zimmer habe ich vergangenen Monat gekündigt, meine Stelle bei der Zeitung habe ich vor vierzehn Tagen aufgegeben.«

Margherita hob lächelnd den Kopf, und ihre großen schwarzen Augen sagten mir: »Giovannino, Giovannino, ich hab's ja gewußt . . .«

Der Rohrdampfkessel

»Margherita«, sagte ich am nächsten Tag, »wir brauchen dringendst einen Posten für mich und eine Wohnung für uns.«

»Sehr richtig«, meinte Margherita. »Während ich mich dem Holen des Gepäcks widme, findest du heute vormittag eine Stellung. Nachmittags werden wir eine Wohnung finden, die deinem Einkommen angemessen ist. Man kann sich nicht für eine Wohnung entscheiden, ehe man seine finanziellen Möglichkeiten kennt.«

Ich hatte bei aller Bewunderung für ihre Klugheit doch einen Einwand. »Glaubst du nicht, daß es ein bißchen schwierig ist, in drei Stunden einen Posten zu finden?«

»Nein. Mailand hat ein vortreffliches Straßenbahnnetz. Leb wohl.« Sie ging und ließ mich perplex zurück.

»Der Herr geht nicht aus?« fragte der alte Kellner des Hotels.

»Ich möchte, aber ich weiß nicht, wohin«, erklärte ich ihm.

»Mailand ist interessant. Wenn Sie auf den Madonnina-Obelisk steigen, haben Sie eine großartige Fernsicht«, bedrängte mich der alte Kellner, dem ich sichtlich unsympathisch war.

»Schon möglich«, antwortete ich, »die Sache ist nur die, daß ich nicht wegen der Fernsicht nach Mailand gekommen bin, sondern um eine Stellung zu finden.«

»Das ist noch viel einfacher!« rief er aus. »Dazu sind die Inserate im ›Corriere della Sera‹ da. Sie breiten die Zeitung aus, nehmen einen Zündholzkopf und werfen ihn in die Luft. Die Annonce, auf die der Zündholzkopf fällt, hat das Schicksal für Sie einrücken lassen. Entschuldigen Sie bitte, man ruft mich.«

Ich warf einen Zündholzkopf in die Luft und las aufmerksam die Annonce, die nach Ansicht des Kellners das Schicksal für mich inseriert hatte:

»Rohrdampfkessel ›Cornovaglia‹, sehr gut erhalten, sofort abzugeben. Anfragen an X, Y-Straße.«

»Wenn das Schicksal wünscht, daß meine Zukunft an einem Rohrdampfkessel hängt, werde ich den Rohrdampfkessel besichtigen!« rief ich entschlossen aus. Zwanzig Minuten später war ich in der Y-Straße.

Ich betrat eine große industrielle Anlage. In der pompösen sechseckigen Vorhalle mit einer Fülle von Marmor und Schmiedeeisen musterte mich voll Interesse ein Türhüter, der hinter einem gewaltigen Tisch saß, und fragte dann: »Dampfkessel?«

»Dampfkessel!« antwortete ich.

»Dampfkessel?« sagte der Türhüter ins Telefon.

»Dampfkessel?« erkundigte sich ein junger Mann, der kurz darauf aus einer Glastür kam und mich betrachtete.

»Dampfkessel!« bestätigte ich und folgte ihm.

»Dampfkessel«, erklärte der junge Mann, der einen gestrengen Herrn an einem gewaltigen Schreibtisch auf mich aufmerksam machte.

Der gestrenge Herr erhob sich und schritt mir voran. Ich folgte ihm in einen großen Saal, an dessen Wand riesige eiserne Geräte befestigt waren, deren gigantische runde Deckel, die von der Wand herabdräuten, auf ihre zylindrische Form schließen ließen.

»Dampfkessel«, erklärte der Herr, indem er auf den dritten Deckel wies.

Aufmerksam betrachtete ich das Gerät, berührte einige Hähne und öffnete eine gewaltige Sparherdtür.

»Vergangenes Jahr mit neuen Rohren versehen, ausgezeichneter Zustand, sechsunddreißigtausend bar«, erläuterte der Herr.

Ich nickte zum Zeichen der Billigung energisch mit dem Kopf. Meines Erachtens bedeuteten sechsunddreißigtausend Lire keinen übertrieben hohen Preis für ein so gewaltiges Ding, wenn man bedenkt, daß ein Aluminiumkochtopf auch seine vierzig Lire kostet. »In Ordnung«, bemerkte der gestrenge Herr abschließend. In diesem Augenblick erschien, von dem jungen Angestellten begleitet, in höchster Eile ein sehr distinguierter, etwa fünfundvierzigjähriger, graugekleideter Herr.

Er sah den Dampfkessel und rief: »Ich nehme ihn!«

»Bedaure sehr«, bemerkte der gestrenge Herr, »aber ich bin schon mit diesem Herrn handelseinig. Er nimmt ihn für sechsunddreißigtausend.«

»Vierzigtausend!« rief der distinguierte Fünfundvierzigjährige aus, »vierzigtausend, aus, Schluß, aus!«

»Unsere Firma steht zu ihrem Wort«, erklärte der gestrenge Herr. Der Fünfundvierzigjährige betrachtete den Dampfkessel lange und voll Zorn, dann wendete er sich plötzlich an mich.

»Achtunddreißigtausend!« rief er aggressiv.

»Vierzigtausend«, antwortete ich, sobald ich der Sprache wieder mächtig war.

»Neununddreißig«, sagte der distinguierte Fünfundvierzigjährige abschließend und zog das Scheckbuch.

»Der Einfachheit halber«, mengte der gestrenge Herr sich ein, »zahlen Sie dem Herrn dreitausend in bar und geben uns über die sechsunddreißig einen Wechsel.«

Brüsk wurden mir drei Tausend-Lire-Noten überreicht. Ich grüßte höflich und ging.

Nach dem Verlassen der Anlage beschloß ich, das Ereignis zu feiern, indem ich mir ein Taxi nahm. Auf meinen Wink hielt ein Taxi vor mir. In diesem Augenblick rief hinter mir eine kräftige Stimme: »Taxi, Taxi!«

»Ich bin schon von diesem Herrn engagiert«, erklärte der Chauffeur und klappte das Fähnchen herunter.

»Verflucht!« sagte die Stimme.

Ich drehte mich um und sah den distinguierten Fünfundvierzigjährigen, der soeben aus der Anlage gekommen war.

»Ah, um so besser!« rief der Fünfundvierzigjährige erfreut, »Sie sind es! Stört es Sie, wenn wir die Fahrt gemeinsam machen? Sie fahren zum Domplatz?«

»Ja.«

Wir stiegen ins Taxi.

»Handeln Sie mit Dampfkesseln?« fragte er.

»Nein, ich bin Journalist«, antwortete ich.

Der Fünfundvierzigjährige fand das ganz natürlich.

»Ein schöner Beruf!« sagte er.

Auf dem Domplatz protestierte der distinguierte Fünfundvierzigjährige, als ich die Börse zog.

»Das fehlte noch! Sie haben mir den Vortritt gelassen, und da wollen Sie auch noch zahlen?! Nicht einmal im Traum! Kommen Sie, trinken wir einen in der Galerie!«

Ich durfte nicht einmal den »einen« bezahlen; der distinguierte Fünfundvierzigjährige ging mit der Hand in der Tasche entschlossen an die Kasse.

»Verwünscht!« rief er ärgerlich. »Ich sitze auf dem Trocknen. Ich hatte einige tausend Lire in der Tasche, aber ich habe ein unvorhergesehenes Geschäft abgeschlossen. Und jetzt komme ich nicht mehr rechtzeitig zur Bank!«

»Darf ich?« fragte ich lächelnd und zog die dreitausend Lire.

»Danke, tausend genügen. Ich werde sie Ihnen noch heute durch meinen Chauffeur ins Haus schicken. Ich habe noch nie einen so höflichen Mann wie Sie getroffen. Wenn Sie es eines Tages satt haben, den Journalisten zu spielen, kommen Sie zu mir; ich kann Ihnen jederzeit in meiner Buchhaltung einen Posten anbieten.«

»Ich habe es satt, den Journalisten zu spielen«, teilte ich ihm mit. »Wie Sie gesehen haben, wollte ich schon heute morgen etwas in der Rohrdampfkesselbranche unternehmen, um umzusatteln.«

Wir wurden schnell einig. Mein Gehalt war sehr anständig.

»Morgen früh um neun erwarte ich Sie«, sagte der Industrielle beim Abschied.

»Ich werde pünktlich erscheinen«, versicherte ich.

Als ich Margherita zu Mittag mitteilte, daß ich eine Stellung gefunden hätte, wunderte sie sich nicht. Sie fand es ganz natürlich. »Geht in Ordnung; wir müssen also heute nur noch eine anständige kleine Wohnung finden.«

Eine Wohnung zu finden, sollte in Mailand nicht schwierig sein, denn es fehlt gewiß nicht an Häusern. Es kann Ihnen in Mailand sogar immer wieder passieren, daß Sie abends, wenn Sie von der Arbeit heimkehren, in der Straße, die Sie auswendig kennen, mit der Nase an ein Haus stoßen, das in der Früh noch nicht dagewesen ist.

Man muß in dieser außergewöhnlichen Stadt beim Gehen aufpassen. Die Häuser schießen unglaublich schnell in die Höhe; ist der Baugrund gekauft und von jedem Hindernis frei gemacht, markiert man mit Gips auf der Erde den genauen Plan. Aus dem Boden wächst sodann der Metallkäfig des Lifts, der alsbald funktioniert. Es ist alles bereit: Sie treten in die Liftkabine ein, drücken auf den Knopf des vierten, fünften oder sechsten Stockwerkes, steigen oben aus und suchen die Tür, die Sie interessiert. Während der Zeit, die der nützliche Mechanismus gebraucht hat, um hinaufzusteigen, ist das große Wohnhaus gebaut worden. Natürlich muß man in Betracht ziehen, daß die Aufzüge nicht übermäßig schnell gehen und daß sie, um zum Beispiel in den fünften Stock zu gelangen, immerhin zwei bis zweieinhalb Minuten brauchen.

Die großen Wohnhäuser bestehen jedoch fast immer aus Eigentumswohnungen, und die sind schon alle verkauft, bevor die Fundamente gelegt werden. Man geht in das Büro der Baugesellschaft, nimmt Einsicht in den Bauplan und trifft seine Wahl. Man sagt: »Mir gefällt diese Wohnung hier rechts neben dem Tintenfleck«, man macht dort ein Kreuz mit rotem Bleistift (nicht mit schwarzem, denn es ist oft vorgekommen, daß die Baumeister diese Zeichen auf ihre Art auslegten und mitten in einem großen Zimmer sonderbare, vollkommen überflüssige Wände errichteten), man bezahlt und geht.

Oft sieht man ehrenwerte Herren mit Verwandten und Freunden ihre künftigen Wohnungen besichtigen. Sie bleiben an einem Bretterverschlag stehen und zeigen mit dem Finger nach oben: »Siehst du diese Wolke? Dort ist die gute Stube. Weiter rechts der Lichtstreifen ist das Speisezimmer. Genau da, wo die Taube fliegt, ist das Schlafzimmer . . .«

Kein Nachmittag, ja nicht einmal eine Woche oder ein Monat reicht jedoch aus, um eine nette Wohnung zu finden, wenn nicht außerordentliche Umstände eintreten oder vernünftige Überlegung triumphiert. Ich ging zum »Entern« einer Wohnung allein in die Stadt; Margherita mußte, wie sie mir erklärte, die Auslösung des Gepäcks vollenden. Ich beschloß, das allervernünftigste System anzuwenden, nämlich Mailand in Sektoren einzuteilen und dann systematisch in sämtliche Portierlogen zu treten und zu fragen: »Ist hier eine Wohnung zu vermieten?«

Ich verwarf den Gedanken, mich einer Agentur zu bedienen, aus der einfachen Überlegung heraus, daß ich dann nicht nur eine Wohnung, sondern auch noch eine Agentur hätte finden müssen. Ich entschloß mich also, die direkte Methode anzuwenden. Nachdem ich mir das Stadtviertel ausgesucht hatte, das mir am meisten zusagte, und das Haus bestimmt hatte, das die der Höhe meines Einkommens entsprechenden Eigenschaften besaß, trat ich ehrerbietig in die Portierloge.

»Verehrteste«, fragte ich die Hausbesorgerin höflich, »ist in diesem Haus eine Wohnung zu vermieten?«

»Wenn ich einem Haus eine Wohnung frei ist, wird draußen ein Zettel angeheftet, der die Bevölkerung von dem Ereignis in Kenntnis setzt«, antwortete die Hausbesorgerin unfreundlich.

Ich legte ein Zwei-Lire-Stück auf den Tisch.

»Ich verstehe, Verehrteste«, entgegnete ich, »aber jede Regel hat ihre Ausnahme.«

»Zugegeben«, bestätigte die vortreffliche Dame, »trotzdem gibt es in diesem Haus keine freien Wohnungen. Wenigstens im Augenblick.« Ich legte ein zweites Zwei-Lire-Stück neben die ersten zwei Lire. »Ich bin vollkommen im Bilde!« rief ich aus. »Die Zukunft liegt in Gottes Hand. Immerhin halten Sie es nicht für ausgeschlossen, daß eine Wohnung in diesem Haus frei werden könnte.«

»Gewiß nicht«, sagte liebenswürdig die sympathische Funktionärin. »Ich halte es nicht für ausgeschlossen.«

Ich legte ein weiteres Zwei-Lire-Stück auf den Tisch. »Natürlich haben Sie sehr gute Gründe, wenn Sie das sagen«, bemerkte ich. »Sie sind nicht die Frau, die unüberlegte Worte ins Blaue redet.«

»Gewiß nicht«, meinte die vortreffliche Dame und lächelte geschmeichelt. »Ich rede nicht in den Tag hinein. Wenn ich so spreche, so spreche ich so, weil ich weiß, was ich weiß. Meiner Meinung nach befinden sich zum Beispiel die Herrschaften vom vierten Stock in einer ganz bestimmten Situation.«

(Weiteres Geldstück.)

»Ich bewundere Ihren klaren Blick«, flüsterte ich. »Jedenfalls erlaube ich mir, Sie darauf hinzuweisen, daß wir, ich wie Sie, zwei ehrenhafte Leute sind. Ich gestehe Ihnen, daß die Situation der Herrschaften vom vierten Stock mein Interesse erregt.«

»Ich verstehe Sie«, seufzte die ausgezeichnete Person. »Das Studium der Menschheit bietet immer ein lebhaftes Interesse. Es geschieht also gewiß nicht aus Bosheit, sondern lediglich um der Wissenschaft willen, wenn ich Ihnen verrate, daß die Herrschaften für vier Quartale die Miete schuldig sind.«

»Haben Sie vielleicht eine Ahnung, welche Auslegung der Herr des Hauses geben könnte?« drang ich weiter in sie.

»Meines Erachtens dürfte besagter Herr die Sache übel auslegen und nicht zaudern, seinen Anwalt zu bemühen«, betonte die schätzenswerte Dame.

(Weitere zwei Lire.)

»Wenn ich nicht Gefahr laufe, indiskret zu erscheinen . . .«, flüsterte ich, »ist das Ihre eigene Vermutung, oder wissen Sie Genaueres?«

»Ich habe den Kündigungsbrief hier und werde ihn heute abend übergeben«, gestand die kluge Frau und zeigte mir einen geschlossenen Umschlag.

(Zwei Lire.)

»Ich danke Ihnen, Verehrteste«, murmelte ich. »Darf ich mir Ihre Erfahrung und Ihre Fachkenntnise zunutze machen?«

»Gewiß.«

(Zwei Lire.)

»Wann könnte sich Ihrer Meinung nach, unter der Annahme von Umständen, die den geschilderten gleichen, ein Wohnungsaspirant einem Hausherrn mit der Bitte vorstellen, in seinem Haus als Mieter des vierten Stockes zugelassen zu werden?«

»Heute um 17 Uhr 30, C.-P.-Straße 14, dritter Stock, rechts.«

(Zwei Lire.)

»Ich bin Ihnen verbunden, Verehrteste.«

»Höflichkeit und Entgegenkommen sind mein Lebensinhalt«, erklärte die vortreffliche Person.

So kehrte ich denn um 19 Uhr 45 mit dem Mietvertrag in der Tasche ins Hotel zurück.

Margherita war mit dem Ergebnis meines Wirkens einverstanden. »Margherita«, fragte ich, »hast du die Reisetaschen und die Koffer in mein Zimmer stellen lassen oder in deines?«

»Giovannino«, antwortete Margherita mit ernster Miene, »halte dir vor Augen, daß ich eine Frau bin und keine Maschine. Und die Kräfte einer Frau sind begrenzt.«

Die süße Gefährtin meines bescheidenen Glückes sah mich an, und ihre schwarzen Augen sagten schmerzlich: »Giovannino, Giovannino . . .«

Aus dem Leben eines Kunden

Der ruhige Beamte hatte dreißig Jahre lang auf die wenigst abenteuerliche Weise gelebt, die man sich vorstellen kann: Büro, Heim, Café, Kino, Sommerfrische, neue Tapeten im Vorzimmer, Mantel chemisch gereinigt, Erneuerung des Rundfunkabonnements. Dann geht der Beamte in den Krieg und erlebt in einer einzigen Woche tausendmal mehr, als er in den vorausgegangenen dreißig Jahren erlebt hatte.

Ähnlich geht es dem stillen Giovannino aus der Provinz, der eines schönen Apriltages im Jahre 1935 unversehens nach Mailand gekommen ist. Kaum zwei Jahre sind seither vergangen, und der schüchterne Giovannino, der im vorausgegangenen Kapitel einfach ein unbekanntes, unbedeutendes Sandkorn im Wirbelwind gewesen ist, kann der Welt erklären: »Ich bin jemand!«

Ich bin Kunde! Ich bin Kunde der städtischen Verkehrsbetriebe, ich bin Kunde der Staatsbahnen, der Post-, Telegraphen- und Telefondirektion, ich bin Kunde der Gas- und Elektrizitätswerke, ich bin Kunde einer Wohnung, ich bin schließlich und endlich Kunde von Margherita.

Margherita ist keine gewöhnliche Frau. Margherita ist eines von jenen süßen Geschöpfen, die ihr Leben opfern würden, nur um dem Gefährten, den Gott ihnen gegeben hat, keine Schwierigkeiten zu bereiten. Während Margherita in ihrem Zimmer im Hotel blieb, um sich der Auslösung unseres Gepäcks zu widmen, gelang es mir in meiner Freizeit und in den Mittagspausen, die Wohnung ordentlich mit Möbeln auszustatten; ich richtete sie so ein, daß sich darin alle häuslichen Verrichtungen bequem abwickeln konnten, von der Zubereitung der Speisen bis zur Trockenreinigung von Woll- und Seidenstofffen.

Als mir alles vollkommen in Ordnung zu sein schien, klopfte ich eines Sonntagmorgens an Margheritas Zimmertür und setzte sie von der Tatsache in Kenntnis.

Margherita kam mit mir in die Wohnung. Sie sah sie zum erstenmal, denn Halbheiten seien ihr entsetzlich, versicherte sie.

Margherita besichtigte alles mit höchster Aufmerksamkeit. Im Schlafzimmer studierte sie das Gewebe der Bettücher und Decken, sie versuchte, ob die Matratzen weich und federnd waren, sie zählte die Wäschestücke in der Kommode, sie klopfte mit den Knöcheln an den Schrank. Im Salon-Wohnzimmer prüfte sie die Politur der Möbel, sie beklopfte die Teller, um zu sehen, ob sie aus Porzellan seien, sie zog die Vorhänge hin und her, sie drehte an den Rollen der Rolläden. Im Vorzimmer hängte sie sich kurzerhand an den Kleiderrechen, um sich Gewißheit zu verschaffen, ob er gut befestigt sei oder nicht. In der Küche zählte sie alle Töpfe und Tiegel, kontrollierte die Kaffeemühle, ließ das Wasser laufen, zündete das Gas an, prüfte mit dem Finger die Schärfe des Reibeisens. Endlich maß sie den Kubikinhalt der Zimmer, um sich zu vergewissern, ob der Ofen groß genug sei. Endlich sagte sie: »Der eine Hahn dichtet nicht gut, und der Eierquirl fehlt. Aber ich heirate dich trotzdem.«

Das Heim ist die Grundlage des Lebens. Auch wenn man sich gezwungen sieht, zu Mittag nur einen Apfel zu essen, ist es doch etwas anderes, ob man diesen Apfel auf einer Bank im Park verzehrt oder an einem Tisch mit Tischtuch, Gläsern und Geschirr. Das Heim besitzt eine unbestreitbare moralische Kraft, in verzweifelten Fällen ist es das Floß, an das man sich bei einem Schiffbruch klammert, in Augenblikken der Freude stellt es das Podium dar, von dem herab ihr der Welt euer Glück verkünden könnt. In meinem persönlichen Fall bedeutet das Heim überdies einen Ort, wo der Bruder mit Sicherheit seinen Bruder suchen kann.

Wie ich schon angedeutet habe, als ich von meinem Elternhaus sprach, ist mein Bruder trotz seiner achtunddreißig Jahre ein junger Mann mit großen Ideen, ein feuriger und unruhiger Geist, unfähig, sich mit einem so wertvollen Entschluß endgültig abzufinden. Für ihn ist das Leben, was das Gebirge für den Bergsteiger ist: Kaum hat er einen Gipfel erreicht, entdeckt er von oben einen anderen, früher nicht gekannten, der ihn schweigend herausfordert. Und er nimmt jede Herausforderung an. So kommt denn der leidenschaftliche junge Mann von Zeit zu Zeit in mein Haus gestürzt, um mir anzukündigen, daß er seinen Weg gefunden hat. Als ich ihn zum erstenmal bei mir sah, hatten wir gerade unser Heim eingeweiht. Er war nach reiflichen Erwägungen zu der Überzeugung gelangt, daß in der Versicherungsbranche viel zu machen sei, erklärte mir die Wichtigkeit und die Vorteile einer Lebensversicherung und veranlaßte mich ohne große Mühe zum Unterschreiben einer Police, die ich immer noch mit großer Regelmäßigkeit bezahle, heute, morgen ...«

Einen Monat später sah ich ihn wieder. Er war darauf gekommen, daß die Versicherungsbranche nichts für ihn war, und hatte entdeckt, daß der Ratenverkauf von nützlichen Apparaten, wie Staubsaugern, eine glänzende Karriere verbürge; er überredete mich zum Ankauf eines Staubsaugers, und ich unterschrieb einen entsprechenden Kontrakt.

Es verging ein Monat, da erschien mein Bruder wieder vor mir. Das Prinzip des Ratenverkaufs schien ihm immer noch bestechend, doch hatte er nun von den Staubsaugern keine sehr hohe Meinung mehr, da die elektrischen Eisschränke seinem Temperament besser entsprachen. Er schilderte beredt die Vorzüge dieser kleinen technischen Wunderwerke und ließ mich einen Vertrag über den Ankauf jenes mächtigen Eisschrankes unterschreiben, welchen ich nun auf dem Dachboden aufbewahre.

Dreißig Tage später klingelte der junge Mann wieder an meiner Tür. Er war nun erfüllt von ehrlichem Abscheu gegen jeglichen Handel und versicherte, daß für den Mann nur ein Weg zum Erfolg führe, der Sport. Er zog Jacke und Hemd aus und zeigte mir seinen mächtigen Brustkasten und die gewaltigen Bizepse: »Darf ein junger Mann von meinen Qualitäten auf die Triumphe verzichten, die ihm die Boxerkarriere bietet?«

Er erläuterte mir die intime Schönheit des professionell betriebenen Sports, und um mir seine Fähigkeiten zu zeigen, wollte er, ich solle mich in Verteidigungsstellung begeben und seinen linken Geraden parieren. Ich gestehe, daß mir dies mißlang und daß mein Gesicht drei Wochen lang nett geschwollen war. Nach einem Monat kam mein Bruder, durchdrungen von einer tiefen Verachtung für den Sport, der die Menschen in Unmenschen verwandle. Er war zu der Überzeugung gekommen, daß die Zahnkaries nicht nur eine Geißel der Menschheit ist, sondern zugleich auch eine Goldgrube sein kann; er hatte einen Abendkursus absolviert und fühlte sich nun wie ein kleiner Gott. Ich ließ mir von ihm mein ganzes Gebiß in Ordnung bringen, und das kann mich ein bißchen hoch zu stehen, weil mein Bruder fast einen Monat daran zu arbeiten hatte; dafür kann ich heute nicht einmal mehr ein Biskuit kauen.

In der Folgezeit sah ich den leidenschaftlichen jungen Mann wieder, als er die Zahnheilkunde verachten gelernt und die Überzeugung gewonnen hatte, daß die Verwertung von Glasscherben zur Quelle enormer Reichtümer werden könnte. Er hatte sich deshalb entschlossen, eine Aktiengesellschaft zu gründen, überredete mich, die ersten zwölf Aktienpakete zu kaufen, und stellte mir gewaltige Dividenden in Aussicht. Einen Monat darauf sah ich ihn als Gründer einer großen Zeitung, deren erster Abonnent ich selbstverständlich wurde, dann als Erbauer eines großen Wohnhauses, in dem ich eine Wohnung anzahlen mußte. Später versicherte er mir, daß man durch den Handel mit antiquarischen Büchern ein Vermögen erwerben könne, und übernahm alle Bände meiner Bibliothek in Kommission. Neulich stürmte mein Bruder in mein Haus und schwor, man dürfe im Leben keine Vorurteile haben und könne mit der Leichenbestattung spielend Millionen erwerben.

Da wurde ich unruhig und bat die Hausbesorgerin, wenn jemand mit einem Sarg erscheinen sollte, möge sie ihn wieder fortschicken. Es ist nur recht und billig, daß ich der einzige Kunde meines Bruders bin; aber alles hat seine Grenzen. Nichts ist ohne Schattenseiten, also auch das Heim nicht, das mir so viele Befriedigungen verschafft. Doch die Schattenseiten erscheinen unerheblich, wenn man bedenkt, daß mein Bruder trotz seiner achtunddreißig Jahre ein sympathischer und sehr tüchtiger junger Mann ist. Und außerdem hat er sich ja im Laufe von zwei Jahren nur an die dreißigmal sehen lassen.

Im ganzen bin ich vollkommen befriedigt, denn heute bin ich kein Sandkorn mehr in der Gewalt des mailändischen Wirbelwindes; ich bin ein Jemand.

Ich bin Kunde. Ich bin Konsument. Ich bin Publikum. Und wenn ich nach getaner Arbeit und nach Einnahme der Mahlzeit im Lehnstuhl des Salon-Arbeitszimmer-Empfangsraum-Wohnzimmers die Zeitung aufschlage und die lange Liste der Kinos und Theater anschaue oder die Schilderung des Projekts für den Mailänder Hafen lese, rufe ich befriedigt: »Das machen sie für mich, damit ich mich nach der Arbeit vergnüge, damit ich einen Sechstausend-Tonnen-Kreuzer anlegen sehen kann!«

Die süße Gefährtin meiner Tage und Mitternächte, der es nach zwei Jahren noch immer nicht gelungen ist, unsere Koffer zu holen, sieht mich dann lächelnd an, und ihre großen schwarzen Augen scheinen zu sagen: »Giovannino, Giovannino . . .«

Glanz und Elend des Autobesitzers

Nein, ich werde es nie so weit bringen wie Herr F., der bettelarm aus der Heimatstadt auszog, wohlhabend zurückkehrte und den ganzen Tag lang herumspazierte, gefolgt von acht offenen Lastwagen mit einem kunstvollen Arrangement von Möbeln, Wäsche, Dienstmädchen, Telefon, Automobil, Fahrrad, Hund, den vergrößerten Fotografien etlicher Bankbücher, vergrößerten Röntgenaufnahmen, aus denen hervorging, daß Herr F. keine inneren Schäden aufwies, und der gigantischen Fotokopie seines vollkommenen Leumundszeugnisses.

So etwas liegt mir nicht; aber im Grunde meines kleinen ehrenwerten Angestelltenherzens hegte ich das Projekt, auf halbwegs respektable Art und Weise in meine Geburtsstadt zurückzukehren. Eines Abends hatte ich mit Margherita diesbezüglich einen lebhaften Gedankenaustausch, und als ich ausging, um mich zur Arbeit zu begeben, immer des Leitsatzes eingedenk, daß das Geheimnis des Erfolgs in dieser ungewöhnlichen Stadt darin besteht, sich jeden Morgen zur Arbeit zu begeben, bat mich meine Hausbesorgerin durch einen Wink, ich möge mich in ihr »Büro« bequemen.

»Alle Achtung vor Ihrem guten Geschmack«, sagte die vortreffliche Dame. »Ein flaschengrüner Elfhunderter mit ockergelben Bezügen, verchromten Beschlägen, außerserienmäßigen Raddecken und Luftfilter extra, das Beste vom Besten!«

Ich war ein wenig perplex; und die vortreffliche Dame machte sich meine Unschlüssigkeit zunutze und fuhr mit gestrenger Stimme fort: »Man fährt in einem funkelnagelneuen Elfhunderter daher, wirft mit der größten Gleichgültigkeit 22 317 Lire 50 hinaus, als ob es das Geld vom Himmel regnete! Entschuldigen Sie, junger Mann, es geht mich ja nichts an – aber hat Ihnen Ihr Fahrrad nicht genügt?«

»Ach Gott«, stammelte ich, »das Fahrrad ist jetzt ein überholtes Beförderungsmittel.«

»Ein Fahrrad ist gut genug, lieber Herr. Aber das sind Ihre Angelegenheiten. Ich habe Sie nur gerufen, um Ihnen zu sagen, Sie mögen's nicht übertreiben. Vor einem Jahr wollten Sie das Radio; ich habe Ihnen das Radio bewilligt. Nach zwei Monaten haben Sie sich eine Schreibmaschine in den Kopf gesetzt; ich habe Ihnen die Schreibmaschine bewilligt. Es vergeht ein weiterer Monat, und Ihre Frau jammert, daß sie ohne Nähmaschine nicht mehr zurechtkommen kann; ich habe Sie die Nähmaschine kaufen lassen; dann einen Eisschrank, dann einen Badeofen mit vier Flammen, dann das Klavier, weil die Gnädige, die Ärmste, sich langweilt, wenn sie allein ist, und jetzt hüpft das Auto heraus! Lieber Herr, Sie müssen verstehen, daß auch ich eines schönen Tages ...«

»Aber ich ...«, unterbrach ich schüchtern. »Noch nie ist es vorgekommen, daß ich einen Fälligkeitstermin übersehen hätte, niemals ...«

»Ich weiß!« rief die vortreffliche Dame, »aber ein Automobil ist immerhin ein Automobil und kein Badeofen!«

Ich wollte mich rechtfertigen, aber die vortreffliche Dame schnitt mir das Wort ab. »Lassen wir das, lieber Herr! Nehmen Sie, bitte, zur Kenntnis, daß gestern abend die Autoleute zu mir gekommen sind und mich um meine Meinung gefragt haben, und nehmen Sie zweitens zur Kenntnis, daß ich auch diesmal wieder eine günstige Meinung geäußert habe. Aber ich muß Sie ernstlich bitten, vorsichtig zu sein und nicht zu übertreiben. Denn wenn eines Tages die Leute von der Transatlantik in meine Portierloge kommen und mich fragen, ob sie Ihnen einen Ozeandampfer auf Raten geben können, dann ... Sie verstehen mich!« Ich dankte der vortrefflichen Dame und gab ihr ein ansehnliches Trinkgeld; dann ging ich zufrieden zur Arbeit.

Es ist in dieser ungewöhnlichen Stadt wirklich ein großes Glück, eine Hausbesorgerin zu haben, die einem wohl will; denn hier sind die Hausbesorgerinnen von außergewöhnlicher Bedeutung. Wenn Sie mit Ihrer Hausbesorgerin nicht gut stehen, sind Sie ohnmächtig; Sie können keinen Stuhl kaufen, Sie bekommen kein Dokument und keine Wohnung. Die Hausbesorgerin informiert alle Interessenten über Ihre Zahlungsfähigkeit, über Ihr moralisches Verhalten und das Ihrer Frau.

Ein einziges Mal sind Auskünfte über einen Bewohner unseres Hauses nicht bei ihr eingeholt worden. Und das kam so:

Als ich mich an einem strahlenden Junimorgen zur Arbeit begeben wollte, stieß ich vor dem Haustor mit einem Herrn zusammen.

Er fragte mich höflich nach der Hausbesorgerin, und ich bedeutete ihm ebenso höflich, daß es nicht rücksichtsvoll wäre, die vortreffliche Dame schon um neun Uhr morgens zu wecken. Günstig beeindruckt von meinen vollendeten Umgangsformen und meiner sprichwörtlichen Liebenswürdigkeit, vertraute mir der fremde Herr an: »Ich bin Privatdetektiv und muß meiner Firma über Herrn Soundso berichten, der hier wohnt; die Hausbesorgerin antwortet nicht auf mein Klopfen, ich weiß nicht, was ich machen soll.«

»Wenn ich Ihnen nützlich sein kann ...«, sagte ich.

Der fremde Herr schaute sich vorsichtig um, führte mich in eine dunkle Ecke des Hofes, rückte mir dicht auf den Leib und fragte mich: »Kennen Sie den Soundso?«

»Ja; er wohnt im vierten Stock.«

»Was für ein Mensch ist er? Gut, schlecht, mittelmäßig, versoffen, fleißig?«

»Er ist ein braver Mann, ganz durschnittlich.«

»Wissen Sie, ob er in Abwesenheit seiner Frau Damenbesuch empfängt oder nachts offensichtlich berauscht aus Lasterhöhlen heimkommt?«

»Davon ist mir nichts bekannt; er geht immer mit den Hühnern zu Bett und steht mit der Sonne auf, ganz in Anspruch genommen von seiner täglichen Arbeit und von der zusätzlichen, die er zu Hause erledigt, wie es sich für das Muster eines Angestellten gehört.«

»Also ein armer Teufel«, schloß der fremde Herr.
»Ein armer Teufel!« bestätigte ich.
Der Herr dankte mir vielmals und ging; auch ich entfernte mich, befriedigt, daß ich wenigstens dieses eine Mal selbst Auskünfte über mich hatte geben können.

Ich habe mir also zu den meiner Hausbesorgerin bestens bekannten Bedingungen ein Auto gekauft. Ich bin besonders froh darüber, weil ich nun einen Abstecher in meine Heimatstadt machen und den dortigen Freunden imponieren kann.

Kaum hatte ich die Türme meiner alten Stadt erblickt, hörte ich mein Herz stärker pochen als den Motor. Vor dem Café, in dem sich meine Freunde treffen, bremste ich mit der Unbefangenheit des Mailänders, stieg aus und schlug mit ungeheurer Verachtung den Wagenschlag zu. Fast alle waren da. Sie saßen rings um die kleinen Tischchen auf dem Gehsteig.

»Hallo!« rief ich freundlich.

»Oh, schau, wen man da sieht!« sagte der mir zunächst sitzende Freund. Und fügte hinzu: »Na, hast du deinen Militärdienst hinter dir?«

Ich erklärte ihm, daß es schon sieben Jahre her sei, seit ich nach Mailand übergesiedelt war.

»Ach ja, richtig«, sagte der Freund, »das habe ich irgendwo einmal gehört.«

Die anderen Freunde begrüßten mich herzlich.

»Entsetzlich überfüllt sind die Züge jetzt«, meinte einer, dem ich mit dem Auto fast einen Fuß zerquetscht hätte.

»Nein, nein«, erwiderte ich unbefangen, während ich mir eine Zigarette drehte, »ich bin im Auto gekommen.«

»Die Automiete in Mailand muß sündhaft teuer sein«, bemerkte besorgt ein dritter Freund.

»Nein, nein, es ist mein eigenes«, erklärte ich nun deutlicher, wenn auch mit überlegener Gleichgültigkeit.

»Es geht nichts über Mailand!« rief ein anderer bewundernd. »Wie schön sie die Autos herrichten! Sieht es nicht aus wie neu?«

»Es ist nagelneu«, betonte ich, während ich Zucker in meinen Kaffee tat. »Achthundertfünfzig . . .«

»Achthundertfünfzig Lire?« unterbrach einer. »Das ist wirklich nicht teuer. Ja, ja, Mailand. Hier hättest du mindestens tausend gezahlt!«

»Achthundertfünfzig Kilometer hat es erst gemacht«, berichtigte ich. »Der Wagen hat mich zwanzigtausend gekostet.«

»Bei den heutigen bequemen Ratenzahlungen kann man ja ein Auto in zehn oder fünfzehn Jahren abzahlen; man merkt es gar nicht!« kommentierte ein anderer. »In Mailand ist das gang und gäbe.«

»Nein, nein, ich habe es bar bezahlt!«

Nach einigen Minuten allgemeinen Schweigens fragte mich einer: »Na und? Hast du den Doktor gemacht?«

»Nein«, antwortete ich.

»Schade!« riefen sie zu dritt oder zu viert im Chor. »Der Doktor ist alles, lieber Giovannino!« Und einer fügte hinzu: »Entschuldige – nicht, daß ich indiskret sein möchte –, aber was treibst du eigentlich jetzt?«

»Ich bin Angestellter. Außerdem arbeite ich auch für die Zeitungen ...«

»Ja, schön, aber eines Tages wirst du doch etwas Sicheres finden müssen. Die Eltern leben ja nicht ewig ...«

»Ich lebe seit acht Jahren vollkommen unabhängig! Ich ...«

Aber sie unterbrachen mich: »Gut und schön. Aber jetzt bist du über dreißig, und du mußt doch bedenken, daß man nicht immer unabhängig bleiben kann! Du wirst dich nach einem eigenen Heim sehnen ...«

»Ich habe ja schon ein Heim ...«, versuchte ich es noch einmal. Doch sie ließen mich nicht zu Wort kommen.

»Uns geht das ja schließlich nichts an, lieber Giovannino. Wir meinen nur ...! Du bist doch nicht beleidigt, nicht? Wir sind so lange befreundet ...«

»Weiß Gott«, sagte ich und bat um Auskünfte über einige, die ich nicht sah.

»Glücklicher Gatte und Vater«, antworteten sie. »Und du? Gehst du noch mit dieser kleinen Blonden vom Borgo Pipa?«

Mit dieser kleinen Blonden vom Borgo Pipa war ich »gegangen«, als ich sechzehn Jahre alt war. Seit gut fünfzehn Jahren wußte ich nicht, ob sie überhaupt noch lebte. Ich erwiderte gereizt: »Keine Spur!«

»Um so besser«, sagten sie. »Denn sie hält's jetzt mit einem Friseur aus der Vorstadt.«

»Und Mario? Siehst du ihn nie in Mailand?« fragte mich in diesem Augenblick einer, als wollte er der Unterhaltung eine andere Richtung geben.

»Nein«, sagte ich wahrheitsgemäß.

»Natürlich«, der Freund nickte vielsagend, »wie solltest du ihn auch sehen? Er hat sich durchgesetzt, besucht die besseren Lokale, geht ins Kino, ins Kabarett, ins Café. Der hat wirklich Karriere gemacht; weißt du, daß er mehr als zweihundertfünfzig Lire im Monat verdient?«

Ich erhob mich. »Zu dumm, ich habe eine Verabredung für vier Uhr zwanzig!« rief ich. »Ich muß fort!«

Schnell drückte ich ein Dutzend Hände und glitt in den Wagen, wobei ich mit dem Kopf heftig gegen die Karosserie stieß.

Entschlossen stellte ich den Motor an und schaltete den Gang ein. Das Auto machte einen Sprung von fünf oder sechs Metern, dann blieb es stehen. Ich wiederholte die Operation. Das Auto setzte sich mit kurzen, schnellen Sprüngen in Bewegung. Ich kam mir vor wie in einem Boot, das in einen Strudel geraten ist. Es war die Stunde des Korsos. Tausende verfolgten mit Interesse meine Manöver, darunter sechs oder sieben Mädchen, die mir, als ich ihnen vor etlichen Jahren mitgeteilt hatte, daß ich nachts von ihnen träumte, ins Gesicht gelacht hatten und dann dreimal täglich Arm in Arm mit irgendwelchen Friseurlehrlingen unter meinem Fenster vorüberspaziert waren.

Nach einem letzten fürchterlichen Sprung setzte sich das Auto endlich mit einiger Regelmäßigkeit und viel Gestank in Bewegung. Nun sah ich ein, daß es sich empfiehlt, die Handbremse zu lösen. Nie zuvor war mir so etwas passiert! Als ich mich endlich außerhalb der Stadt befand, erinnerte ich mich mit Schrecken, daß ich in der Eile vergessen hatte, meinen Kaffee zu bezahlen.

Ich habe einen feierlichen Schwur abgelegt: Ich werde in meine Heimatstadt erst dann wieder zurückkehren, wenn ich Kaiser beider Indien bin und auf einem weißen Elefanten durch die Straßen reiten kann, gefolgt von achtundvierzig schwarzen Elefanten, beladen mit großen Edelsteinen!

In der Nacht träumte ich, ich sei als Kaiser beider Indien in meine Heimatstadt zurückgekehrt, auf einem weißen Elefanten reitend, gefolgt von achtundvierzig schwarzen Elefanten, beladen mit großen Edelsteinen. Alle meine Freunde standen vor dem Café. Einer sagte: »Hast du ihn gesehen, den Ärmsten? Was für ein Ende! Er muß für einen Zirkus arbeiten!«

Margherita fragte mich bei meiner Rückkehr, ob ich mich in P. gut unterhalten hätte.

»Sehr gut«, antwortete ich.

»Auch ich möchte gern auf ein paar Stunden in unsere Vaterstadt zurückkehren«, seufzte das zarte Geschöpf.

»Ich denke, daß ich bald mit unserer Maschine dorthin kommen werde.«

»Mit der Maschine?«

»Ja, aber ich meine nicht die große Maschine mit vier Rädern, sondern eine kleine Maschine mit zwei Beinen.«

Margherita lächelte sonderbar, und ihre großen schwarzen Augen sagten: »Giovannino, Giovannino . . .«

Die zweibeinige Maschine

Zwei Geschöpfe Gottes, ein junger Mann und eine junge Frau, nehmen einander eines schönen Tages an der Hand. »Gehen wir miteinander«, beschließen sie. Sie machen sich eilends auf den Weg. Die vor ihnen liegende Straße ist lang, schwierig und verheißungsvoll. Man muß sich beeilen und darf keine Zeit verlieren, wenn man die unbekannten Berge erreichen will, die man dort in der Ferne, am Horizont, undeutlich sieht.

Eines schönen Augenblicks bleiben die beiden Geschöpfe Gottes plötzlich stehen; wer ruft, hinter dem Busch verborgen, wer steht mitten auf der grünen Wiese voll gelber und blauer Blumen? Man verläßt die Landstraße, man läuft ins Gras; hinter dem Busch ist ein sehr kleines Etwas mit zwei kurzen Beinen. Ein winziger rosaroter Korb voll Geschrei.

Die beiden Geschöpfe Gottes bleiben stehen. Man wird den Weg auf der Landstraße zu den Bergen am Horizont später wiederaufnehmen. Wenn auch dieses kleine Geschöpf gehen kann, wird man gemeinsam wandern. Auf der grünen Wiese neben der Landstraße hält man inne und vergißt nach und nach, daß es eine Straße gibt, die zu den unbekannten Bergen führt; so wird die Wiese mit ihren gelben und blauen Blumen zur Endstation. Wenn das kleine heulende Ding ein großer Bursche geworden sein wird, dann wird man sich der verlassenen Straße und der fernen Berge erinnern; aber dann wird es zu spät sein, um den Weg wiederaufzunehmen, die Beine werden's nicht mehr durchhalten. Der Bursche wird dann auf der Straße zu den fernen Bergen wandern. Aber er wird auch stehenbleiben und hinter einem Busch ein kleines Ding finden, das ihn ruft. So ist das Leben: Eines schönen Augenblicks sieht man sich an der Seite seiner Weggenossin auf einer grünen Wiese sitzen und auf ein kleines Wesen schauen, das mit einem winzigen Fuß im Mund schläft. Und man sagt lächelnd: »Margherita, unser Herr Sohn wird heute zehn Monate.«

»Nein, in zwei Monaten ist es ein Jahr«, antwortet Margherita. Und Giovannino ist angesichts dieser höchst einfachen arithmetischen Operation andachtsvoll verwundert wie Petrus angesichts der Vermehrung der Fische.

Alles ist von höchster Bedeutsamkeit, wenn es den Kleinen betrifft. »Giovannino, das Kind hat die Augen offen! – Giovannino, der Kleine macht so mit dem Zeigefinger! – Giovannino, der Bub hat eine Nase!«

Wie ist das geschehen?

Als ich eines Tages von der Arbeit heimkam – das Geheimnis des Erfolges in dieser ungewöhnlichen Stadt besteht darin, jeden Abend von der Arbeit heimzukommen –, fand ich mein Bett von einem kleinen unbekannten Wesen okkupiert. Mit Rücksicht auf das Vorangegangene und im Hinblick auf die Erläuterungen von Augenzeugen, welche der Ankunft der sonderbaren Kreatur beigewohnt hatten, folgerte ich, daß ich einen Sohn männlichen Geschlechts vor mir hatte.

Die süße Frau, die die Freuden und Leiden meines Einkommens teilt, hob den Kopf. »Na und?« fragte sie. »Du sagst gar nichts?«

Ich fragte: »Ist Post gekommen?«

Als ich aus den finsteren Mienen im Umkreis schließen mußte, daß ich mich nicht gebührend zärtlich ausgedrückt hatte, trat ich an meinen Sohn heran, klopfte ihm tüchtig auf die Schulter und rief jovial: »Na, wie geht's, mein Alter?«

Nach vier bis fünf Schreien, die zwischen Unwillen, Tadel, schmerzlicher Verwunderung und Abscheu variierten, drängten mich zwei robuste Hände energisch aus dem Zimmer. Ich machte einen Spaziergang durch die Stadt, und da ich wußte, wie erpicht die Kinder auf kandierte Früchte, Schokolade, Karamellen, Mandelgebäck und Likörbonbons sind, versorgte ich mich mit einem großen Vorrat an Süßigkeiten. Da ich ferner von Anfang an herzliche Beziehungen zu meinem Sohn herstellen wollte, kam ich dem Sportgeist der heutigen Jugend entgegen und kaufte ihm ein Fahrrad.

Ich erstand auch ein Paket leichter Zigaretten; die wollte ich ihm gelegentlich zustecken, wenn's die Mutter nicht merkte.

Wie ein Maulesel beladen kam ich nach Hause zurück; aber ich muß leider gestehen, daß meine aufgeschlossene Haltung nicht gewürdigt wurde. Denn als ich meinem Sohn ein Stück Mandelkuchen anbot, schrie man mir von verschiedenen Seiten entgegen, ich sei verantwortungslos und würde in meiner Sucht nach Originalität vor einem Mord nicht zurückschrecken. Da setzte ich mich in eine Ecke und beobachtete meinen Sohn. Seine Mutter sagte immer wieder, er sei ein Wunder, aber auf mich machte er keinen sehr günstigen Eindruck; ich muß gestehen, daß ich nur mit großer Mühe dahinterkommen konnte, was die Nase und was der Mund war.

Kinder haben eine seltsame Macht; sie locken magnetisch Verwandte herbei. Wenn ein Kind geboren wird, strömen auch die entferntesten Angehörigen an seine Wiege. So füllte sich am Nachmittag die Wohnung. Das winzige Wesen wurde aufmerksam betrachtet. Hierauf sagte Frau Flaminia, es sei ganz sein Vater. Herr Luigi brach in Lachen aus: Nicht einmal im Traum! Das Kind war ganz seine Mutter. Es gab eine kurze stürmische Diskussion, an deren Ende Frau Flaminia mich am Arm packte, vor das Bett zog und die wichtigsten Partien meines Gesichtes zu Vergleichszwecken vorführte. Kusine Francesca versicherte kurz und bündig, die Nase und das Kinn seien von mir, aber alles Übrige habe er von der Gefährtin meines Lebens. Mein Bruder schwor, daß man sich auf einem vollkommen falschen Wege befinde und daß sein Neffe das sprechende Ebenbild des armen Großvaters Giacomo sei. Schwägerin Maria hinwiederum gab ihrer Überzeugung Ausdruck, das Kind und die arme Großmutter Giuseppina glichen einander wie ein Apfel dem andern.

Als wieder Schweigen eingetreten war, entschied Frau Flaminia, die Nase sei von mir, der Mund von der Frau, die mich zum Vater gemacht hatte, das Kinn vom armen Großvater, die Kopfform von der armen Großmutter, die Ohren vom Onkel Josua, der Gang von der Tante Christina, die Hände von der armen Großmutter Giuseppina. Bezüglich der Augen legte man sich nicht fest, weil sie noch geschlossen waren. Die Augenlider jedoch hatte mein Sohn vom armen Onkel Filippo.

Ich entfernte mich verstohlen; auf dem Treppenabsatz des dritten Stocks traf ich Frau Camilla und Frau Rosina, die mich aus nächster Nähe studierten, dann seufzten und den Kopf schüttelten. Keinerlei Ähnlichkeit mit der Mutter! Armes Baby! Der Briefträger, der eben hinaufgehen wollte, klopfte mir väterlich auf die Schulter. »Lassen Sie sie reden«, tröstete er mich in der rauhen und kräftigen Sprache der Leute aus dem Volk. »Wer nicht sieht, daß er Ihnen wie aus dem Gesicht geschnitten ist, der ist entweder blind oder ein Verbrecher!« Der Milchmann schloß sich hingegen, nachdem er mich eingehend gemustert hatte, der Meinung des Dienstmädchens vom ersten Stock an: das Kind sah Garibaldi ähnlich; wenn es erst einmal Bart und Schnurrbart habe, würde das sonnenklar sein.

Die Hausbesorgerin hatte mich kaum erblickt, als sie zu schreien anfing: »Frau Zelinda, Marietta, Franceschina! Kommt und schaut, ob ich recht habe oder nicht! Von der Nase aufwärts ganz sein Vater!« Die Zeitungsfrau, eine Kinonärrin, versicherte mir beim Überreichen der »Stampa«, das Kind sei für sie das vollkommene Abbild von Gary Cooper.

Ich schlenderte bis zum Abend umher und kaufte für meinen Sohn verschiedene lehrreiche Bücher. Dann kehrte ich nach Hause zurück. Aus dem Schlafzimmer drang der Lärm einer lebhaften Diskussion. Frau Flaminia rief gerade, der beste Beruf für einen Mann sei heute der des Arztes. Luigia schwor, wenn sie einen Sohn hätte würde sie aus ihm einen Ingenieur machen. Herr Luigi versicherte, jeder Beruf sei ehrenhaft, und auch ein tüchtiger Drechsler sei nicht zu verachten.

Kann man auf die Zukunft eines Säuglings Hypotheken aufnehmen? Kann man beim Anblick eines winzigen Wesens, das einen winzigen Fuß in den winzigen Mund steckt, sagen: »Er interessiert sich für Füße, er wird Schuhhändler werden?«

Ich weiß nicht, was mein Herr Sohn werden wird.

Das einzige, was ich vorläufig sagen kann, ist: Er hat schon einen Charakter. Das wurde mir ganz besonders klar, als Margherita mich mit ihm und einem Dienstmädchen allein zu Hause ließ.

Gegen 15 Uhr vollzog die süße Frau – die einst einen Junggesellen unter dem Vorwand, er solle dort wertvolle klassische Wandmalereien bewundern, in eine Kirche lockte, die er kurz darauf fürs Leben gebunden verließ – die feierliche Übergabe: eine Wohnung von vier Räumen, gereinigt und in gutem Zustand, ein Dienstmädchen von 25 Jahren und einen schlafenden Sohn von 0,9 Jahren. Als sie hierbei, die Hände voll Kochtöpfe und Deckel, an die Wiege des erwähnten Schläfers herantrat, ließ sie alles zu Boden fallen. Ungeachtet des entsetzlichen Getöses bewegte sich der Schläfer nicht um einen Millimeter. »Das lob' ich mir«, triumphierte die vortreffliche Frau. »Um ihn aufzuwecken, müßte man wenigstens Einundvierziger-Mörser neben ihm abschießen.« Sodann ging sie mit ruhigem Gewissen fort, und ich widmete mich, behaglich im Lehnstuhl ausgestreckt, der Lektüre. Zehn Minuten später ließ ich das Buch fallen und war mit einem Sprung auf den Beinen. »Marietta!«

Marietta zeigte sich an der Tür meines Arbeitszimmers.

»Marietta, es ist Zeit, das Essen herzurichten. Hörst du nicht die Fünf-Uhr-Sirene?«

»Das ist nicht die Fünf-Uhr-Sirene, gnädiger Herr. Das Kind ist aufgewacht«, erläuterte Marietta.

Von der Straße drang ein sonderbares Stimmengewirr herauf. Eine dichtgedrängte Menschenmenge hatte sich angesammelt.

»Es brennt!« riefen sie, »gleich wird die Feuerwehr kommen!«

»Man muß die Leute beruhigen«, fand ich, lief ins Schlafzimmer, hob das darin befindliche heulende Wesen in die Höhe, trat auf den Balkon und zeigte es der Menge.

Die Menge sah ihren Irrtum ein und löste sich auf. Als aber das Kind nicht ein bißchen nachließ und neue Mengen sich beunruhigt vor dem Hause anzusammeln begannen, griff ein Schutzmann ein und erklärte der Bevölkerung, daß es sich nicht um einen Brand handle, sondern um das Kind aus dem vierten Stock.

Mir schien, als hätte der Schelm keine Lunge, sondern eine von einem 80-PS-Motor angetriebene Turbine in der Brust. Das Geheul, das ohne Unterlaß aus dieser sehr winzigen rosigen Kehle kam, klang wie das Dröhnen eines Vulkans, das man vom Baßschlüssel in den Violinschlüssel transponiert hatte.

Dem Rat folgend, den mir die Bewohner des Stadtviertels von ihren Fenstern aus zuschrien, rief ich eilends einen Arzt.

Acht Minuten später kam der Arzt, untersuchte den Kleinen genau und überreichte mir ein Rezept für Brom.

»Brom für ein Kind?« fragte ich staunend.

»Nein, für Sie und Ihre Nachbarn. Das Kind ist vollkommen gesund; um es vom Weinen abzubringen, müßte man ihm mit einem Hammer auf den Kopf schlagen.«

Ich versuchte alles, um das Kind zu beruhigen; ich stellte es auf die Beine, legte es horizontal, vertikal, diagonal. Ich ließ den Wecker läuten, schaltete das Grammophon und das Radio ein. Ich zerbrach einen Teller, ein Glas, ich ließ eine Glühbirne zerknallen, ich gab zwei Schüsse aus dem Revolver ab. Meine rechte Nachbarin phantasierte auf dem Klavier, mein linker Nachbar geigte eine Csárdás. Es war, als würde man Benzin ins Feuer gießen.

Um 16 Uhr 35 stopfte das Dienstmädchen ihre Habe in einen Sack und verließ das Haus.

Um 16 Uhr 52 kamen zwei Polizisten und fragten mich, ob hier eine Greisin umgebracht werde.

Um 17 Uhr packten die Bewohner des zweiten Stocks einige Koffer und verreisten an die See.

Alsbald trat in meinem Zimmer eine Kommission von Familienväter und -müttern zusammen, um die Ursachen der akustischen Katastrophe festzustellen und Gegenmaßnahmen zu erwägen.

Nach zwanzigminütiger Debatte war alles klar: Das Kind wollte die Mama. Zehn Frauen versuchten, die süße Frau nachzuahmen, die den

Erben meines Namens hergestellt hatte. Vergeblich! Der junge Mann ließ sich nicht täuschen.

Nun beschloß ich, alles auf eine Karte zu setzen.

Ich legte das Wesen auf einen Berg von Kissen, zog mich ins Schlafzimmer zurück und verkleidete mich. Ich zog den geblümten Morgenrock der süßen Frau an, die mich zum Vater gemacht hatte, ich polsterte mich ein bißchen aus, kämmte meine Haare in die Augen, band mir ein Seidentaschentuch auf den Kopf und verschönte meine Züge mit ockergelbem Chypre. Dann stellte ich mich der Versammlung zur Prüfung.

»Zuviel gepolstert«, fand die Dame vom zweiten Stock. »Ihre Frau Gemahlin sieht ja noch ganz gut aus, aber nichts dauert ewig.«

»Sie müssen sich die Lippen schminken. Die geschminkten Lippen sind ein Hauptmerkmal Ihrer Frau Gemahlin«, behauptete die Dame vom dritten Stock. »Wenn man wollte, könnte man weiß Gott etwas weniger des Guten tun, denn sobald man Kinder hat . . .« Der Herr vom vierten Stock warf ein: »Sie müssen sich rasieren . . .«

– »Aber keineswegs doch«, protestierten die drei Damen vom ersten Stock. »Bart und Schnurrbart sind ja ein Hauptmerkmal der gnädigen Frau . . . Übrigens immer noch besser, als sich das Gesicht mit Enthaarungsmitteln zu ruinieren . . .«

»Sie müßten mit dem linken Auge ein bißchen schielen«, unterbrach die Dame vom sechsten Stock, »ich finde, das Hauptmerkmal Ihrer Gattin ist das schielende linke Auge.«

Ich hatte das noch nie bemerkt, ich hätte sogar geschworen, es sei nicht wahr. Aber die Dame vom fünften Stock erklärte mir alles: »Man sieht, daß Sie sie nach dem Profil geheiratet haben. Auf jeden Fall ist die Vollkommenheit nicht von dieser Welt. Und: Schön ist nicht das, was schön ist, sondern das, was gefällt.«

Gegen 17 Uhr 25 war ich fertig, mit roten Lippen, das linke Auge ein wenig schielend, weniger gepolstert. Nun zeigte sich ein schwieriges Problem: die Stimme. Man konnte dem Kind in optischer, aber gewiß nicht in akustischer Hinsicht etwas vormachen.

Nach eingehender Diskussion wurde eine Verdoppelung beschlossen: Ich sollte die Lippenbewegungen machen, und Frau Rosetta sollte, hinter mir verborgen, die Stimme der süßen Frau nachahmen, die in mir einen Familienvater sehen wollte.

»Hoffentlich treffe ich das Krächzen«, erklärte Frau Rosetta. »Man kann sagen, daß die krächzende Stimme das Hauptmerkmal Ihrer Frau Gemahlin ist.«

Um 17 Uhr 40 näherte ich mich mit kleinen Schritten dem Kind, das unaufhörlich heulte, als sei die Hölle in Aufruhr, und nahm es auf den Arm. Dann begann ich die Lippen zu bewegen, und Frau Rosetta begann zu sprechen: »Didididididi, dudududududu, dadadadada, dilili-di . . .«

Das Kind hörte auf zu schreien und sah mich mit größtem Ernst an. Schließlich lehnte es den Kopf an meine Schulter und blieb stumm . . .

Als dann Margherita fünf Minuten später heimkam, begann es zu heulen, indem es sich fest an mich klammerte. Es konnte die Tatsache absolut nicht ertragen, daß es außer der, die es auf dem Arm hielt, noch eine andere Mutter hatte.

Um das Gleichgewicht wiederherzustellen, mußte Margherita meine Hosen und meine Jacke anziehen, die Haare zurückkämmen und unter ihre Nase einen Schnurrbart malen.

So bildet sich, meiner Meinung nach, der Charakter.

Darüber hinaus kann ich vorläufig noch nichts von unserem Herrn Sohn berichten. Wir haben seit zehn Monaten jene Landstraße verlassen, die zu den Bergen am Horizont führt, wir sind auf der grünen Wiese geblieben und schauen zu, wie Margheritas winzige rosige Maschine wächst.

Ich denke nicht mehr an die fernen Berge, Margherita lächelt, und ihre großen schwarzen Augen sagen: »Giovannino, Giovannino! . . .«

Es gibt auch andere Maschinen

Die Männer haben von Natur aus eine Schwäche für die Frauen. Und die Frauen wissen das sehr gut.

Aber wenn Margherita mich zerstreut findet, wenn sie merkt, daß ich in die Ferne blicke und einem Gespräch mit ihr ausweiche, sagt sie nicht: »Giovannino, du hast eine andere Frau!« Nein, sie sieht mich mit ihren großen schwarzen Augen an, schüttelt den Kopf und murmelt betrübt: »Giovannino, du hast eine andere Maschine!« Die süße Frau, die nicht wollte, daß ich länger Junggeselle bleibe, weiß, daß ich mehr als für alles andere für Maschinen schwärme.

Die Maschine zieht mich an wie der Abgrund den Touristen. Dabei mache ich mir keine Illusionen über die Maschinen; sie werden den Menschen umbringen. Ich sehe wie im Traum ein sonderbares Land, wo die Menschen die höchste Vollendung erreicht haben. Ein Land, wo man allmählich Maschinen für alle Zwecke erfunden hat: um Verbrecher zu verurteilen oder um Abenteuerromane zu schreiben. Und der Mensch bemerkt eines schönen Tages, daß er der Gefangene seiner Meisterwerke geworden ist. Unmöglich, eine Maschine aufzuhalten, die ihre Energie aus natürlichen Quellen bezieht, welche wiederum von der Maschine kontrolliert und regiert werden. Jedes Zimmer, jede Straße ist eine Gesamtheit von Kontakten, Hebeln, metallenen Fühlern, fotoelektrischen Strahlen.

Der Mensch betritt ein Haus; auf der Schwelle registriert eine automatische Waage sein Gewicht, eine Kamera seine Größe, ein magnetisches Thermometer seine Temperatur. Unverzüglich weiß die Zentrale, ob er essen muß oder nicht; muß er essen, ergreift ihn ein Kran und setzt ihn an einen Tisch, ein anderer reicht ihm die Serviette, ein automatischer Herd beginnt zu brodeln, das Essen ist fertig. Hebel reichen ihm die Speise zum Mund. Er muß essen. Denn er kann erst aufstehen, wenn die Waage unter dem Sessel ausschlägt und dadurch gewisse Ströme ausschaltet, die ihn festgehalten hatten.

Der Mensch möchte sich eine Zigarette anzünden; ein Hauch komprimierter Luft stößt sie ihm weg. Denn die vom Nervensystem ausgesandten magnetischen Strahlen haben einen bestimmten Apparat davon in Kenntnis gesetzt, daß der Mensch erregt ist und daher das Rauchen besser unterließe.

Er steht auf, um ein Buch vom Regal zu holen; ein roter Pfeil leuchtet auf und zeigt ihm an, welches er nehmen soll. Denn die von seinem Gehirn ausgesandten magnetischen Wellen, die ein Spezialapparat registriert, sind so beschaffen, daß sie nur eine ganz bestimmte Lektüre gestatten.

Der Mensch ist der Gefangene seiner Maschinen geworden. Er kann nicht entfliehen, und er kann auch die höllischen Mechanismen nicht zerstören. Ein Sklavenaufstand ist schrecklich, ein Maschinenaufstand wäre tödlich.

Ich erinnere mich noch mit Schrecken an die Qual, die mir meine »Antidiebstahl«-Maschine bereitete. Ich hatte mein Auto noch nicht lange, und wenn ich es auf der Straße stehen ließ, rannte ich dreißigmal in der Minute auf den Balkon, aus Furcht, es könnte sich jemand seiner bemächtigen. Ich stellte also eine vernünftige und geniale Überlegung an: Ich brauche eine Vorrichtung, die nicht nur das Auto, sondern gleichzeitig auch das Gesetz beschützt. Der Dieb soll zugleich am Stehlen verhindert und der Justiz überantwortet werden! Das einsame Auto muß also von selbst sagen: »Haltet den Dieb!«, wenn einer es zu stehlen versucht.

Nach mühevollen Experimenten gelang es mir, mein wunderbares Projekt auszuführen. Der Apparat war ganz einfach; ein kleiner Motor, ein Tonband, eine kleine Lamelle und ein kleiner Verstärker, alles gut verborgen in die Karosserie eingebaut. Drückte man auf einen Knopf, so setzte sich der kleine Motor in Bewegung, und das Auto begann zu rufen: »Haltet den Dieb, haltet den Dieb! Da ist einer, der dieses Auto stehlen will! Haltet ihn, Freunde!« Ein Diebstahl unter diesen Bedingungen war unmöglich. Aber wo soll man den Knopf anbringen, der die Vorrichtung auslöste, wenn ein Unbefugter sich mit dem Auto davonmachen wollte? Ganz einfach: im Vordersitz. Haben Sie je einen Menschen gesehen, der stehend ein Auto lenkt? Der Dieb muß sich unbedingt setzen; wenn er sich aber setzt, gibt der Sitz nach, es entsteht ein Kontakt, die Vorrichtung tritt in Aktion.

Ich machte den ersten Versuch, ließ das Auto mit offenen Fenstern auf der Straße stehen, um in irgendeinem böswilligen Menschen verbrecherische Instinkte zu erwecken, und wartete.

Nach einer Viertelstunde tönte es von der Straße herauf: »Haltet den Dieb, haltet den Dieb! Da ist einer, der dieses Auto stehlen will! Haltet ihn, Freunde!«

Ich stürzte hinunter. Hunderte drängten sich um mein Fahrzeug. Ein Hund hatte sich in Unkenntnis der neuen Vorrichtung auf den Vordersitz gelegt. Nicht sehr freundlich jage ich ihn weg. Die Leute lachen. Irgendeiner meint, es handle sich um eine Reklame. Nun ja, hier ist nichts mehr zu machen. Ich steige in den Wagen, um ihn an eine andere Stelle zu bringen. Ich hatte mich kaum gesetzt, als ein ohrenzerreißendes Geheul losging: »Haltet den Dieb, haltet den Dieb! Da ist einer, der dieses Auto stehlen will! Haltet ihn, Freunde!«

Verdammt! Ich hatte vergessen, den Blockierungsknopf einschnappen zu lassen. In meiner Verwirrung bemühte ich mich, ihn zu finden, und das Geheul dauert indessen an. Ein Polizist eilt herbei, sieht die Menge, packt mich am Kragen. Ich bemühe mich, ihm zu erklären, was los ist. Dann beschließe ich, ins Zentrum zu fahren und das Auto dort irgendwo stehenzulassen. Ich werde mich in ein Café setzen. Auf dem überfüllten Corso Vittorio Emanuele begegne ich einer bekannten Dame. Ich bleibe stehen und bitte sie, einzusteigen. Sie steigt ein, ich fahre weiter und komme auf den Domplatz. Da höre ich plötzlich ein leises Schnappen, gefolgt von einem entsetzlichen Geheul: »Haltet den Dieb, haltet den Dieb. Da ist einer, der dieses Auto stehlen will! Haltet ihn, Freunde!« Ein Kurzschluß. Niemandem kann es rasch gelingen, diese höllische Vorrichtung zum Schweigen zu bringen. Nach zwei Sekunden habe ich Tausende von Leuten um mich. Die Dame weint vor Scham, ohrfeigt mich und geht. Die Menge droht, mich zu lynchen. Und inzwischen dröhnt das verdammte Tonband ununterbrochen: »Haltet ihn, Fr...! Haltet ihn, Fr...! Haltet ihn, Fr..., Haltet ihn, Fr...!« Das Band ist defekt und wird so weitermachen, solange noch ein Atom elektrischer Energie in der Batterie ist.

Die um mich versammelte Menge vergrößert sich schnell auf einige zehntausend.

Die Feuerwehr trifft Vorkehrungen, um das Auto zum Schweigen zu bringen: Sie bedeckt es mit Matratzen, schalldichten Stoffen, Kissen. Ein wenig gedämpft, als käme es von weit her, geht aber das beängstigende Heulen fort: »Haltet ihn, Fr...! Haltet ihn, Fr...!« Wenn ich zerstreut bin und in die Ferne blicke, weiß Margherita, daß ich an eine andere Maschine denke. Drei Tage hat sie mich jetzt so gesehen und kommt zu mir, während ich die schwarze Kassette auf meinem Schreibtisch betrachte.

»Giovannino, warum schreibst du nicht der Firma?«

Die Ratschläge der süßen Gefährtin meiner Schule und meines Lebens sind immer weise. Ich nehme meine Feder vor und schreibe:

»Werte Firma,
ich beehre mich, Sie darauf hinzuweisen, daß ich am soundsovielten eine Ihrer Schreibmaschinen Marke ›Rondinella‹ gekauft habe, eine wahrhaft geniale Konstruktion, die der modernen Mechanik alle Ehre macht. Nichtsdestoweniger habe ich, kaum im Besitz des Gerätes, bemerkt, daß irgend etwas nicht in Ordnung war.

Denn nachdem ich einige Zeilen geschrieben hatte, ließ die Maschine offenkundige Zeichen von Ungeduld merken: Sie blieb entweder hartnäckig stecken, oder sie weigerte sich, mich mit ihren Großbuchstaben zu erfreuen, oder der Wagen schnellte, wenn ich auf das ›A‹ oder ›H‹ drückte, von einem unerklärlichen Groll gepackt, mit einem blitzschnellen Sprung an den Anfang der Zeile zurück, oder sie schrieb, plötzlich frivol und leichtsinnig geworden, einen Buchstaben rot und einen schwarz.

Da dachte ich, daß der hervorragende Mechanismus vielleicht noch nicht jene Probezeit hinter sich habe, die jede Maschine braucht, und bemühte mich, möglichst entgegenkommend zu sein. Um der Unannehmlichkeit mit den Großbuchstaben zu begegnen, begann ich, ganz lange Sätze zu schreiben, indem ich den Punkt und die Eigennamen vollkommen ausschaltete. Was das Zurückschnellen und die rasenden Läufe des Wagens betraf, so habe ich mich so beholfen, daß ich das äußerste Ende des Wagens an einem dünnen Bindfaden befestigte, dessen anderes Ende ich zwischen den Zähnen hielt, so daß es mir verhältnismäßig leicht wurde, den Gang dieser wichtigen Vorrichtung zu regulieren, indem ich beim Schreiben das Gesicht langsam von rechts nach links drehte.

Als aber die Unannehmlichkeiten fortdauerten und die Redaktionen sich weigerten, mir weiterhin Geschichten abzunehmen, die nur aus einem Satz bestanden, als ich mir schließlich eine Halsverrenkung zuzog, entschloß ich mich, der Sache energisch auf den Leib zu rücken. Ich holte Spezialisten.

Da mußte ich eine schmerzliche Feststellung machen: Das Gerät hat den schlimmsten Fehler, den Mensch oder Maschine haben können: Es ist heimtückisch. Kaum kamen die Techniker, war der teuflische Mechanismus in Ordnung und schrieb mit beispielhafter Fügsamkeit. Waren aber die Techniker heimgegangen, begann das Gerät wieder mit seinen Bosheiten. Ich weiß nicht, wie oft ich die Techniker zu Hilfe gerufen habe. Tatsache ist, daß ich gezwungen war, mir ein Telefon anlegen zu lassen und mich in einem der Werkstatt näher gelegenen Haus einzuquartieren, um innerhalb von zwanzig Minuten den Beistand der Spezialisten erbitten und erhalten zu können.

Eines Tages wurde die Vorrichtung unversehens liebeswürdig und begann, mir korrekt zu dienen. Das dauerte zweieinhalb Monate. Am 6. Oktober nahm sie jedoch ihr unqualifizierbares Benehmen wieder auf. Ich bat die Techniker zu mir. Die Techniker kamen, aber am Ende der Sitzung präsentierten sie mir eine Rechnung. Da erkannte ich die ganze barbarische Bosheit des Gerätes: Es hatte bemerkt, daß die Techniker während der Garantiezeit alle erforderlichen Reparaturen gratis durchführten, und hatte beschlossen, die Fortsetzung der Offensive bis zum 6. Oktober, dem Tag, an dem die sechs Monate der Garantiezeit abliefen, zu vertagen.

Werte Firma, ich habe die absolute Gewißheit, daß dieses Instrument mich haßt! Es hat geschworen, mich an den Bettelstab zu bringen; in ihm ist die Seele irgendeines großen Verbrechers auferstanden.

Wie oft mußte ich seit dem 6. Oktober die Techniker rufen und ihre kostspieligen Rechnungen begleichen? Ich weiß es nicht; das weiß meine Frau, und sie will es mir nicht sagen, die Arme, denn sie weiß auch, daß ich ein schwaches Herz habe. Doch wenn ich zu Mittag oder abends auf dem Tisch nur trockenes Brot und Apfelkompott vorfinde, dann ahne ich: Es ist eine Rechnung bezahlt worden. Ich möchte Sie nicht länger belästigen, ich sage Ihnen nur ganz schlicht, daß dieses

Instrument meinen Tod will. Wissen Sie, daß ich eines Nachts, plötzlich erwachend, die Schreibmaschine auf meinem Nachttisch überrascht habe? Wer hat sie dorthin gestellt? Was machte sie da? Niemand wird es mir ausreden können: Sie wollte mich im Schlaf umbringen.

Vielleicht wird mir eines Tages, wenn ich ruhig schreibe, das höllische Gerät auf den Kopf fallen. Sie werden sagen, daß eine Schreibmaschine bei noch so viel Bosheit nicht von unten nach oben fallen kann. Aber ich antworte Ihnen: Diesem kriminellen Instrument ist alles zuzutrauen.

Eine Atmosphäre dumpfer Verzweiflung lastet auf meinem Hause. Oft überrasche ich meine Frau, wie sie heimlich weint. Meine Träume sind zu Alpträumen geworden, bevölkert von ›PPP . . . mmai-Nioà E« fla oxph fish Ksjen . . .! u?xzgfshrd/-Ilmai?qofn . . . Und jeden Tag erfindet diese Ruchlose etwas Neues, um mich wahnsinnig zu machen. Sie hat gelernt, die Glocke ertönen zu lassen, sooft ich eine Taste berühre; das ganze Haus ist in Aufruhr, denn sie läutet sehr stark, mit der Intensität eines Weckers. Sie hat gelernt, unverschämt zu lügen; wenn ich die ›A‹-Taste drücke, schreibt sie ›G‹, wenn ich die ›R‹-Taste drücke, schreibt sie ›W‹. Und heute, als meine Frau aufräumte, hat sie sie in den Finger gebissen. Werde ich noch genötigt sein, ihr einen Maulkorb umzubinden?

Werte Firma, sagen *Sie* mir: Was soll ich machen?«

Kurz darauf erhielt ich die Antwort der werten Firma.

»Sehr geehrter Herr, wie wir Ihrem Geschätzten vom soundsovielten entnommen haben, verfügen Sie über eine großartige Handschrift. Am besten wird es sein, Sie schreiben mit der Feder oder mit dem Bleistift.«

Ich ließ Margherita den Brief lesen. Margherita lächelte, und ihre großen schwarzen Augen sagten mir: »Giovannino, Giovannino . . .«

Das traute Heim

Wenn mein Kind schläft, Margherita Bezüge für ihre Kissen stickt und die Schreibmaschine endlich einmal ruht, strecke ich mich behaglich auf einem weichen Lehnstuhl aus und schaue die Wände meiner Wohnung an.

Außerhalb der Wände ist die Straße und der Autobus N, der zum

Bahnhof fährt, um die Neuankömmlinge aufzunehmen und vor den Dom zu bringen; da sind die Automobile, da sind die Leute, die laut sprechen, aber dreißig bis fünfundvierzig Zentimeter Ziegel haben die Macht, all diese Dinge unendlich weit von mir fortzurücken.

Heim, trautes Heim, seit vier Jahren sehe ich deine Wände an, die für mich allein einige stille Kubikmeter dieser ungewöhnlichen Stadt einschließen.

Fünf Jahre hindurch habe ich in einer melancholischen Provinzstadt gelebt, die Nacht zum Tag gemacht und kunterbunt durcheinander die Speisen in mich geschlungen, welche in einer dürftigen Gastwirtschaft zubereitet wurden, allein, wie ein entlaufener Hund.

Heim, trautes Heim, wie ist jetzt alles anders!

Am Abend komme ich von der Arbeit, mache im Vorzimmer Licht, hänge den Überzieher auf den Kleiderhaken, dann mache ich Licht im Badezimmer und will mir die Hände waschen.

Ich höre einen Angstschrei: »Zwei Lampen auf einmal! Drei mit der in der Küche! Zweiundfünfzig Lire für Licht in diesem Monat!« Ich setzte mich an den Tisch und greife nach einer Pfeffergurke.

»Sechs Lire täglich für Eingelegtes«, lacht nervös die Gefährtin meines tristen Lebens.

Ich gieße mir ein Glas Wein ein.

»Zehn Lire für die Flasche«, bemerkt die vortreffliche Frau sarkastisch.

Ich tauche den Löffel in die Suppe.

»Sechs Lire die Eierteigwaren, zwanzig Lire das Rindfleisch, eine Lira das Grünzeug, zwölf Lire der Käse, fünf Lire eine Dose Tomatenmark!« sagt die zärtliche Frau mit bekümmerter Stimme. Dann kommt das Beefsteak mit Beilage, und ich ergreife Messer und Gabel.

»Sieben Lire zwei Beefsteaks, zwölf Lire das Olivenöl, zwei-fünfzig die Butter, zwei Lire die Kartoffeln, fünfunddreißig Lire im Monat das Gas!« seufzt die Dame, die mich zum Altar geschleift hat.

Ich strecke die Hand nach dem Käseteller aus.

»Drei Lire eine Scheibe Groviera, zwei Lire ein Stückchen Taleggio!« beklagt sich die treffliche Befehlshaberin meines Heimes. Ich blicke auf das Obstkörbchen.

»Zwei Lire drei Orangen, eins-fünfzig vier Äpfel, drei Lire zwanzig zwei Bananen!« greint die Frau, die einst mein Mädchen war.

Einige Minuten später stecke ich den Zeigefinger in den Henkel der Kaffeetasse.

»Vier-fünfzig der Kaffee, drei Lire der Zusatz, vier Lire der Zucker«, jammert Margherita.

Während ich den Kaffee umrühre, entsteht ein Fleck auf dem Tischtuch.

»Zwei Lire ein Tischtuch waschen, drei Lire ein Leintuch, fünfzig Centesimi pro Serviette, neunzig Centesimi ein Handtuch, dreizwanzig ein kleines Stück Seife, eins-fünfzig ein Hemd bügeln, achtzig Centesimi eine Laufmasche repassieren!« weint das Geschöpf, das der Himmel mir gesendet hat.

Ich ziehe den Stöpsel der Kognakflasche heraus.

»Fünfundvierzig Lire drei Viertel Kognak, eine Lira die Schachtel Zahnstocher!« schluchzt sie, die mich noch als Junggesellen gekannt hat.

Ich strecke mich auf meinem Lehnstuhl aus, zünde eine Zigarette an, schlage die Zeitung auf.

»Fünfzig Centesimi eine Schachtel Streichhölzer, einsfünfundsiebzig Porto für einen Expreßbrief, eine Lira ein Päckchen Feinsalz, drei Lire jeden Morgen für Zeitungen, eine Lira Trinkgeld für den Jungen der Hausbesorgerin!« röchelt diejenige, welche einst die Heilige meines Schülerherzens war.

Ich trete an meinen Schreibtisch. Und jetzt spreche ich! »Hundertfünfzig Lire ein Sessel, tausendsechshundert Lire eine Schreibmaschine, sechs-fünfzig ein Block, eine Lira ein Radiergummi, acht Lire ein Farbband, zehn Lire ein Päckchen Kohlepapier!« rufe ich. »Schluß mit diesen dummen Ausgaben! Von nun an wird gespart! Heute abend geh' ich ins Bett, statt zu arbeiten!«

»Ich werde nie wieder ein Wort sagen!« versichert Margherita.

So werde ich wohl, wenn ich morgen nach Hause komme, den Tisch gedeckt finden und auf jedem Ding einen Zettel: »Brot Lire 1,45« ... »Wein Lire 5 pro Liter« ... »Kotelett Lire 5,25« ...

Heim, trautes Heim! Wie ist jetzt alles anders! Manchmal träume ich, ich bin tot und die Gefährtin meines Lebens steht schluchzend neben dem Katafalk und seufzt: »Fünfhundert Lire ein Hartholzsarg, vierzig Lire vier Wachskerzen ...«

Heim, trautes Heim! Diese paar Handbreit Mauer haben die Macht, mich von der Welt abzusondern. Hinter diesen diskreten Ziegelsteinen tu' ich, was mir paßt: Ich spreche, singe, arbeite, tanze auf einem Bein vor dem Radioapparat, ich male mir das Gesicht grün an, und niemand außerhalb dieser Mauern weiß etwas davon.

Heimeligkeit, traute Heimeligkeit! Süßes Tun-und-lassen-Können, was man will! Eines Morgens öffne ich die Augen und erinnere mich an etwas.

»Margherita«, sagte ich zu dem Geschöpf, das mit mir zu fast gleichen Teilen das Einkommen und das Schlafzimmer teilt, »gestern abend habe ich endlich das Geld bekommen, und ich glaube, wir kauf ...« Die vortreffliche Frau läßt mich nicht ausreden, springt wortlos aus dem Bett, zieht davoneilend einen bläulichen Morgenrock an und entschwindet. Ich bringe mein Herz zur Ruhe, rauche die gewohnte Zigarette, stehe auf, ziehe mich an und begebe mich ins Büro. Auf dem Treppenabsatz begegne ich dem vortrefflichen Wesen, das erregt aus der Wohnung meiner Nachbarn herauskommt und dezidiert erklärt: »Nein, nein, meine Liebe! Schwarz! Schwarz paßt für alles, für den Morgen, für den Abend und auch für Trauerfälle!«

Auf der untersten Stufe begegne ich der Hausbesorgerin, die mir in sehr herzlichem Ton rät: »Ich an der Stelle Ihrer Frau Gemahlin würde ihn kastanienbraun nehmen; das ist jugendlicher.«

Ich gebe ihr zwei Lire Trinkgeld.

Jenseits der Haustür unterbricht die Obsthändlerin, die ihre neuen Kartoffeln aufschichtet, für einen Augenblick ihre Arbeit: »Meiner Meinung nach ist Schwarz eine Dummheit. Ein grauer ist hundertmal besser, und, ob Sie's glauben oder nicht, er schmutzt viel weniger als ein schwarzer.«

Ich höre mit großem Ernst zu. Zum Zeichen der Folgsamkeit und des Dankes berühre ich die Hutkrempe. Im Büro teilt mir der Portier sofort mit, daß ich angerufen worden sei. Mit leiser Stimme und jenem Takt, der seine besondere Gabe ist, fügt er hinzu: »Was hab' ich Ihnen vor vier Jahren gesagt, als Sie hier eintraten? Sie haben sich schön herausgemacht! Und die anderen sollen nur krepieren vor Wut! Auf jeden Fall hat Ihre Frau ganz recht. Schwarz paßt zu allem.«

Ich kann ihm ein entsprechendes Trinkgeld nicht vorenthalten. Sobald diese Finanzoperation erledigt ist, hänge ich meinen Überzieher im Vorzimmer auf und betrete die eigentlichen Büroräume. Die Sekretärin brummt mit einer verächtlichen Grimasse. »Natürlich einen schwarzen: die Farbe der Kaffern! Aber wenn sie nach einen grünen oder gelben nimmt, das Gesicht wird davon nicht anders!« Der Bürochef hingegen grinst, als ich ihn grüße: »Gratuliere, junger Mann; wir werden Kapitalisten, nicht wahr? Ich finde Kastanienbraun besser; in zwei, drei Jahren können Sie daraus ein großartiges Futter für sich machen.«

»Diese jungen Leute!« seufzt kopfschüttelnd der Abteilungschef.

»Wenn es nach mir ginge«, unterbricht ihn die Stenotypistin, »müßte sie einen roten nehmen, damit er zu ihrer Nase paßt.«

»Oder grau, damit er zu den Haaren paßt«, bemerkt lachend die Verwaltungssekretärin.

Dann verläuft der Vormittag ruhig, ausgenommen sechs oder sieben telefonische Anrufe von daheim.

Der Straßenbahnwagenführer flüstert mir zu Mittag zu, daß Grau vielleicht besser wäre.

Als ich an seinem Laden vorüberkomme, versichert mir der Friseur, wenn sie einen schwarzen kaufte, würde er ihr ein so außerordentliches Blondköpfchen machen, daß sich alle Leute nach ihr umdrehen würden.

Auf der Treppe schwört mir der Lichtkassierer, daß auch die Dame vom zweiten Stock für ein schönes Grau, Nuance »Londoner Nebel«, sei.

Kaum war ich daheim, kaum waren die sechs oder sieben Frauen, die gerade mit ihr diskutierten, fortgegangen, da raunte mir die Gefährtin meines Lebens höchst vorsichtig zu. »Giovannino, sag niemandem etwas. Ich möchte, daß der Pelz für alle eine Überraschung sein soll!«

Heim, trautes Heim! Zwei Handbreit Mauer, Stahlpanzer, der mich gegen die Welt isoliert! Durch fünf Jahre war ich dem Klatsch von tausend und aber tausend Leuten preisgegeben; aber jetzt brauche ich nicht mehr kümmerlich in Mietzimmern zu hausen, jetzt habe ich mein Heim, in das die Bosheit und der Klatsch nicht eindringen können.

Neulich kam die Dame vom ersten Stock zu uns. Es war das erstemal, daß die illustre Mitbewohnerin uns mit ihrem Besuch beehrte; dadurch erhielt die Angelegenheit einen besonders feierlichen Anstrich.

Der Gast wurde im Salon-Speisezimmer-Arbeitszimmer-Wohnzimmer von allen Hoheitsträgern des Heims empfangen; hierauf zog ich mich in die Küche zurück, um mir dort gemeinsam mit der Schreibmaschine eines jener einzigartigen Feuilletons herauszuquälen, die mir Brot und Geringschätzung eintragen.

Das Hämmern der genialen Maschine schien die Dame vom ersten Stock zu überraschen.

»Hagelt es?« hörte ich sie fragen.

»Nein, er schreibt auf der Maschine«, erläuterte Margherita.

Die Dame vom ersten Stock fand Worte des Verständnisses: »Der Ärmste! Statt zu Bett zu gehen, muß er sich mit dem Abschreiben von

Briefen und Verträgen die Augen ruinieren. Nur, um dreißig Centesimi pro Blatt zu verdienen!«

Die liebenswürdige Genossin meines Haushalts erklärte, daß ich nicht gerade Kopierarbeiten mache, sondern Sachen für die Veröffentlichung in den Zeitungen schreibe.

Die Dame vom ersten Stock hieß das gut.

»Sehr gut! ich lese immer die Leserzuschriften in der Sonntagsbeilage. Teilen Sie mir's mit, wenn eine von Ihrem Gatten erscheint. Man soll dreißig Lire für eine Zuschrift bekommen. Das sind immerhin dreißig Lire. Und wenn man sechs im Jahr anbringt, gibt das immerhin fünfzehn Lire im Monat, mit denen man etwas zum Anziehen für Sie, einen Hut für Ihren Mann, ein Möbelstück für den Salon kaufen kann. Übrigens, Sie haben wirklich einen netten kleinen Salon.«

Hierzu muß bemerkt werden, daß unser Salon-Speise-Arbeits-Wohnzimmer mehr ein Magazin als ein Wohnzimmer ist. Mit seinen Möbeln, Lehnstühlen, Bildern, Vorhängen, Lampenständern und Teppichen könnte man spielend drei weitere Zimmer einrichten. Es gibt kein freies Stückchen Wand, und ich denke schon seit einiger Zeit daran, meine neuen Bilder an der Zimmerdecke aufzuhängen.

In diesem Augenblick protestierten aus ihrer entfernten Wiege die wenigen Monate unserer winzigen zweibeinigen Maschine mit lauter Stimme.

»Die Katze?« fragte die Dame vom ersten Stock.

»Nein, das Kind«, klärte die Frau auf, die meinen ledigen Stand überwunden hat.

Nun muß ich gestehen, daß unser Viertel mindestens zweimal täglich einer Hölle gleicht. Es sind mir deshalb schon Beschwerden zugegangen; aber was kann ich dafür, daß unser Dienstmädchen Carlona eher einer Nähmaschine als einem weiblichen Wesen ähnlich sieht? Es ist nur logisch, daß aus allen Nachbarbezirken die Bäckerjungen und Kastanienverkäufer schreiend angelaufen kommen, wenn Carlona sich auf der Straße blicken läßt.

Diese Carlona trat nun, durch die Klingel gerufen, in den Speisearbeitswohnsalon, und die Dame vom ersten Stock rief aus: »Liebe gnädige Frau! Warum haben Sie mir nie erzählt, daß Sie eine Schwester haben?!«

Die süße Gefährtin meiner Mittage erklärte ihr, daß dieses sonderbare Geschöpf keine Schwester, sondern ein Dienstmädchen sei. »Auffallende Ähnlichkeit!« meinte die Dame vom ersten Stock.

Dann kam, von Carlona hereingebracht, unser gemeinsames Produkt. »Süß!« rief die Dame vom ersten Stock. »Wie alt ist er? Zwei Tage?«

»Nein, fast elf Monate«, gestand Albertinos Urheberin. Und die Dame vom ersten Stock erklärte, sie hätte nie Kinder haben wollen, denn wenn sie männlichen Geschlechts sind, enden sie im Gefängnis, wenn weiblichen . . . na, sprechen wir nicht darüber!

Dann begann die wahre und eigentliche Zeremonie. Die Dame vom ersten Stock begann über die Hausbesorgerin zu sprechen.

»Die Hausbesorgerin«, versicherte sie, »ist das schlimmste Stück, das man finden kann. Sie hat nur zwei Hemden, und die sind schmutzig, einen stupiden Sohn und eine räudige Katze. Sie säuft wie ein Loch und schuldet dem Bäcker siebenundfünfzig Lire.«

Den ersten Stock überspringend, weil sie selbst dort wohnt, stellte die Dame sodann eingehende Betrachtungen über die Bewohnerin des zweiten Stocks an. Sie frischte eine sonderbare Geschichte auf, in die ein Friseur verwickelt war, sprach von einem Sohn, der dreimal durchgefallen ist, von einem Gatten, der wegen Unterschlagungen entlassen wurde. Sie berichtete auch von einer zweideutigen Schwester und von einem auf Raten abgezahlten Fotoapparat.

Über die Dame vom dritten Stock hat sie interessante Dinge in Erfahrung gebracht. Vor allem färbt sie sich die Haare; dann hat sie drei falsche Zähne, und die Zahnarztrechnung dafür ist noch nicht bezahlt. Ferner hat sie Matratzen mit Seegras, die Bodenfliesen in der Küche hat sie alle zerbrochen, und sie ißt nur Konserven.

Die Dame vom ersten Stock sprach in schnellem Tempo und mit Enthusiasmus; und die süße Gefährtin meines kümmerlichen Daseins lauschte ihr mit offenem Munde.

Nachdem die Dame vom ersten Stock die Dame vom dritten Stock systematisch behandelt hatte, begann sie mit Ungestüm von der Dame des vierten Stocks zu sprechen.

Ich erfuhr auf diese Weise, daß die Dame vom vierten Stock eine unbedeutende Frau mit schlechter Kinderstube sei. Sie hat ein Kind, bei dem man nicht weiß, ob es ein Kind oder eine Mausefalle ist. Und was treibt ihr Mann? Er macht alle möglichen Geschäfte, er ist unrasiert, morgens steht er spät auf; man sagt, daß er in der Nacht herumstreicht, um Hühner zu stehlen. Vielleicht verkauft er auch Rasierklingen in den Kaffeehäusern.

Hierauf entfernte sich die Dame vom ersten Stock, geleitet von den Anwesenden, und die süße Verwalterin meines Einkommens versicherte: »Sie ist eine sehr sympathische Dame.«

Später hat sich Margherita allerdings daran erinnert, daß sie selbst die Dame vom vierten Stock ist.

Heim, trautes Heim! Heimeligkeit, süße Heimeligkeit! Nachbarn, holde Nachbarn! Margherita, süße Margherita! Du siehst mich lächelnd an, und deine große schwarzen Augen sagen mir: »Giovannino, Giovannino . . .«

Die Entdeckung Mailands

Viermal hundert, vierhundert, plus sechzig für das Vorzimmer und dreißig für das Badezimmer, das macht vierhundertneunzig. Dazu kommen weitere einhundertzwanzig zwischen Dachboden und Keller. Ich repräsentiere insgesamt sechshundertzehn Kubikmeter von Mailand. Das ist eine bedeutende Zahl; wollte ich meine Wohnung mit Wasser anfüllen, so würde sie auf die Erde einen Druck von einundsechzigtausend Kilogramm ausüben.

Ich werde meine Wohnung niemals mit Wasser anfüllen, weil mir die zwölf Kilogramm meines Herrn Sohnes genügen. Doch es ist vorteilhafter, erforderlichenfalls auf Grund unwiderlegbarer Berechnungen behaupten zu können: »Ich repräsentiere in dieser ungewöhnlichen Stadt sechshundertzehn Kubikmeter Luft und einundsechzigtausend Kilogramm Wasserdruck.«

Wer nicht imstande ist, solche Rechnungen auszuführen, kann einfach sagen: »Ich repräsentiere ein Millionstel von Mailand.« Aber das ist allzuwenig. Mailand ist eine enorme Stadt, die immer beginnt und nie aufhört. Der Mensch, der nur ein Millionstel von ihr darstellt, ist wie eine Ameise in einem Getreidefeld.

Nun, da alles in geregelte Bahnen gelenkt ist, nun, da die süße Frau meines vierten Stockwerks auch ihre zweibeinige Maschine ins Rollen gebracht hat, kann man ein wenig herumschlendern und Mailand entdecken. Das tut man gern, wenn man weiß, daß sechshundertzehn Kubikmeter Familie immer bereit sind, ihre Tür weit aufzutun, mit dem Bemerken, man möge den Boden nicht beschmutzen, weil er gerade zwei Minuten zuvor mit Wachs eingerieben worden ist.

Ich besitze sechs Pläne von Mailand. Man müßte also glauben, daß es mir unmöglich ist, mich zu verirren, wenn ich von einer Stelle zu einer anderen gehen muß. Aber je länger ich lebe, um so mehr festigt sich in mir die Überzeugung, daß es nichts Unmögliches auf der Welt gibt. Ja, ich verirre mich sogar, wenn ich mich der Straßenbahn bediene.

Ich besteige die Linie 33.

»Fährt dieser Straßenbahnwagen, den ich soeben bestiegen habe, nach dem Carlo-Erba-Platz?« frage ich den Schaffner.

»Ja, dieser Wagen fährt genau zum Carlo-Erba-Platz«, antwortet korrekt der Schaffner.

Die Fahrgäste lachen, weil in Mailand jeder weiß: Wenn es eine Linie gibt, die zum Carlo-Erba-Platz fährt, dann ist dies genau die Linie 33.

Ich bezahle die Fahrkarte, ich klammere mich an einen Halteriemen, die Bahn setzt sich in Bewegung. Nach einer halben Stunde befinde ich mich an der Porta Ticinese, also an einer Stelle, an der die Linie 33 nicht vorüberkommen kann, auch nicht, wenn man sie dorthin trüge.

Ich bringe es sogar fertig, mich in den Straßen zu irren. Wenn ich jedoch im Auto fahre, ist das etwas anderes.

Ich fahre seelenruhig von daheim fort, komme auf den Tonoliplatz, halte einen Augenblick und rufe ein Taxi.

»He, Sie«, sage ich zum Chauffeur, »fahren Sie vor mir her in die Soundso-Straße.«

Das Taxi setzt sich in Bewegung, ich fahre gleichfalls an und folge ihm.

Es ist eine große Ausgabe, aber ich gestehe, daß es mir mißfällt, mich von einem Auto durch die Straßen dieser ungewöhnlichen Stadt lotsen zu lassen.

Einige Jahrhunderte lang hatten die Mailänder eine traurige Existenz: Sie bewegten sich ausschließlich über die Dächer und Dachtraufen fort. Sie begannen erst auf die Straßen zu gehen, als die Straßenverkehrsordnung erfunden wurde.

Seither ist der Mailänder Verkehr etwas Wunderbares. Man kann an den wichtigsten Kreuzungen von Mailand nicht selten Dichter und Musiker sehen, die das Geheimnis jener erhabenen Harmonie von Rot, Gelb und Grün, von raschem Stehenbleiben und donnerndem Losbrausen zu erfassen suchen.

Freilich, es gibt in dieser ungewöhnlichen Stadt auch neuralgische Punkte. Dort gewinnt der Verkehr eine solche Vollkommenheit, eine so unerbittliche Präzision, daß sich die treffliche Dame, die ruhig lesend die Straße überquert, unversehens rittlings auf der Kühlerhaube eines Lastautos befindet, während ein Lieferwagen nach einer köstlichen Drehung um sich selbst kurz entschlossen in einer Drogerie steckenbleibt, gefolgt von den wichtigsten Teilen einer Straßenbahn.

Man muß anerkennen, daß alles organisiert ist, und das geht so weit, daß sich zwei neue Berufe entwickelt haben: der des Augenzeugen und der des Fotografen für Straßenunfälle. Das sind ehrenwerte Professionals, die den ganzen Tag auf den neuralgischen Punkten herumstehen und deren genaue Augen- und Fotozeugnisse es erlauben, jede Kontroverse im Hinblick auf Verantwortung und Schadenersatz mit größter Leichtigkeit in Ordnung zu bringen.

Trotzdem macht es mir keinen Spaß, mich von einem Auto durch die Straßen von Mailand lotsen zu lassen. Es ist besser, man bewegt sich per Straßenbahn oder zu Fuß, doch ohne sich auf ein Ziel festzulegen. Man läßt sich überraschen.

Wenn man Glück hat, kommt man in einer Stunde in die Galerie, in der die Leute nicht zaudern würden, sich mit einer Spitzhacke zu bewaffnen und unterirdische Zugänge zu graben, um einen Aperitif zu ergattern.

Man kann auch den berühmten Markt von Senigallia entdecken; er ähnelt einer Wüste, an der sich das Strandgut von tausend Schiffbrüchigen des täglichen Lebens ablagert. Man muß dort an alte, schwarzgekleidete Frauen mit langgriffigen Schirmen denken, die allein in dunklen und feuchten Zimmern leben, die eines Tages erlöschen, und die Hausbesorgerin merkt es zufällig zwei Tage später. Da kommen dann Leute mit einem Lastwagen, räumen in zwei Stunden alles aus, werfen das einbalsamierte Hündchen auf das Pflaster, dazu das Bild mit der Locke des toten Kindes, das alte Trichtergrammophon mit der Adelina-Patti-Platte, den seit dreißig Jahren im Schrank aufbewahrten Bratenrock des Gemahls und das Befähigungszeugnis für das Lehramt an Elementarschulen.

Ich habe das alles gesehen. Ich habe auch eine Menge antiquarischer Bänder von Grabkreuzen mit Goldpapier-Buchstaben gesehen. Ein alter Mann wühlte gerade in dem Pack. Er suchte ein Band, auf dem geschrieben steht: »Der Enkel.« Es war keines da. So begnügte er sich mit einem, auf dem geschrieben stand: »Der Schwager.«

Ein Mann im Overall wählte bedächtig aus einem Haufen Fahrradreifen den am wenigsten zerfetzten aus.

Man sah auch Vögel in Käfigen. Lebend, aber trotzdem antiquarisch.

Als ich P. verließ, teilte mir die sentimentale Kassiererin meines Espressos mit, Mailand sei im Winter am schönsten, weil es einen nordischen Zauber besitze. Ich finde Mailand hauptsächlich im Herbst und im Frühling schön, weil es den Zauber von Mailand besitzt. Und es gefällt mir auch im Sommer, wenn am Sonntagnachmittag der weiße Schutzmann auf einem verlassenen Platz wie eine Fata Morgana aussieht.

Alle Jalousien sind dann geschlossen, und auf den menschenleeren Straßen machen die Straßenbahnen und Autobusse einen Höllenlärm; aber gegen Abend erwacht Mailand. Die Leute kommen von den Seen oder vom Meer zurück.

Das Verlangen, Wasser zu sehen, ist eine fixe Idee der Mailänder. An jedem sommerlichen Sonntagmorgen eilen sie auf der Suche nach Wasser davon, und am Abend kommen sie zurück: Motorräder, Fahrräder, Tandems und Autos, alle Typen von der 501 bis zum Topolino, aber vorwiegend Autos, die nur an Feiertagen aus der Garage geholt werden, alte Maschinen, Familienerbstücke.

Bisweilen macht so eine alte 501 auf der sonnendurchglühten Straße drei oder vier Huster und bleibt stehen. Das Benzin ist ausgegangen, die nächste Tankstelle ist wenigstens zwanzig Kilometer entfernt.

»Los, Alte«, sagt dann der Fahrer und klopft freundschaftlich auf das Armaturenbrett, »tu mir den Gefallen und fahr noch bis zur Tankstelle!«

»Na schön«, antwortet rauh die Maschine und setzt sich wieder in Bewegung.

Das sind Autos, mit denen man nachsichtig sein muß. Wenn es steil aufwärts geht und man einsieht, daß es die Alte nicht zustande bringt, steigt man eben ab und spielt ein bißchen Komödie. »Nein, nein, wir gehen zu Fuß hinauf«, sagt man, »hier ist so eine schöne Aussicht.«

Am Sonntagabend, wenn die leichte Brise die Seen verläßt und die Mailänder in die Stadt heimbegleitet, öffnen sich allmählich die Fenster und füllen sich mit Köpfen. Aus den kalten Zimmern werden die alten Großmütter im Lehnstuhl herausgebracht und auf die Balkone getragen, damit sie frische Luft schöpfen. Die Dienstmädchen laufen rasch an die Fenster und winken dem Geliebten an der Ecke eines letzten Gruß zu. Dann flammen die Lichter und die Scheinwerfer der Autos auf. Ein Radio, zwei Radios, siebenundzwanzigtausend Radios.

Die Stimme der Hausbesorgerin dringt bis zum vierten Stock hinauf. Die jüngste Tochter meines Nachbarn bringt den Frühling in unsere Küche. Sie kommt, macht schnell ihre große Verrichtung neben dem Eisschrank, dann läuft sie davon, kreischend wie eine Schwalbe.

Heute ist der 10. Juni 1938. Margherita. Es sind schon neun Jahre seit dem ersten Kapitel vergangen! Margherita ist es bisher noch immer nicht gelungen, alle meine Reisetaschen auf dem Bahnhof auszulösen;

sie hat jetzt so viel mit dem Kind zu tun. Aber sie lächelt, und ihre großen schwarzen Augen sagen: »Giovannino, Giovannino . . .«

Die Zeit vergeht

»Margherita, heute habe ich fünfzehn Seiten mit der Maschine ganz eng beschrieben. Wenn ich mich morgen zusammennehme, kann ich wenigstens ein Viertelpfund Novellen schreiben.«

»Du machst zuwenig Absätze«, bemerkt Margherita. »Der Soundso trifft das viel besser als du, mit fünfzig Worten hat er eine Spalte voll.«

Margherita hat recht. Man muß in dieser ungewöhnlichen Stadt viele Absätze machen. Man muß flink sein: zuerst etwas schreiben und erst dann, wenn man Zeit hat, darüber nachdenken.

Vorüber sind die schönen Tage von P. Wenn ich damals dahinspazierte, mit einer einzigen Lira in der Tasche, sah ich ein Mädchen vorüberkommen oder ein Pferd oder ein Fahrrad – und mir kam die Idee für eine hübsche Novelle. Ich setzte mich ins Café und dachte nach, wie ich die Idee ausführen wollte, wie ich mein Manuskript dem Redakteur überreichen und von ihm die lebhaftesten Komplimente hören würde. Ich dachte, wie ich sogleich zur Kasse gehen wollte, um das Honorar im voraus abzuheben. Ich stellte mir vor, wie ich das Geld nehmen und unverzüglich ausgeben würde, um mich glänzend zu amüsieren. Ich dachte, wie ich dann wieder ohne Geld sein würde. Dann bezahlte ich mit meiner Lira den Kaffee, ging nach Hause und war zufrieden, weil ich mich so gut amüsiert und außerdem noch die Idee für eine hübsche Novelle im Kopf behalten hatte.

In der Provinz genügt es im Grunde zum Glücklichsein, eine Idee zu haben; es genügt auf morgen zu verschieben, was man heute besorgen kann.

In dieser ungewöhnlichen Stadt jedoch ist es etwas anderes. Noch wichtiger als die Ideen ist es hier, nicht auf morgen zu verschieben, was man heute besorgen kann.

Ein Geschöpf des lieben Gottes, das in diese ungewöhnliche Stadt geschneit kommt, ist wie ein Zahnrad, das in das Getriebe einer Maschine gerät. Entweder versteht es, sich in das passende Lager einzufügen und dreht sich mit, oder es verliert seine Zähne.

Man wird ein bißchen wehmütig, wenn man merkt, daß nun alles in geregelte Bahnen gelenkt ist, daß der nächste Tag keine Überraschung bringen kann. Ein anderer in meinem Heim wird es viel weiter bringen.

Ja, unser Herr Sohn, der wird es zu weiß Gott was bringen. Das sieht man von Tag zu Tag deutlicher. Heute hab' ich im Café meinen Freund Giovanni getroffen. Wir redeten über dies und das, dann fragte er mich, ob mein Kind gut gedeihe. Ich antwortete ihm, daß wir mit seiner Entwicklung zufrieden seien. »Schade, daß ich keine Fotografie bei mir habe«, schloß ich. »Ich gestehe dir: Ich konnte die Leute nie ertragen, die mit einem Dutzend Fotografien ihrer Kinder herumlaufen. Sie erinnern mich an Reisende mit ihren alten Katalogen. Findest du nicht auch?«

»Wem sagst du das?« erwiderte Freund Giovanni. »Wenn es etwas Unsympathisches gibt, ist es genau das. Es zeugt von schlechtem Geschmack, es ist höchst kleinbürgerlich und überflüssig. Ja, ich gehe noch weiter: Ich habe verboten, daß man mein Kind fotografiert. Kleine Kinder sind doch alle gleich. Nicht wahr?«

Wir sprachen ausführlich über die Erziehung der Kinder. Dann, als er in der Tasche nach der Streichholzschachtel suchte, rief Giovanni überrascht aus: »Was ist denn das?«

Es war eine Fotografie seines Kindes.

»Das muß meine Frau gewesen sein«, meinte Giovanni. »Du weißt ja, wie Frauen sind. Na, wie gefällt er dir.«

Ich sagte ihm, es sei ein großes hübsches Kind, und ich bedauerte, daß ich ihm nicht meines zeigen konnte. Aber dann tat auch ich, als ich in meiner Brieftasche herumstöberte, plötzlich einen Ausruf der Überraschung: »Ja, tatsächlich, eine Fotografie meines Sprößlings! Die Frauen sind wirklich alle gleich.«

Giovanni gab zu, daß mein Kind einfach ein Phänomen sei. Hierauf erinnerte er sich an irgend etwas, zog die Brieftasche und fand eine zweite Fotografie seines Kindleins. Darauf erinnerte auch ich mich an irgend etwas, und es gelang mir, mitten unter den Dokumenten noch eine zweite Fotografie meines Sohnes auszugraben. »Schau ihn doch an, ist er nicht süß, wenn er seine kleine Seite besorgt?« sagte ich, indem ich ihm das Dokument zeigte.

»Schau doch meinen an, wenn er den Finger in die Nase steckt!« rief Giovanni bewegt aus, ein drittes Foto herausholend.

Bei der zweiunddreißigsten Fotografie, die seinen Erben zehn Minuten nach der Geburt darstellte, rief ich mit einem Triumphgeheul und mit einer weiteren Fotografie: »Da schau: meine Frau, zwei Tage bevor der Kleine geboren wurde!«

»Margherita, es ist schlimm, wie ich verbürgerliche! Auch ich reise mit vielen Fotografien unseres Kleinen herum.«

»Besser viele Fotografien des Kleinen als eine einzige von einer gewissen blonden Sekretärin«, antwortet Margherita.

Die Zeit vergeht schnell in dieser ungewöhnlichen Stadt. Man steht um acht Uhr auf. Fünfzehn Minuten auf den Füßen, um sich anzukleiden, eine Tasse von irgend etwas zu schlürfen, mit dem Aufzug hinunterzufahren, zur Straßenbahnhaltestelle zu kommen.

In der Straßenbahn sitzt man.

Fünf Minuten auf den Füßen, um von der Straßenbahnsitzbank zu seinem Bürositz zu gelangen.

Von acht Uhr dreißig bis zwölf Uhr sitzen.

Fünf Minuten auf den Füßen, um zur Straßenbahn zu kommen. Sitzen.

Sieben Minuten zu Fuß, um bis zum Tisch zu gelangen. Bei Tisch sitzen. Im Lehnstuhl vorm Radio sitzen. Sieben Minuten auf den Füßen, um sich von der Straßenbahnsitzbank zum Bürositz zu begeben.

Von vierzehn bis neunzehn Uhr sitzen.

Fünf Minuten auf den Füßen, um zur Straßenbahn zu kommen. Sitzen.

Sieben Minuten, um sich auf den Sessel am Tisch zu schleppen.

Bei Tisch sitzen. Im Lehnstuhl vorm Radio sitzen. Wegen der außertourlichen Arbeit bis vierundzwanzig Uhr am Schreibtisch sitzen. Von null Uhr bis acht Uhr liegen.

Man verbringt sechs Tage lang sechsundfünfzig Minuten pro Tag auf den Füßen und dreiundvierzig Stunden vier Minuten sitzend oder liegend.

Berechnen wir jedoch die vierundzwanzig Stunden des Sonntags gesondert: »Bis zwölf Uhr liegen. Von zwölf Uhr fünfundvierzig bis fünfzehn Uhr fünfundvierzig bei Tisch, im Lehnstuhl, auf dem Balkon sitzen. Von sechzehn Uhr fünfundvierzig bis achtzehn Uhr fünfundvierzig im Café sitzen. Von neunzehn Uhr dreißig bis zwanzig Uhr dreißig bei Tisch, im Lehnstuhl sitzen, ausgestreckt auf dem Diwan liegen. Von einundzwanzig Uhr fünfzehn bis dreiundzwanzig Uhr fünfzehn im Kino, im Theater oder im Hause von Freunden sitzen.

Die Zeit hat ihren Wert, wenn ein Geschöpf des lieben Gottes jede Stunde seines Tages erlebt, Minute für Minute. Aber schlafen ist schlafen, und am Tisch sitzend arbeiten oder – bei Tische sitzend – Speisen hinunterschlingen, ist wie schlafen. Die Zeit vergeht schnell in dieser ungewöhnlichen Stadt, und plötzlich macht man eine Äußerung des Mißvergnügens: »Margherita, warum sagst du mir gar nichts? Wir sind ja schon im Jahre 1939!«

Margherita beschränkt sich nämlich darauf, mich an die nebensächlichen Dinge zu erinnern: »Giovannino, hör auf, mit leerem Mund zu kauen; schon seit zehn Minuten hast du dein Beefsteak zu Ende gegessen!« – »Giovannino, hör auf, in die Luft zu blasen, schon seit fünfzehn Minuten ist deine Zigarette ausgeraucht!« – »Giovannino, dreh das Licht an; es ist Mitternacht, und du sollst nicht im Finstern schreiben!« – »Giovannino, zieh keine leichten Sachen mehr an, wir haben Dezember.« – »Giovannino, zieh nicht mehr den Mantel und den dikken Schal an, wir haben Juli!« So müßte Margherita mich auch daran erinnern, daß ein Jahr vergangen ist; man kann nicht an alles denken!

Die Zeit vergeht schnell in dieser gewöhnlichen Stadt, und bevor du die Leinensachen richtig weggeräumt hast, ist schon wieder der nächste Sommer da.

Wenn man mich rechtzeitig darauf aufmerksam macht, daß es Sommer ist, dann weiß ich gleich, was ich mit meinen Sonntagen anfange. Denn das Autoproblem ist längst gelöst: Ein vertrauenswürdiger Mechaniker lotst mich bis zur Autobahn von Varese. Sind wir dort angekommen, verläßt er mich. Ich gebe Gas und fahre fröhlich los. In Varese oder in Sesto Calende angekommen, verlasse ich die Autobahn, parke, komme wieder auf sie zurück und fahre in Richtung Mailand. Hier steht der Mechaniker bereit, der sich an den Volant setzt und mich nach Hause zurückfährt. Ich finde die Autobahn ideal für eine Erholungsfahrt. Keine Kurven, keine Kinder, Hunde, Hühner. Keine Radfahrer. Ruhiger, disziplinierter Verkehr. Stille und Poesie.

Auf der Autobahn werden alle Leute sentimental.

Längs der Autobahn, am Rande des Asphalts, halten die Mailänder für einige Augenblicke ihre schönen Autos an und steigen aus, um das Gras zu berühren und Blumen zu pflücken. Hunderte von Autos sieht man, die am Rande der Autobahn stehen. Auch die großen Industriellen fühlen die Poesie der Asphaltraine, auch die großen Industriellen, die selbst in den heißesten Monaten mit ihren kostbaren Pelzen und glänzenden Zylindern herumfahren. Der livrierte Chauffeur hält das überlange Auto an, steigt aus, öffnet den Schlag, grüßt korrekt; der große Industrielle steigt aus, pflückt einen Grashalm, steckt ihn in den Mund. Dann steigt er wieder ein, und während das Auto weiterfährt, nimmt er seine Gedanken an wichtige Dinge wieder auf.

Die Zeit vergeht schnell in dieser ungewöhnlichen Stadt! Die Monate bestehen aus vier Tagen: Sonntag, Sonntag, Sonntag und Sonntag.

»Margherita, vom ersten September an dürfen keine Autos mehr fahren.«

»Das freut mich, Giovannino.«

»Margherita, es wäre gut, wenn du einen Blick auf meine Uniform werfen wolltest. Man müßte vielleicht meine Stiefel und auch das Koppel ausbessern lassen.«

»Schon geschehen, Giovannino.«

»Eventuell könntest du dich zu Frau Flaminia zurückziehen.«

»Wenn es notwendig sein wird, Giovannino.«

Man kommt nicht mehr zum Arbeiten im Büro; alles scheint sinnlos. Der Herr Direktor brüllt, wenn man ihm die Post zur Unterschrift bringt. Er will nur Landkarten und Zeitungen! Überall tuschelt man, jeder hat eine Neuigkeit.

Kürzlich hält mich Giuseppe an.

»Die Engländer haben angeblich dreißig Flugzeuge von Amerika bekommen«, sagt er vorsichtig.

Ich antworte ihm, daß ich auch den »Popolo d'Italia« gelesen habe, aber daß mir die Sache jeder Bedeutung zu ermangeln scheine. »Das ist nicht wahr, mein Lieber«, erläutert Giuseppe. »Für mich, für dich ist die Sache bedeutungslos, aber die kleinen Leute beeindruckt es.« Ich gehe Schinken kaufen, und der treffliche Verkäufer informiert mich zwischen einer Scheibe und der nächsten, daß die Engländer von Amerika dreißig Flugzeuge bekommen haben. Ich antworte ihm wie dem Freund Giuseppe.

»Das ist nicht wahr, lieber Herr«, sagt der wackere Kleinhändler. »Für mich, für Sie ist die Sache bedeutungslos, aber die kleinen Leute beeindruckt es.«

Auf der Treppe treffe ich das Dienstmädchen vom dritten Stock, das mir die Zeitung zeigt und fragt, ob wirklich hier geschrieben sei, daß die Engländer von Amerika dreißig Flugzeuge bekommen haben. Ich lese ihr die Nachricht laut vor, denn das Dienstmädchen vom dritten Stock trägt zwar orthopädische Schuhe, ist aber Analphabetin. Dann teile ich ihr zum Abschluß der Zeremonie mit, die Sache sei unwichtig. »Das ist nicht wahr, gnädiger Herr«, erwidert das treffliche Dienstmädchen. »Für mich, für Sie ist die Sache bedeutungslos, aber die kleinen Leute beeindruckt es.«

Am Nachmittag wiederholt sich alles bei dem alten Weiblein, das an der Straßenecke die glückbringenden Tierkreiszeichen verkauft, und auch das Weiblein mit den Tierkreiszeichen schließt: »Für mich, für Sie ist die Sache bedeutungslos, aber die kleinen Leute beeindruckt es.«

September 1939. Es ist schön, ohne den Alpdruck der Autos durch Mailand zu schlendern. Es fahren nur Fahrräder herum.

Fahrräder, Fahrräder.

Das Fahrrad ist lebenswichtig geworden. Auch Margherita ist draufgekommen, daß sie ohne Fahrrad nicht leben kann, und das hat seine Komplikationen. Denn wenn das Fahrrad für einen Mann einfach aus einem Fahrrad besteht, setzt es sich für eine Frau zusammen aus: einem Hosenrock, einem Paar Strümpfe, einem Paar Socken, einem Pullover mit langen Ärmeln, einem Pullover mit kurzen Ärmeln und einem Pullover ohne Ärmel, Leder-, Zwirn- und Wollhandschuhen, je einer Stoff-, Woll- und Regenjacke, Tuchmütze, Zelluloidschirm, schwarzen, grünen und blauen Brillen, dreierlei Sandalen, Umhängetasche, gelbem, blauem oder grünem geflochtenem Körbchen zum Anhängen an der Lenkstange, drei Kleidern in lebhaften Farben mit dazu passenden Strohhüten und Seidentüchern, einer Regenhaut mit Kapuze, einer Satteltasche aus Tuch und einem Fahrrad.

Der Mann fährt nicht mit dem Fahrrad, weil es Mode ist, sondern weil es ihn verdrießt, zu Fuß zu gehen. Aber wenn selbst ein Mann mit der Mode geht, ist das Radfahren nur um ein klein wenig komplizierter als für den Durchschnittsmann: Es kommen nur die kurzen Hosen und einige Pullover dazu.

Bei Brautpaaren ist das schon ganz anders. Jedes Brautpaar besteht aus einem Mann, einer Frau und einem Tandem; zwei Seelen und ein Fahrrad. Und obwohl sie auf dem hinteren Sattel sitzt, ist die Frau tonangebend in jenem Zweigespann, das die Mädchenherzen in den Vorstädten höher schlagen und die Mütter ausrufen läßt: »Seht nur, wie nett sie zusammenpassen!«

Sie hat ein graues Kleid, und er hat graue Hosen, sie hat einen grüngelben Pullover, und er hat einen grün-gelben Pullover, sie hat ein blaues Hütchen und er eine blaue Mütze, gleich sind die Handschuhe, die Farbe der Schuhe, die Farbe der Brillen . . . und das macht aus dem Tandem und den beiden jungen Leuten ein kompaktes, unteilbares und harmonisches Ganzes, und man versteht, was es bedeutet, wenn man ein Mädchen mit gelb-grünem Pullover hinter einem Jüngling in rot-blauem Pullover die Pedale treten und das Mädchen mit dem rotblauen Pullover hinter einem Jüngling mit gelb-grünem Pullover radeln sieht. Denn auch auf dem Tandem ist es viel leichter, den Verlobten zu erneuern als die Garderobe. Manchmal freilich geschieht es, daß der Jüngling im rot-blauen Pullover allein auf seinem Tandem radelt; der Platz hinten ist leer. Und das ist bitter; denn wenn es auch leicht ist, zwei Schicksale zu trennen, so ist es doch unmöglich, ein Tandem zu teilen. Und so zieht denn der Jüngling ein halbes Fahrrad voll unnützer, schwermütiger Erinnerungen hinter sich her, während das Mädchen zu Fuß auf dem Asphalt einer vergangenen Zeit dahingeht.

Mailand ist voller Fahrräder.

Auch Margherita ist draufgekommen, daß sie ohne Fahrrad nicht leben kann.

Ich habe ihr ein Fahrrad gekauft. »Komplett mit Zubehör.« Ein Vermögen.

»Margherita, nun ist alles soweit. Wollen wir am Sonntag einen Ausflug machen?«

»Es ist jetzt nicht der Moment, seine Zeit mit Radfahrenlernen zu vertun«, antwortet die Gefährtin meines wehmütigen Herbstes. Und ihre großen Augen sagen mir: »Giovannino, Giovannino . . .«

Der Strohwitwer

Es sind jetzt gerade drei Monate vergangen, seit dem Abend, an dem Freund Giuseppe atemlos ins Zimmer trat. Vorher hatte er angerufen. Es fehlte eine halbe Stunde auf Mitternacht.

»Warte auf mich; halte die Flurtür und die Tür deines Arbeitszimmers offen. Ich habe keine Zeit zu verlieren!«

Der Ton von Giuseppes Worten war eigentümlich feierlich. Wir hielten die Türen weit offen. Das Zimmermädchen postierte sich vor dem Kleiderhaken und hielt die Arme schon ausgestreckt, um den Hut zu ergreifen. Ich zog in Gedanken eine Linie, die durch die beiden Türen ging, und stellte an ihrem Ende einen Lehnstuhl auf, damit sich Giuseppe in möglichst kurzer Zeit hinsetzen könne. Ich trat hinter den Lehnstuhl, damit er nicht rutscht. Margherita plazierte sich seitlich davon mit einem Glas frischer Orangeade.

Nach einer Viertelstunde kam Giuseppe angerannt. Hut, Lehnstuhl, Orangeade.

Nachdem er die Ruhe in seinem Atmungsorganen einigermaßen wiederhergestellt hatte, bedeutete uns Giuseppe, Türen und Fenster zu schließen, und sprach leise, mit äußerster Vorsicht: »Ich komme eben im Auto von der Villa Bibibi. Vor einer Stunde haben wir zufällig eine ausländische Radiostation gehört. Gigi radebrecht ein bißchen Englisch und hat alles verstanden; sie haben gesagt, unser Eintritt in den Krieg sei nunmehr sicher! Ich bin auf und davon – ich habe mir nicht einmal Zeit genommen, um eine Tasse Suppe zu trinken. Jetzt laufe ich; ich muß meine Freunde benachrichtigen.« Giuseppe ging fort, nachdem er mich ermahnt hatte, verschwiegen zu sein; und Margherita schaute mir sehr besorgt in die Augen. »Das ist schrecklich, Giovannino!« rief sie endlich, mit dem Ausdruck der düstersten Verzweiflung im Gesicht. »Es ist Krieg.«

Ich sprach mit äußerster Sanftmut: »Margherita, versuche, bitte, mir möglichst objektiv zuzuhören. Du hast heute, am 10. Juni 1940, hier, in diesem Lehnstuhl sitzend, die historische Radiorede gehört, mit der der Welt unser Eintreten in den Krieg verkündet wurde. Du hast die Rede gelesen, als uns das Mädchen die Extraausgabe des ›Ambrosiano‹ gebracht hatte. Bis vor zehn Minuten hat dir der Krieg keine Sorgen gemacht. Da kommt Giuseppe, sagt dir das, was du seit fast sechs Stunden sehr gut wußtest, und nun macht dir der Krieg Sorgen. Warum, Margherita? Sind vielleicht zwei Frauen in dir? Eine offizielle und eine offiziöse? Bist du ein Geschöpf, das zugleich aus Ja und Nein besteht? Oder ist der Krieg, von dem vor einigen Stunden gesprochen wurde, nicht derselbe wie der, von dem Giuseppe gesprochen hat? Gibt es für dich zwei Kriege? Genügt einer nicht?«

Das süße Geschöpf, das Gott auf meinen Weg gestreut hat, schüttelte leise den Kopf. »Im Radio oder in den Zeitungen ist der Krieg etwas anderes, als wenn Giuseppe davon erzählt. Giovannino, was wird aus uns werden?«

Margherita ging, die schlafenden Augen ihres Sprößlings zu betrachten, und ich blieb lange in meinem Arbeitszimmer, um nachzudenken.

Am nächsten Tag verstaute ich um 15 Uhr 30 in einem Abteil zweiter Klasse: eine Margherita, einen Sohn, vier normale Reisetaschen und eine riesige leere Reisetasche.

Kaum hatte sich der Zug in Bewegung gesetzt, erklärte mir Margherita mit leiser Stimme das Geheimnis der leeren Reisetasche.

»Ich hab dich nicht aus Launenhaftigkeit gebeten, sie zu kaufen, und eine Reisetasche gehört auch nicht zu den Dingen, die die Eitelkeit einer Frau reizen. Ich wollte sie nur mitnehmen, weil es auf dem Land noch alles gibt; ich werde sie bei meiner Rückkehr mit allen guten Gaben Gottes angefüllt zurückbringen.«

Ich billigte Margheritas Projekt. Im Geist aber schrieb ich auf die Seite meines Rechnungsbuches, die für unnütze Ausgaben reserviert ist: »Große Reisetasche einhundertzwanzig Lire.«

Die letzte Eintragung war noch ganz frisch.

Es war genau der 31. Mai, als Margherita sehr ernst zu mir sagte: »Giovannino, von morgen an ist die Seife rationiert. Es wäre eine Dummheit, diesen letzten Tag des freien Verkaufs nicht auszunützen. Machen wir uns also auf den Weg, jeder für sich. Zehn Stück Seife treibst du auf, zwanzig ich, und alles ist in Ordnung.« Kurz darauf gingen wir fort, jeder für sich.

Ich hasse Verlegenheit, besonders wenn ich es bin, der in Verlegenheit kommt.

Ich dachte, daß wohl Tausende von Leuten dieselbe Erwägungen angestellt haben dürften wie die sympatische Frau, die ihren Vornamen und meinen Zunamen führt.

Ich legte mir also schnell eine schrittweise, indirekte Methode zurecht, betrat einen Laden und verlangte zunächst etwas ohne den geringsten Zusammenhang mit Seife oder mit Reinigung überhaupt. Ich möchte eine Dose Erdbeermarmelade.

Für den Anfang ging es wirklich prächtig. Ich verlangte hierauf ein Paket Biskuit, ein Glas Honig, dann ein Päckchen Kaffeezusatz, ein Knäuel Bindfaden, eine Dose Dörrpflaumen, zwei Dosen Schuhwichse, eine Wäschebürste. Das Manöver der Einkreisung war begonnen. Ich verlangte nun eine Zahnbürste, ein Kilo Soda, eine Flasche Fleckwasser und eine Tube Rasiercreme. Damit war die Aktion großartig vorbereitet; es handelte sich nun nur noch darum, taktisch auszunützen, was strategisch erreicht worden war. Ich nahm daher eine nachdenkliche Miene an und murmelte: »Ich wollte doch noch irgend etwas ... Wenn ich mich bloß erinnern könnte! ...

Macht nichts, ich werde wieder einmal vorbeikommen ...« Dann, während der Verkäufer die Rechnung machte, rief ich befriedigt aus: »Jetzt hab' ich's! Ich würde noch ein wenig Seife brauchen.«

»Tut mir leid, wir haben keine mehr«, antwortete der Verkäufer untröstlich.

Ich bezahlte, gab meine Adresse an und ging fort.

Ich verlor den Mut nicht.

Im nächsten Laden ging das Manöver ausgezeichnet bis zur Rasiercreme; als wir zur Rechnung und damit zur Seife kamen, wieder ein untröstlicher Blick: »Tut mir leid, wir haben keine mehr!«

Ich tat, was ich konnte, und suchte noch etliche Läden auf. Aber dann hatte ich auf einmal nur mehr zwei Lire in der Tasche und ging traurig nach Hause zurück. Ohne die geringste Seife.

Aber was machte das? Die Person, die mich zum Gatten und Vater gemacht hat, würde wohl ein zureichendes Quantum Seife aufgetrieben haben. Die teure Frau war schon zu Hause und im Begriff, Pakete und Päckchen auszuwickeln.

»Ich habe unsere Vorräte ergänzt« erklärte sie mir. »Marmelade, Biskuit, Honig, Kaffeezusatz, Bindfaden, Pflaumen, Schuhwichse, Zahnbürsten, Bürsten, Soda und Fleckwasser. Ich habe dir auch einige Tuben Rasiercreme mitgebracht.«

Hierauf sprach man nicht mehr von Reinigungsmitteln im allgemeinen und von Seife im besonderen. Ich habe die Reisetasche nicht ohne Übelegung in die Rubrik der unnützen Ausgaben geschrieben. Ich bin sicher, daß nach Margheritas Rückkehr von den guten Gaben Gottes keine Rede mehr sein wir. Vielleicht wird nicht einmal mehr von Reisetaschen die Rede sein; mit Reisetaschen habe ich kein großes Glück bei Margherita. Bis Codogno war die Reise angenehm. In Codogno stieg jedoch eine Frau ein und besetzte den einzigen frei gebliebenen Platz in unserem Abteil.

»Gestern abend haben sie Mailand bombardiert!« verkündete sie, ehe sie sich ordentlich hingesetzt hatte.

»Gnädige Frau«, belehrte ich sie, »Sie befinden sich im Irrtum. Wir kommen alle aus Mailand und wissen von nichts.«

»Das hat nichts zu bedeuten«, erklärte die Frau. »Ich komme ja auch von Codogno und weiß ganz und gar nicht, ob man diese Nacht Hühner gestohlen hat oder nicht. Es genügt nicht, an einem Ort zu leben, um alles zu wissen, was dort geschieht. Es könnte sehr gut der Fall sein, daß sie sogar fünfhundert Hühner gestohlen haben. Wie soll man davon wissen, wenn niemand etwas sagt?«

»Gnädige Frau«, warf ich ein, »es muß einem nicht eigens mitgeteilt werden, wenn es sich um Bombardierungen handelt. Die Bomben machen Lärm.«

»Machen Hühner keinen Lärm?« lachte die Frau.

»Es kann recht gut sein, daß sie Mailand bombardiert haben«, bemerkte Margherita. »Ich hab' doch gegen zwei Uhr etwas wie Einschläge aus der Gegend von Lambrate gehört.«

»Margherita«, unterbracht ich sie, »seit drei Jahren hören wir an jedem nebligen Abend die Sprengungen beim Bahnbau.«

»In Juninächten gibt es keinen Nebel«, versetzte ironisch ein älterer Herr.

Der Herr beim Fenster lachte geräuschvoll.

Ich stand auf und ging zum Fenster, um mir die lombardische Landschaft anzusehen.

Als wir nach ein paar Stunden in P. das Gepäck vom Taxi abluden und Frau Flaminia uns mit ausgebreiteten Armen entgegenkam, sagte Margherita nicht einmal guten Tag«. Sie fiel gleich mit der Tür ins Haus: »Wir sind durch ein Wunder gerettet! ... Mailand bombardiert! ... Was für eine Nacht, was für eine Nacht!«

Juni, Juli, August. Neunzig Tage, fünfhundert Zeitungen. Besichtigung der veränderten Stadt.

Die im Verkehr verbliebenen Autos mit ihren weißbemalten Kotflügeln erinnern an dicke Frauen, die ihre Röcke aufheben, um eine Furt zu durchschreiten, und dabei die weiße Unterwäsche zeigen. Die anderen schlummern in den Garagen, wo es mehr nach Kleiderablage als nach Benzin riecht. Es ist nicht sehr ruhmvoll: auch die Polsterung eines Autos, sogar eines Achtzylinders, ist ohne Naphthahlin eine Beute der Motten. Die Autos sind mit gelbem Papier oder mit schmutzigen Decken zugedeckt; jetzt fürchten sie sogar den Staub. Kein Herzklopfen erschüttert sie, auch wenn man auf die wichtigsten Knöpfe drückt; man hat ihnen das Herz genommen. Ihre Batterien lagern in einer Kammer, ein Krankenwärter fühlt ihnen dann und wann den Puls, und wenn er merkt, daß er zu schwach ist, setzt er sein kompliziertes Armaturenbrett mit Drähten und Voltmetern in Gang und vollzieht die Bluttransfusion von der elektrischen Zentrale her.

Alles riecht hier nach Naphthalin wie in den Wohnungen der alten Frauen; die Autos tragen auch sonderbare Kopfbedeckungen, und sie sehen tatsächlich aus wie würdige alte Frauen im Lehnstuhl.

»Man hört, daß viele mit einer Art Kohlensparherd an Stelle eines Benzinmotors herumfahren«, sagt ein schwarzer Sechssitzer.

»Es gibt auch welche mit Flaschen«, sagt ein blaues Kabriolett.

»Sie haben kein Schamgefühl mehr«, seufzte ein stahlgrauer Rennwagen.

Dann und wann kommt ein neuer Gast und berichtet von sonderbaren Abenteuern: »Ich bin gestern mit Methangas gefahren. Aber dann haben sie bemerkt, daß die Kanister mit Benzin statt mit Gas gefüllt waren.«

Ich ging mein Auto besuchen. Auf dem Sitzpolster schlief eine große Katze. Ein Glück, daß es noch zu irgend etwas gut ist!

Mailand ist von Fahrrädern überfüllt; und das ist recht und billig, denn für jedes stillgelegte Auto arbeiten wenigstens vier Räder.

Alle haben ein Fahrrad, auch die, die es nicht benützen können. Sie begnügen sich damit, ihr Rad an der Lenkstange spazierenzuführen. An Sonntagen sind die Straßen mit Fahrrädern übersät. Ich habe bis Ende August widerstanden; dann bin ich der Versuchung erlegen und habe mein altes Fahrrad vom Dachboden herabgeholt. Welche Freude! Ich brachte es zum Mechaniker und ließ mir von ihm die Mäntel, die Schläuche, die Lenkstange, den Sattel, die Kotflügel, die Kette, die Pedale und die Gabel auswechseln; dann ließ ich es durch doppelte Übersetzung, elektrische Scheinwerferanlage, Winkel, Kilometerzähler, Gepäckträger, Zeitungsbehälter, Kettenschutz, Rückstrahler, Vorderbremse und Rücktritt, Kleiderschutz, automatische Glocke und diebstahlsicheres Schloß komplettieren, kaufte mir ein paar kurze Hosen, ein rot-gelbes Leibchen, eine weiße Mütze, eine Brille, Karten und Pläne und begab mich auf die Reise. Die Unternehmung war ein bißchen gewaltig, aber ich schwor, um jeden Preis die einhundertzwanzig Kilometer zwischen Mailand und Margherita zu überwinden.

Ich muß gestehen, daß mich die Fahrt etliches Geld gekostet hat, denn sie hat drei Tage gedauert, die Hotels sind teuer, und ich habe für meinen und meines Fahrrades Transport von Piacenza bis Fidenza im Taxi 128 Lire ausgegeben; dafür bin ich aber frisch wie eine Rose bei Margherita angekommen. »Margherita, um dich zu besuchen, habe ich mit dem Rad zwölf Millionen Zentimeter Straße zurückgelegt. Ich bin noch ganz wacker, meinst du nicht?«

Juni, Juli, August, September, Oktober.

Am 5. November ist Margherita heimgekehrt, und es wurde mir von Augenzeugen versichert, daß sich die süße Gefährtin meiner sechshundertzehn Kubikmeter zum Zeichen des Entsetzens schon die Haare gerauft hatte, als der Eisenbahnzug kaum über die Po-Brücke gefahren war. Offensichtlich müssen einige Anzeichen von Unordnung, die ich in diesen fünf Monaten des Alleinseins in unserem Zimmer angerichtet hatte, bis in die Gegend um Piacenza gedrungen sein.

Drei Tage stieg ich über überschwemmte Fußböden, balanciere zwischen Leitern, auf deren obersten Sprossen die anerkannt robustesten Frauen des Bezirks standen, den Plafond kehren und die Kabel der elektrischen Leitung reinigten. Bald war wieder alles auf seinem Platz. Auch die famose große Reisetasche.

»Es war eine wunderbare Idee, diese Reisetasche mitzunehmen«, erläuterte Margherita. »Während dieser Monate habe ich so viel für das Kind gekauft; wo hätte ich das alles hingetan, wenn ich diese Reisetasche nicht gehabt hätte?«

Und ihre großen schwarzen Augen sagen: »Giovannino, Giovannino ...«

Der Schutzengel

Giacinto hat es zu arg getrieben.

Giacinto ist mein Schutzengel. Er mag vom beruflichen Standpunkt ein ausgezeichneter Schutzengel sein, aber privat hat er einen Sack voll Fehlern. Er ist neugierig; ich brauche nur den Kopf plötzlich zu wenden, wenn ich einen Brief schreibe, um Giacinto dabei zu überraschen, daß er, über meine Schultern gebeugt, die Worte zu lesen versucht, die aus meiner Feder kommen.

Er ist auch eitel und vergnügungssüchtig.

Wenn ich bisher nicht von Giacinto (mein Schutzengel behauptet, so zu heißen) gesprochen habe, geschah es aus Zartgefühl, aus Rücksicht auf die verdienstvolle Gilde der Schutzengel im allgemeinen.

Doch nun hat es Giacinto zu arg getrieben, und eine weitere Zurückhaltung meinerseits könnte als Schwäche ausgelegt werden.

Giacinto, sagte ich, hat einen Sack voller Fehler. Er ist neugierig, eitel und vergnügungssüchtig.

Als ich mich einmal unversehens umdrehte, während ich auf die Tasten meiner Schreibmaschine klopfte, bemerkte ich in meinem Rücken einen unbekannten Engel. Giacinto war in eigenen Angelegenheiten außer Haus gegangen und hatte zum Schutzengel der Hausbesorgerin gesagt: »Schau auf meinen auch ein bißchen, ich komme gleich wieder.«

Und ich halte ganz und gar nichts davon, vom Schutzengel der Hausbesorgerin beschirmt zu werden.

War das nicht rücksichtslos von Giacinto?

Giacinto ist auch streitsüchtig; ich habe ihn dabei überrascht, wie er mit dem Schutzengel meines Chefs gestritten hat. Und so etwas kann ich nicht zulassen. Giacinto darf nicht verraten, was ich über den Chef denke, wenn der Chef mich schlecht behandelt.

Außerdem ist er frech. Einmal habe ich ihm eine feierliche Strafpredigt gehalten und habe ihm klar und rundheraus gesagt, wenn er sich nicht zusammennehme, würde ich ihn entlassen und einen anderen Schutzengel engagieren.

»Das wäre ganz etwas Neues«, antwortete Giacinto lächelnd. »Da wollen wir uns erkundigen, was die Gewerkschaft über die Angelegenheit denkt.«

Das sind keine Antworten für einen Schutzengel!

Daß Giacinto ein Schlingel ist, finde nicht nur ich; Camillo und Roberto haben dasselbe behauptet. Und bei ihnen handelt es sich um zwei hochachtbare Schutzengel.

Eines Nachts wachte ich mit einem Ruck auf. Irgendwer raschelte neben mir.

Ich blinzelte. Und im schwachen Schimmer des Nachtlichtes sah ich am Fußende des Bettes drei Herren in langem weißem Hemd: Giacinto mit Camillo, dem Schutzengel der süßen Frau meines vierten Stocks, und Roberto, dem Schutzengel unseres rosa Sprößlings. Sie schwatzten, und Giacinto führte natürlich das große Wort. So erfuhr ich etwas Neues: Wenn ein Schutzbefohlener stirbt, wechselt der Schutzengel den Herrn so wie ein Chauffeur. Denn Giacinto sagte: »Mein letzter war viel besser als dieser; ein ernster Bursche, ein Notar. Noch nie ist mir einer untergekommen, der für die Zeitungen schmiert. Das ist wenig ehrenvoll für mich, der schließlich von 1805 bis 1885 bei Victor Hugo angestellt war.«

»Du hast also auch im Ausland gearbeitet?« fragte Camillo.

»Ja«, erklärte Giacinto. »Ich kann Französisch, Spanisch und Rumänisch perfekt.«

Der Engel meines Kindes schüttelte den Kopf. »Du kannst sicher sein, daß mein Kleiner nicht den Beruf seines Vaters ausüben wird!«

»Und was wirst du ihn werden lassen?« erkundigte sich der Engel meiner Gefährtin, neugierig wie seine Schutzbefohlenen.

»Ich weiß nicht«, antwortete der Engel meines Kindes. »Aber ehe ich ihn für Zeitungen arbeiten lasse, mach' ich einen Drechsler aus ihm.«

Giacinto begann zu lachen. »Wenn er so ein Starrkopf ist wie sei Vater, dann wird er für die Zeitungen schmieren, das garantiere ich dir. Ich wollte aus ihm einen Schiffsingenieur machen, und schau, was dabei herausgekommen ist.«

»Und seine Mutter, was ist das für eine Type? Macht sie dir viel Scherereien?« fragte der Engel meines Kindes.

»Gott behüte! Wenn man für Lukrezia Borgia, Katharina von Medici und Mathilde von Canossa gearbeitet hat, wie ich was gibt's da für Scherereien bei einer solchen Person? Der einzige Jammer ist, daß sie sich vor den Alarmen fürchtet, und ich sage dir, ich muß höllisch dazuschauen, daß sie nicht mit dem Kopf gegen die Mauer rennt oder die Treppe hinunterfällt, wenn sie in den Keller geht.«

»Ich gehe nie in den Keller«, sagte Giacinto unverschämt. »Ich bleibe lieber im Bett.«

»Du solltest deinen Beruf ein wenig ernster nehmen! Wenn ihm dann ein Unglück zustößt, bin ich der Leidtragende!« rief der Engel meiner Gefährtin höchst verärgert.

»Und ich bin sogar bereit, dir den Hals umzudrehen, wenn du diese Leichtsinnigkeiten nicht einstellst!« fügte der Engel meines Kindes hinzu.

Giacinto begann zu brummen: »Auch schon was, zwei gegen einen!«

»Bildet sich eine Menge ein, weil er im Ausland gearbeitet hat!« schrie der Engel meiner Gattin drohend. »Ich habe für Mathilde von Canossa gearbeitet, und wenn ich hinuntergehe, kannst auch du hinuntergehen, denn eine einzige Mathilde von Canossa steckt fünfzehn von deinen Victor Hugos in den Sack!«

Giacinto senkte den Kopf und setzte sich schmollend auf den Schrank. Der Engel meines Kindes ging hinaus; einen Augenblick später kam er zurück. »Heute nacht kommen sie nicht mehr.«

»Schade!« seufzte Giacinto, aber da packte ihn Camillo am Hemdkragen. »Du bist ein widerlicher Bursche!« rief er.

»Du bist schlechter als ein Mensch!« fügte Roberto hinzu.

Es ist also nicht nur mein persönlicher Eindruck, daß Giacinto ein Schlingel ist. Tüchtig muß er ja sein, denn Leute wie Victor Hugo vertraut man nicht dem ersten besten an. Doch das ändert die Lage nicht.

Der Jammer ist aber vor allem, daß er Camillo und Roberto, diese ausgezeichneten Schutzengel, zu verderben trachtet. Und das darf nicht geschehen.

Es ist noch nicht lange her. Ich wollte im besten Lehnstuhl des Hauses einen Augenblick ausruhen, um Radio zu hören.

Die süße Frau, die durch ein kühnes Manöver aus einem Jüngling einen lebenslänglich Gebundenen gemacht hat, war zusammen mit ihrem schreienden Nachwuchs zu Bett gegangen.

Ich war allein, dem Radio entströmten schmachtende Weisen, und der Lehnstuhl war, wenn ihm auch nichts entströmte, bequem.

Es war also meine Pflicht als Bürger und Kunde, mit einem holden Lächeln auf den Lippen und der brennenden Zigarette zwischen Mittel- und Zeigefinger der linken Hand einzuschlafen, indem ich es so einrichtete, daß die Glut, wenn sie mit meinem linken Hosenbein in Berührung kam, langsam, aber sicher in besagtem Kleidungsstück ein Loch von beachtlichem Durchmesser erzeugen konnte. Nachdem die hierzu nötige Zeit vergangen war und die Glut in direkte Berührung mit der Oberfläche meines Oberschenkels kam, erwachte ich. Dem Radio entströmten eigenartige Geräusche.

Und das war auch nicht weiter verwunderlich, denn an den Knöpfen des Apparats hantierten zwei sonderbare Burschen mit weißem Hemd und blauen Flügeln. Ich erkannte sie auch sofort, obwohl ich nur ihre Schultern sah; der eine war Giacinto, mein Schutzengel, und der andere war Camillo, der Schutzengel Margheritas.

Was hatten die beiden Schutzengel wohl mit meinem alten Fünfröhren-Empfänger im Sinn?

Ganz einfach: Sie suchten Radio London.

Ich stieß einen Schrei aus, und die beiden Schutzengel drehten sich mit einem Ruck herum.

»Wollt ihr mich kompromittieren?« sagte ich streng.

Camillo senkte verlegen das Haupt, Giacinto hingegen fing schlecht gelaunt zu brummen an.

»Es wird so weit kommen, daß ich mir einen anderen Schutzengel suche!« rief ich; und Giacinto grinste spöttisch. Der Unverschämte nützt es aus, daß man heutzutage kaum unbeschäftigte Schutzengel findet. Aber ich bin zu allem entschlossen und teilte ihm das mit: »Da gibt es nichts zu brummen, mein Lieber; ich komme auch sehr gut ohne Schutzengel aus.«

Giacinto zuckte die Flügel, dabei lächelte er ironisch, und das ärgerte mich.

»Ich habe mich immer allein zurechtgefunden!« rief ich und stemmte die Hände in die Hüften.

»Als Sie zwei Jahre alt waren – wenn ich da nicht gewesen wäre, wären Sie in die Grube im Garten gefallen«, antwortete Giacinto frech. »Ich habe nie ein unvernünftigeres zweijähriges Kind gesehen.«

Ich hielt ihm verdrießlich entgegen, es sei leicht, sich einem zweijährigen Kind überlegen zu fühlen.

»Na schön«, sagte Giacinto. »Wie alt waren Sie im Jahre 1937? Vierunddreißig Jahre, wenn ich nicht irre!«

Das gab ich zu.

»Und am 5. August 1937, um 5 Uhr 30 früh, wer hat da auf Sie achtgegeben, als Sie am Volant Ihres Autos eingeschlafen waren und drauf und dran waren, im Kanal von Pavia zu versinken?«

»Und wer hat es zugelassen, daß ich einschlief?« replizierte ich. »Wer hat denn, statt mich nach einer arbeitsreichen Nacht...«

»Nach einer Nacht mit Tanz im Freien und Spirituosen«, unterbrach Giacinto.

»Wer hat denn, statt mich zu behüten, auf dem Rücksitz des Autos friedlich geschlummert? Ich habe nicht umsonst einen Rückspiegel und zwei Augen, werter junger Mann! Ich habe Sie gesehen, Herr Giacinto!«

»Ich kenne das Reglement! Der Schutzengel darf nicht vorgreifen, er darf nur im Ernstfall einschreiten. Artikel drei, zweiter Absatz.«

»Ach! Und warum bist du nicht im Ernstfall eingeschritten, als ich im Begriff war, mich zu verheiraten, sondern hast mich in den Ehestand eingehen lassen?«

Nun trat aber Camillo, Margheritas Schutzengel, aus seiner Reserve hervor und erklärte kategorisch. »Meine Schutzbefohlene stellt doch keine Gefahr dar, geehrter Herr! Ebensogut könnte sie mir vorwerfen, daß ich sie nicht energisch vor Ihnen bewahrt habe!«

Ich wollte ihm schon antworten, daß ich seine Schutzbefohlene besser kenne als er, doch plötzlich hörte man aus dem Schlafzimmer einen Plumps und einen Schrei.

»Das Kind!« rief ich.

»Nein«, erklärte Giacinto, der schnell wie der Blitz gegangen und wiedergekommen war, »die süße Frau Ihres vierten Stocks, wie Sie sie nennen, ist aus dem Bett gefallen.«

Camillo brummte, daß man die Person nicht einen Augenblick allein lassen könne, ohne daß sie etwas anstellt, und entfernte sich.

Aber wenn ich Giacinto vorgeworfen habe, daß er mich nicht vor Margherita bewahrt hat, war es sehr dumm von mir. Margherita, das süße Geschöpf, das der Himmel mit vollen Händen auf meinen Weg gestreut hat, hat niemals eine Gefahr für mich gebildet.

Und nur um Giacinto eine Anklage ins Gesicht zu schleudern, habe ich abscheulich gelogen.

Das rechtfertigt jedoch nicht die Reaktion Camillos. Camillo fand ja geradezu, daß ich eine Gefahr für Margherita bilde. Das ist respektlos, das ist unverschämt! Nicht genug damit: Camillo, bis vor kurzem ein gewissenhafter, pünktlicher, pedantischer Schutzengel, dieser Camillo läßt Margherita nicht nur unbehütet, sondern äußert sich auch noch wenig rücksichtsvoll über sie.

Es ist Giacinto gelungen, auch noch Camillo zu verderben. Dann wird die Reihe an Roberto kommen. Und das wäre der Gipfel! Ich kann zulassen, daß Giacinto sich nicht um mich kümmert, ich kann zulassen, daß Camillo sich nicht um Margherita kümmert, aber ich könnte niemals zulassen, daß Roberto sich nicht um mein Kind kümmert.

Das Maß ist voll. Es muß etwas geschehen: »Vierunddreißigjähriger Berufstätiger, gute Erscheinung, moralisch, mit Familie, einzigem Sohn, Radio, warmem Bad, sucht seriösen, fleißigen zärtlichen Schutzengel. Nur mit Namensangabe und detaillierter Angabe der früheren Dienstplätze . . .«

Vierundzwanzig Stunden später bekam ich schon zwei Offerten, die erste von einem gewissen Gerolamo, der von 1835 bis 1910 bei Mark Twain gearbeitet hat und seither stellungslos sei, die zweite von einem gewissen Giuseppe, der immer bei Beamten und Handwerkern tätig war.

Wenn ich keinen weiteren mehr bekomme, werde ich Giuseppe engagieren; er dürfte gut zu mir passen. Von alldem darf Margherita jedoch nichts wissen.

Margherita darf nur Dinge wissen, die sie lächeln machen, während ihre großen schwarzen Augen sagen: »Giovannino, Giovannino . . .«

Krieg ist Krieg!

Ich war ins Theater gegangen. Als ich herauskam, hatte sich der dichteste Nebel, den der liebe Gott geschaffen hat, um die moderne Architektur vor den Augen der Sterblichen zu verbergen, herniedergesenkt und die Luftschutzfinsternis undurchdringlich gemacht.

Es gelang mir, mich in ein Taxi zu schwingen; ich teilte dem Chauffeur den Namen meiner Straße und meine Hausnummer mit.

Dann begann ich, mich zu wundern.

Wenn es in dieser ungewöhnlichen Stadt Nebel gibt, dann ist das ein richtiger Nebel; die Fahrzeuge würden einen Schneepflug brauchen, um ihn zu zerteilen. Kommt dazu noch absolute Finsternis, muß man die Sicherheit bewundern, mit der ein Autofahrer durch die völlig unsichtbaren Straßen steuert.

»Ihr seid ja keine Menschen mehr, sondern Phänomene«, bemerkte ich nach einiger Zeit voll Bewunderung.

»Ach, das ist nichts Besonderes«, antwortete der Chauffeur schlicht. »Es ist einfach unsere unerhörte Vertrautheit mit den Straßen! Wundern Sie sich denn über eine Stenotypistin, die mit geschlossenen Augen einen Brief auf der Maschine schreibt?«

»Nein«, gab ich zu, »aber zwischen einer Schreibmaschine und einem Auto besteht doch ein gewisser Unterschied.«

»Wieso?« fragte der Chauffeur. »Wenn die Schreibmaschine vier Räder und statt der Tasten einen Volant hätte, was wäre dann noch für ein Unterschied gegenüber einem Auto?«

Ich gab zu, daß seine Überlegung von einzigartiger Logik sei, aber ich konnte mich nicht enthalten, meiner Verwunderung weiterhin Ausdruck zu geben. »Wir kennen Mailand, wie Sie Ihre Taschen kennen«, schloß der Chauffeur. »Braucht Ihre Hand denn eine Beleuchtung, um irgend etwas in Ihrer Tasche zu finden? Setzen Sie an die Stelle der Hand den Chauffeur, an die Stelle der Tasche Mailand und an die Stelle der Gegenstände in Ihrer Tasche Straßen, Gassen und Plätze, und Sie werden sehen: Es ist kein Unterschied! – Wir sind da, mein Herr!«

Ich stieg aus, zahlte und gab ihm ein fürstliches Trinkgeld.

Das Auto tauchte wieder in den Nebel, ich aber begab mich zur Haustür und steckte den Schlüssel ins Schloß. Kurz darauf setzte ich mich auf die Stufen vor einem Laden, schlug den Mantelkragen hoch und wartete auf das Tageslicht.

Denn wenn man im Zentrum wohnt und sich mitten in der Nacht bei der Porta Ticinese befindet, wo kein Taxi vorüberkommt, auch wenn man eine Lira pro Zentimeter bezahlen wollte, dann ist es vollkommen sinnlos, sich gegen das Schicksal aufzulehnen.

Es war ein glühendheißer Sommertag. Ich sehnte mich nur nach einem: meinen Körper in kaltes Wasser zu tauchen und den ursprünglichen Glanz seiner Formen wieder ans Tageslicht zu bringen. Ich trat ins Badezimmer und fand die Wanne bis zum Rand mit grauem Schlamm angefüllt.

»Ich habe dir schon hundertmal gesagt«, rief ich der ausgezeichneten Gefährtin meiner nächtlichen Alarme zu, »daß Albertino in fließendem Wasser und nicht im Bad gewaschen werden soll!«

»Albertino hat damit nichts zu tun«, antwortete die hervorragende Person. »Das ist eingeweichtes Papier. Man muß das Brennmaterial durch Papier strecken.«

»Und wo soll man baden?« erkundigte ich mich.

»Der Brennstoff ist rationiert, die Bäder nicht. Zusätzlichen Brennstoff findest du nirgends, Bäder findest du, wo du willst. Sei vernünftig, Giovannino, und wasche dich im Waschtrog.«

Tags darauf war auch im Trog grauer Brei, und ich hatte mich mit einer Waschschüssel zu behelfen.

Doch auch die Waschschüssel war bald voll Brei, und ich mußte ein Hotel aufsuchen, um zu baden.

Aber das war das wenigste. Als ich eines Tages von der Arbeit heimkam, fand ich die Balkontür geschlossen, und da es schrecklich heiß war, beeilte ich mich, sie zu öffnen. Eine Sekunde später kollerten Hunderte Papierkugeln in mein Arbeitszimmer.

»Wenn ich arbeite und du alles zerstörst, dann ist es vollkommen überflüssig«, bemerkte betrübt die treffliche Frau, die mich zum Vater gemacht hatte. »Die Balkontüren müssen geschlossen bleiben, weil der Balkon bis oben mit Papierkugeln angefüllt ist. Ich kann sie doch nicht auf dem Dachboden lagern, das ist verboten.«

Die verdammten Papierkugeln wurden immer zahlreicher, sehr bald war der Fußboden unter allen Möbelstücken mit ihnen belegt, hierauf begann sie, die oberen Flächen der hierzu geeigneten Möbel zu okkupiern. Mein trautes Heim wurde eine Art »verwunschenes Schloß«, man mußte beim Gehen achtgeben, daß man den Fußboden nicht erschütterte. Ich, der ich so viele Dinge in meinem engen Hirn zu behalten habe, dachte oft nicht daran, und da kamen sogleich die Kugeln herbei und erfüllten das Zimmer. Getrocknet und steinhart, rollten sie bis in die unmittelbare Nähe von Giovanninos Füßen.

Giovannino hat nicht gelernt, auf Kugeln zu gehen, und liegt schließlich dahingestreckt auf dem Boden. Giovannino ist gefühlvoll und diszipliniert, aber er ist dick, und der Aufprall auf den Fußboden verursacht einen neuerlichen Kugelregen auf Giovanninos Kopf. Einige Kugeln sind noch frisch und drücken sich auf der Stirn des Unglücklichen platt; und Giovannino, ein impulsiver Mensch, ärgert sich. Er springt wütend auf, und nach einem Schritt fliegt er wieder aufs Gesicht, während neuerliche Kugeln sich über seinen Kopf ergießen.

Giovannino ist außer sich. Er will einen Besen holen und das ganze Zeug hinwegfegen. Giovannino gelangt mit einem gewaltigen Sprung an die Tür der Rumpelkammer, öffnete sie . . . und sitzt auf dem Boden, bis zum Hals in Papierkugeln versinkend.

Die süße Frau blickt ihn tränenerfüllten Auges an.

»Ich hab' mich so abgemüht, Giovannino, um die Rumpelkammer mit Kugeln anzufüllen. Zwei Stunden habe ich gebraucht, bis eine schön ruhig auf der anderen lag; tausendsechshundert waren es, und nun kann ich ganz von vorne anfangen.«

Giovannino hat im Zusammenhang mit alkoholischen Getränken

schon eine Menge Unannehmlichkeiten gehabt und hält sich drum mit äußerster Sorgfalt von diesen Getränken fern; aber diesmal vergißt er alles: »Kognak!« schreit Giovannino und öffnet die Hausbar. Eine neue Lawine von Papierkugeln stürzt über ihn.

»Nieder mit der Familie!« brüllt Giovannino, reißt die Wohnungstür auf und geht fort. Aber nun sind die Papierkugeln anhänglich geworden; sie haben erfaßt, daß Giovannino im Grunde ein guter Mensch, daß sein Herz so zart wie das einer Libelle und so liebenswürdig wie das eines Schmetterlings ist. Giovannino ist noch keine Treppe hinuntergestiegen, als auch schon die tausendsechshundert Papierkugeln, die sich ins Vorzimmer ergossen hatten, ihn lustig herunterspringend einholen, wobei die alleranhänglichsten unter seine Füße rollen. Giovannino vollführt einen raschen Sprung, fällt lang hingestreckt auf den Treppenabsatz und versperrt so mit seinem Körper die Treppe. Hundert und aber hundert Kugeln kollern übereinander und versammeln sich an dem unerwarteten Hindernis; solange Giovannino ausgestreckt liegenbleibt, bleiben auch die Papierkugeln ruhig, aber wenn Giovannino sich erhebt, werden sie ihre Flucht über die Stufen wiederaufnehmen.

Man muß also ganz ruhig bleiben, bis die süße Frau alle Ausreißer wieder in die Wohnung gebracht hat. Dann erst kann Giovannino seinen Gang wiederaufnehmen und das Erdgeschoß erreichen.

Doch über dem väterlichen Haupt wacht hinterhältig der Artillerist Albertino; und die härteste der Papierkugeln schlägt nach einem Flug über vier Stockwerke hart auf Giovanninos Kopf ein.

Das ist eine trübe Geschichte, und ich könnte noch weitere schauderhafte Episoden erzählen. Aber ich will nicht einmal daran denken, daß ich eines Tages in aller Eile nach Bologna fahren mußte, meine Reisetasche ergriff, die immer mit allen nötigen Utensilien vollgepackt bereitsteht, und daß ich, in der fernen und bedeutenden Stadt angekommen, die Tasche öffnete und nur Papierkugeln sah. Ich erwähne lediglich, daß ich die zweiundvierzig Jahrgänge des »Corriere della Sera« vergeblich suchte, die ich in einer großen Kiste eifersüchtig hütete, um sie einmal binden zu lassen und mir dadurch eine Bibliothek zu schaffen, die meine Bildung heben und meinen künstlerischen Geschmack läutern sollte. Da wurde ich tieftraurig; wozu war die jahrzehntelange Arbeit der trefflichen Redaktion gut gewesen, wenn von ihr nichts übrigblieb als ein paar hundert Papierkugeln? Ich mußte darauf verzichten, mir Bildung anzueignen und meinen künstlerischen Geschmack zu läutern.

Dann verzichtete ich auch auf mein Arbeitszimmer, weil sich die Papierkugeln wie Heuschrecken überall angehäuft hatten, wo immer sie eine ebene Fläche vorfanden, und zog mich in die Küche zurück. Aber jetzt habe ich die Geduld verloren. Denn heute habe ich wirklich und wahrhaftig drei Bankanweisungen nicht wiedergefunden. »Ich bin nicht sehr gebildet«, antwortete unwillig die ausgezeichnete Frau, die mich zum Gatten gemacht hatte, auf meine Bitte um Aufkärung, »aber ich bin immerhin noch imstande, eine Bankanweisung von gewöhnlichen Papierfetzen zu unterscheiden.«

Ich tauchte in die Papierkugeln hinein und bemerkte etwas Schreckliches. Ein gewisser Prozentsatz war entschieden von geringerem Kaliber als die anderen. Es waren genau siebenundneunzig. Ich habe sie alle mit zitternden Händen aufgemacht. Und ich fand Stücke von Bankanweisungen, Banknoten, Lebensmittelkarten, Fotografien, Empfangsscheinen, Briefmarken.

Ich ging auf die Suche nach Albertino und entdeckte ihn im Badezimmer, vor dem kleinen Emailgefäß kniend, das er gewöhnlich für andere Zwecke verwendet. Das Gefäß war voll Wasser, und im Wasser waren meine Visitenkarten und ein kleines Sparkassenbüchlein eingeweicht.

»Armes, liebes Engelchen!« rief bewegt die grausame Herstellerin des kleinen Gesellen. »Auch er fabriziert Papierkügelchen, damit's sein lieber Papa diesen Winter schön warm hat!«

Aber sein Papa hatte es auch jetzt schon ganz schön warm. Das sagte ich ihr laut, und die Bewohner der umliegenden Häuser zeigten sich an den Fenstern und fragten, wen man da im vierten Stock des Achtzehnerhauses umbringe.

»Nimm dir ein Beispiel an deinem Sohn«, sagte mir die ausgezeichnete Dame streng. »Statt zu schreien, solltest du auch einige Papierkugeln machen.«

Ich dachte, ich würde nur eine Papierkugel gern machen – aus meinem Geburtsschein. Aber wozu einen Schein vernichten? Was geschehen ist, ist geschehen, armer Giovannino!

P. S. – Ich bitte um Entschuldigung, wenn allerlei in diesem Bericht nicht recht verständlich ist. Ich hatte ihn in ordentlicher Maschinenschrift geschrieben, aber auch ein gutes Manuskript kann, wenn es in Wasser eingewicht und dann zu einer Kugel geformt wird, selbst wenn man es nachher mit Sorgfalt wieder auseinanderfaltet und bügelt, seine ursprüngliche Frische nicht bewahren.

Ich hatte mich entschlossen, den Nachmittag meiner persönlichen Erholung zu widmen. Kaum hatte sie gesehen, wie ich mir's in meinem Lieblingslehnstuhl ordentlich bequem machte, teilte mir daher die ausgezeichnete Verwalterin meiner familiären Unannehmlichkeiten unumstößlich mit: »Man muß noch heute die Kartoffelration abholen; damit müßtest du dich befassen, Giovannino, denn ich kann mich nicht aus dem Hause rühren.«

Ich gehe die Kartoffeln holen.

Der Gemüsehändler betrachtet aufmerksam die Lebensmittelkarten, dann fragt er: »Haben Sie einen Sack mit?«

Giovannino ist mit leeren Händen aus dem Haus gegangen und bittet den Händler, ihm die Kartoffeln in eine Zeitung einzuschlagen.

Der Grünwarenverteiler schaut Giovannino entgeistert an, dann läßt er seinen Gefühlen freien Lauf: »Meiner Meinung nach haben Sie eine unklare Vorstellung vom Fassungsvermögen einer Zeitung. Außer Sie verwechseln Zeitungen mit Leintüchern. Sonst wäre es unerklärlich, wie Sie verlangen können, daß eine Zeitung vierundzwanzig Kilogramm Kartoffeln faßt.«

»Vierundzwanzig?« wundert sich Giovannino.

»Drei Karten, acht Kilo pro Karte, dreimal acht – vierundzwanzig«, erklärt der tüchtige Gemüsehändler.

Erst jetzt erinnert sich Giovannino der Sonderzuteilung von Kartoffeln und sucht nach einem Ausweg. Er wird nach Hause gehen, einen Sack holen und schnell zurückkommen. Aber der Gemüsehändler ist nicht einverstanden.

»In fünf Minuten schließe ich; und wenn einmal zu ist, öffne ich für keinen mehr. Entweder Sie nehmen Ihre Kartoffeln jetzt mit, oder sie bekommen sie nie, denn heute abend ist der letzte Termin.«

Der Gemüsehändler ist der Familie Giovanninos nicht sehr freundlich gesinnt; bei einer unglückseligen Gelegenheit hat ihn nämlich die herzhafte Gefährtin Giovanninos eine »schimmlige Melone« genannt. Giovannino überlegt, daß vierundzwanzig Kilogramm Kartoffeln ein außerordentlich wertvolles Objekt darstellen, und knirscht mit den Zähnen; er wird sie sich nicht entgehen lassen!

»Wiegen Sie mir die Kartoffeln«, befiehlt er. Dann entledigt er sich seines Mantels und breitet ihn auf dem Boden aus. Er stellt dabei folgende sehr richtige Überlegung an: Wenn ein Mantel bequem fünfundsechzig Kilo Giovannino fassen kann, warum solte er nicht vierundzwanzig Kilo Kartoffeln fassen können? Die Kunden begleiten Giovanninos Entschluß mit freundlichen Kommentaren und beobachten mit Interesse, wie sich die Kartoffeln auf seinem Mantel häufen.

Der Grünwarendiktator ist geschlagen. Ich muß nur noch die Enden meines Kleidungsstückes aufnehmen, den eigenartigen Sack über die Schultern werfen und stolz einherschreiten.

»Und das Geld?« fragte der Gemüsehändler.

Ich suche gar nicht erst in den Hosen- und Jackentaschen. Ich weiß sehr gut, daß ich die Brieftasche nach dem Herausnehmen der Lebensmittelkarten in den Mantel gesteckt habe.

Ich lege das Bündel wieder auf die Erde, suche zwischen den Kartoffeln die Brieftasche und finde sie sogleich. Aber ich kann es nicht verhindern, daß ich mich ärgere.

Unter tausend Kartoffeln haben neunhundertneunundneunzig die typische Form der Kartoffel: Sie sind voller Höcker und infolgedessen unfähing, zu rollen wie zum Beispiel Orangen. Unter tausend Kartoffeln kann gewöhnlich eine einzige rollen, ausnahmsweise zwei, in ans Wunderbare grenzenden Fällen drei. Diesmal jedoch ist das Verhältnis umgekehrt: von den vierundzwanzig Kilogramm hat eine einzige die ehrliche Form der Kartoffel; die anderen scheinen Billardkugeln zu sein.

Überdies bemerke ich, daß es sich um schurkische Kartoffeln handelt. Es gelingt mir, sie einzusammeln, aber fünf Minuten vergehen, der Gemüsehändeler gestattet keinen Aufschub und läßt seinen Rolladen herunter, so daß ich mich beim Hinausgehen bis zur Erde bücken muß, ohne freilich dadurch vermeiden zu können, daß ein Zipfel des Bündels hängenbleibt und sich dem festen Griff meiner Finger entzieht.

Um der Wahrheit die Ehre zu geben: Nicht mehr als zehn Kartoffeln machen sich den Zwischenfall zunutze und erreichen den Gehsteig. Erst als ich mich bücke, um sie einzuholen, flüchten weiter fünfzig über meinen Kopf davon und vereinigen sich mit den Ausreißern. In solchen Fällen darf man sich nie auf halbe Maßnahmen verlegen; man muß ganz von vorne beginnen. Ich lege daher den Mantel wieder auf den Boden und mache mich an die Unterwerfung der aufrührerischen Kartoffeln. Ich lese eine Handvoll nach der anderen auf und lasse sie durch die Kragenöffnung zwischen Leibchen und Hemd gleiten. Ich bin überzeugt davon, daß der ästhetische Anblick meines Körpers dadurch beträchtlich gestört wird, aber ich bin ebenso überzeugt davon, daß sich die siebzig Kartoffeln meiner Aussicht nicht mehr entziehen können, wenn ich den Hosenriemen ganz eng schnalle.

An dieser Stelle will ich nicht von den Hunden sprechen. Von den

Hunden soll man nur heiteren Sinnes sprechen, und ich bin unfähig, die Hunde objektiv zu betrachten. Denn der Verbrecher, der sich meine Ablenkung zunutze machte und die auf meinem Mantel vereinten Kartoffeln zerstreute, war ein Hund. Erst mit der siebenten Kartoffel kann ich ihn treffen, und da steht auch schon jemand neben mir, der meine Handlungsweise verwerflich findet: »Man muß heutzutage schon ein Krimineller sein, um Kartoffeln hinter Hunden herzuschmeißen.«

Nun wird es dunkel, und mein trautes Heim ist noch weit. Ich bekomme eilends die flüchtigen Knollen wieder zu fassen, schwinge mein Bündel wieder auf den Rücken und schreite rüstig fürbaß. Aber ich komme nicht weit. »Ich weiß nicht, was für einen Geschmack man daran finden kann, Kartoffeln auf die Gehsteige zu säen«, bemerkt jemand hinter mir. »Es ist kein sehr geeigneter Boden für eine gute Ernte.«

Ich bemerkte, daß ich unbesonnen gehandelt hatte; vor allem hätte ich die Ärmel meines Mantels zubinden müssen. Abgesehen von allem anderen hätte ich dadurch das dumme Wortspiel von »Kartoffeln, die man aus den Ärmel schüttelt« vermieden.

Natürlich kann ich nicht mehr alle Knollen zurückgewinnen; sonst müßte ich mit bewaffneter Hand die Taschen von mindestens zehn Mitbürgern und Mitbürgerinnen durchsuchen. Ich verzichte darauf und setze meinen Weg fort.

Ich begann daran zu zweifeln, daß ich aus eigener Kraft je wieder zu meinem Albertino und seiner liebenswürigen Herstellerin gelangen kann. Und da es leichter ist, eine Kartoffel zu erwischen als ein Taxi, beschließe ich, die Straßenbahn zu besteigen.

Ich bin ein recht unbequemer Fahrgast mit meinem Bündel auf dem Rücken und dem kartoffelgeschwellten Hemd, aber die Leute verstehen und verzeihen.

»Er ist ein Vater, der sich aufopfert und der sich den Mantel vom Mund abspart, um seinem Söhnchen Kartoffeln geben zu können«, erklärt ein Herr seinem Knaben. Mein Herz ist voll Stolz, aber in der Straßenbahn sind die Halteriemen sehr hoch oben!

Als ich bei einem plötzlichen Ruck des Wagens instinktiv die freie Hand nach einem Halteriemen ausstrecke, schlüpft mir das Hemd, da infolge der ungewohnten Belastung ohnehin schon nicht mehr ganz fest sitzt, aus der Hose, und die Kartoffeln prasseln zu Boden. Ich drehe mich nicht einmal um. Ich überlasse sie ihrem Schicksal. Denn das Gros der Kartoffeln ist ja in dem Bündel auf meinen Schultern ohnehin in Sicherheit.

Auf dem Maria-Adelaide-Platz steige ich, so Gott will, aus. Als letzter, weil so viele Leute da sind; aber es gelingt mir.

Hier müßte ich von den automatischen Türen der mailändischen Straßenbahnen sprechen. Ich werde es nicht tun. Giovannino spricht nie ein häßliches Wort aus, er denkt es sich nur.

Und dann ist es ja niemandes Schuld. Als der Fahrer sieht, daß Giovannino unten ist, schließt er. Er kann sich ja nicht vorstellen, daß es da unmittelbar hinter Giovannino noch ein kartoffelgefülltes Bündel gibt. So bleibt das Bündel in der Falle, Giovannino, der seinen Mantel zärtlich liebt, zieht ihn verzweifelt an sich, und der Mantel kommt heraus, aber die Kartoffeln bleiben im Innern des Wagens.

Das wäre alles. Als mich die ausgezeichnete Frau, die mich schon als Knaben gekannt hatte, heimkommen sah, fragte sie mich: »Und die Kartoffeln?«

Während des ganzen Weges von der Haltestelle bis zum Hause hatte ich zärtlich die einzige Kartoffel gestreichelt, die mir in der Manteltasche verblieben war. »Da sind sie!« antwortete ich mit feinster Ironie, indem ich die Kartoffel aus der Tasche zog und ihr hinhielt.

»Hotto!« rief Albertino fröhlich aus.

Tatsächlich scheine ich auf der Straße nicht nur Kartoffeln aufgelesen zu haben, denn Albertino hatte recht. Es handelte sich wirklich um etwas, das mit Pferden zusammenhing.

Die holdselige Gefährtin meiner Sonderzuteilungen sah mich schmerzlich lächelnd an, und ihre großen schwarzen Augen sagten: »Giovannino, Giovannino . . .!«

Über den Umgang mit Menschen

Gestern abend war ich mit meinem Freund Luigi im Kino. Nach der Vorstellung wollte mich Luigi, stets liebenswürdig, nach Hause begleiten. Unterwegs sprachen wir bittere Worte über Schauspieler, Regisseure, Drehbuchautoren und Kameramänner. Daraus ergab sich eine Diskussion, die uns, ohne daß wir es bemerkten, bis vor meine Haustüre brachte.

»Du machst dir keine Vorstellung, wie mich das ärgert, wenn ich eine Diskussion mitten drin abbrechen muß«, sagte mein Freund Luigi, indem er mich am Arm packte. »Begleite mich bis zu meinem Haus; so können wir weitersprechen.«

Es wäre unhöflich gewesen, nicht anzunehmen, und ich nahm an.

Aber, wie es die Diskussionen schon an sich haben: Sie fressen den Weg. So waren wir nach wenigen Minuten vor dem Haustor meines Freundes Luigi angekommen, ohne daß wir zu einem Schluß gekommen wären.

»Wenn ich zu keiner Lösung dieser Geschichte komme, kann ich heute nacht nicht schlafen!« rief ich höchst verärgert und packte meinen Freund Luigi am Arm. »Sei nett: Begleite mich bis zu meinem Haus, so können wir uns einigen und in Frieden schlafen.« Freund Luigi zeigte keine übermäßige Begeisterung, aber er mußte schließlich annehmen.

Doch es war eine verdammte Diskussion; als wir zu meiner Haustüre zurückgekommen waren, waren wir noch immer mittendrin. Luigi erklärte, indem er mich an den Schultern packte, er würde lieber darauf verzichten, zu Bett zu gehen, als die Sache im ungewissen lassen; wenn ich ein Freund sei, müßte ich ihn bis zu seinem Haus begleiten.

So begleitete ich meinen Freund Luigi zu seiner Behausung zurück. Aber die Sache ging noch weiter, bis mir Luigi, als wir zum dritten oder vierten Male vor seiner Haustür angelangt waren, mit einem flinken und unerwarteten Sprung entschlüpfte und mit dem Ruf im Hausflur verschwand: »Genug jetzt! Morgen muß ich früh aufstehen; ich geh' zu Bett.«

Ich kehrte also allein nach Hause zurück und war ziemlich verärgert, denn abgesehen davon, daß ich meine Meinung nicht durchgesetzt hatte, habe ich auch noch eine Stange Geld zugesetzt.

Ich habe nämlich zu erwähnen vergessen, daß wir im Taxi gefahren sind.

Und das zeigt, daß es jeder von zwei Freunden, die nachts in einem Taxi sitzen, mittels scharfsinniger Erörterungen darauf anlegt, als erster auszusteigten, so daß der andere das Vergnügen hat, die ganze Fahrt zu bezahlen.

Nach vielen Jahren habe ich meinen Freund Francesco wiedergesehen. Ich erinnere mich, daß ich die zweite Klasse des Lyzeums besuchte, als ich ihn kennenlernte. Er war in der dritten Klasse, und wir trafen uns jeden zweiten Tag im Ankleideraum zum Rauchen, wenn der Philosophieprofessor mich bat, die Klasse zu verlassen, damit die Lektion über Heraklit und Anaximenes ohne plötzliches Krachen von Knallerbsen oder Tintenfässern ablaufen konnte.

Francesco war aus analogen Gründen vom Mathematiklehrer zum Verlassen der Klasse überredet worden, und der glückliche Zufall fügte es, daß die Maßnahmen fast immer gleichzeitig erfolgten. Das ging so durch drei Jahre. Als ich mit List die Schwelle der dritten Lyzeumsklasse überschritt, wurde Francesco mein Klassenkamerad. Dies bedeutete, daß Francesco die dritte Klasse des Lyzeums zum drittenmal absolvierte.

Nach weiteren Jahren gelang es mir, indem ich Listen anwandte, die ich zu gegebener Zeit nur meinem Albertino enthüllen werdc, die Reifeprüfung zu bestchen. Ohne mich weiter um Francesco und all die anderen zu kümmern, begab ich mich in die Welt, um das Glück zu suchen.

Und heute habe ich Francesco wiedergesehen.

Er kam ohne vorherige Ankündigung in mein Haus geschneit, und ich habe ihn nicht gleich wiedererkannt. Das ist nicht zu verwundern, denn ein Mann von dreiunddreißig Jahren unterscheidet sich für gewöhnlich von einem achtzehnjährigen Jüngling. Vieles ändert sich in fünfzehn Jahren. Haare fallen aus, das Gewicht nimmt zu, manche Falte kräuselt leicht die Stirn, und der Schnurrbart wird beachtenswert.

Im ersten Moment habe ich Francesco nicht wiedererkannt. Aber als Francesco zum Zeichen der Begrüßung seinen Hut in die Luft warf und ihn nachher durch eine geschickte Bewegung mit dem Kopf wieder auffing, da stiegen die Erinnerungen stürmisch an die Oberfläche.

»Francesco!« rief ich aus.

»Giovannino! alter Seeräuber!« antwortete Francesco mit einem geräuschvollen Lachen und vesetzte mir einen kräftigen Schlag auf den Nacken. »Wie geht's?« Ich bat ihn, einzutreten; und Francesco wiederholte nach fünfzehn Jahren mit derselben Geschicklichkeit ein Kunststück, um das wir ihn damals beneidet hatten: Auf vier Meter Entfernung traf er mit seinem Hut, nachdem er ihn unter dem leicht angehobenen linken Bein durchgeschleudert hatte, genau den Kleiderhaken.

In meinem Arbeitszimmer-Salon-Wohnzimmer setzte sich Francesco mit seinen dreiunddreißig Jahren auf amerikanisch in den Lehnstuhl, den ich ihm hingeschoben hatte. Und das ist wunderbar und begeisternd; alle Leute sind imstande, sich in einen Lehnstuhl zu setzen, aber nur fünf von tausend treffen es auf amerikanisch. Um dies zu tun, muß man sich hinter den Lehnstuhl stellen, die linke Hand hinten am Nacken aufstützen, mit der rechten Hand den unteren Hosenrand ergreifen und mit einem einzigen Sprung aus dem Stand über die Rükkenlehne setzen, so daß man haargenau auf der gefederten Sitzfläche landet.

Als Francesco saß, begann er zu brüllen, ich sei noch dasselbe alte Schwein wie früher.

»Weine! Liköre! Hausmannskost!« schloß er und gab so mit unserer alten farbenreichen Ausdrucksweise sein Verlangen zu erkennen, sich die Lippen mit irgend etwas zugleich Erfrischendem und Alkoholischem zu netzen.

Die süße Frau, die geschwisterlich mit mir die Wohnung teilt, indem sie die Bezahlung der ganzen Miete mir überläßt, wurde von dem Lärm herbeigerufen und zeigte sich an der Tür.

Francesco zwinkerte mit den Augen, versetzte mir einen kräftigen Ellbogenhieb in die untere Magengegend und stieß ein langes Brummen aus.

»Mädchen, Mädchen, ha?« grinste er.

Ich sagte ihm, ich sei glücklich, ihm die Gefährtin meiner Tage vorstellen zu können; da sprang Francesco auf, wurde über und über rot und stammelte irgend etwas.

Allein geblieben, rückte Francesco ganz nahe an mich heran.

»Ist sie bös?« fragte er mich mit ganz leiser Stimme. Ich beruhigte ihn, und Francesco faßte wieder etwas Mut.

»Immer tüchtig, unser Francesco!« sagte ich. »Erinnerst du dich, wie wir uns im Ankleideraum trafen, weil man uns aus der Klasse gejagt hatte?«

»Ach . . .«, seufzte Francesco.

»Erinnerst du dich, armer Francesco, wie der Mathematikprofessor dich fragte: ›Wieviel ist zwei und drei?‹ Und was für Ängste bei der Prüfung! Es sah aus, als wäre es unmöglich, aus dieser verdammen Dritten herauszukommen . . . Und doch . . .«

»Wie bringst du dich durch?« fragte mich Francesco. »Arbeitest du noch immer für die Zeitung?«

»Ja, und ich habe schon Angst, daß ich es ohne dieses verdammte bedruckte Papier nicht mehr aushalten kann. Was waren das für tolle Zeiten, mein lieber Francesco! Vor fünfzehn Jahren! Weißt du, daß ich Jahre und Jahre immer wieder geträumt habe, daß ich bei der Reifeprüfung durchfalle? Erinnerst du dich an die letzten Schultage? Die Nächte über den Büchern, die wir oft noch nicht einmal aufgeschnitten hatten? Und doch ist schließlich alles gutgegangen; was uns wie eine Tragödie vorgekommen ist, hat sich in einen kleine Komödie verwandelt. Und die Dritte und die teuflische Prüfung sind zu einer fernen, verblaßten Erinnerung geworden, als wären statt der fünfzehn Jahre hundertfünfzig vergangen.«

Ich zündete mir eine Zigarette an, dann fragte ich ihn: »Und du, Francesco, was machst du jetzt?«

»Die Dritte«, antwortete Francesco gesenkten Hauptes. »Ich bereite mich jetzt ernstlich vor; diesmal muß es gehen!«

Ich ging hinaus, um meinen Kopf einen Augenblick unter den Kaltwasserhahn zu halten.

Heute, nach sechsundzwanzig Tagen, konnte ich in einem Augenblick der Ruhe feststellen, daß der Doktor recht hatte.

Das bedeutet, daß ich vor sechsundzwanzig Tagen gedacht hatte, ich müßte irgend etwas unternehmen, um den inneren Teil meiner Gesamtheit in Ordnung zu bringen. Ich hatte an die Tür eines Arztes geklopft und hatte das Glück, mich vor einer Person respektablen Alters und höchst würdevollen Aussehens zu befinden.

Der ausgezeichnete Gesundheitsfachmann schaute mich fragend an, und ich versuchte, ihm den Grund zu erklären, der mich bewogen habe, ihn um Rat zu bitten: »Gegen siebzehn Uhr beginnt jeden Tag ein Hammer im zentralen Teil meines Gehirns zu klopfen, und das dauert bis zum Abend.«

Die hervorragende Persönlichkeit runzelte die Brauen. »Ein Hammer in welchem Sinn?« fragte er mich.

»Von oben nach unten.«

Der Doktor schüttelte den Kopf.

»Wir verstehen einander nicht; ich wollte wissen, was Sie unter einem Hammer verstehen.«

Ich war erstaunt, daß ein Mensch von überdurchschnittlicher Kultur über ein so banales Ding wie einen Hammer Zweifel hegte; jedenfalls versuchte ich, mich ihm verständlich zu machen.

»Unter Hammer verstehe ich ein kleines Stahlstück in der Gestalt eines Parallelepipeds, das am Ende eines Stieles befestigt ist; wenn man es ergreift, kann man damit Schläge führen, um Nägel einzuschlagen oder ein Thermometer zu zertrümmern.«

Der würdige Wissenschaftler breitete die Arme aus.

»Mein Bester«, erklärte er mir mit einem leichten Ton von Ungeduld in der Stimme, »wir sprechen verschiedene Sprachen. Wollen Sie mir, bitte, in schlichten Worten sagen, was Sie haben!«

»Ich habe Kopfschmerzen!« antwortete ich. Und der hervorragende Vertreter seines Fachs versicherte mir, daß man nun endlich vernünftig sprechen könne. Er fragte mich, welcher Art der Schmerz sei, wann er auftrete und ob es sich um ein andauerndes oder intermittierendes

Übelbefinden handle. Schließlich rekapitulierte er: »Wenn ich Sie recht verstehe, bemerken Sie, in schlichten Worten ausgedrückt jeden Tag im zentralen Teil Ihres Gehirns etwas wie einen Hammer, der um siebzehn Uhr zu klopfen beginnt und bis zum Abend fortfährt. Das wollten Sie doch sagen?«

»Ja«, antwortete ich.

Der vortreffliche Mann fühlte mir den Puls, untersuchte mein Herz und meine Lunge, dann betrachtete er mich aufmerksam.

»Raucher?« fragte er.

»Nein«, antwortete ich.

»Wein?«

»Nein.«

»Alkoliker?«

»Nein.«

»Nie?« drang er mit höflicher, aber entschiedener Stimme in mich. Und ich wurde davon ein wenig verwirrt. Den Doktoren muß man die ganze Wahrheit sagen.

»Ja, sehen Sie«, gestand ich, »vergangenen Monat habe ich ein Glas Fernet getrunken.«

Der tüchtige Arzt fixierte mich noch genauer.

»Frauen?« fragte er.

»Gattin«, flüsterte ich errötend. Und diese Antwort bewirkte bei ihm eine Geste der Ungeduld.

»Ich habe gesagt: ›Frauen‹!« rief er aus.

»Eben! Meine Gattin ist eine Frau.«

Der hervorragende Arzt lachte, aber man merkte, daß er sich ärgerte.

»Wenn ich ›Frauen‹ sage, meine ich ›andere Frauen‹«, erklärte er schnaubend, »im Sinne von Amüsement.«

Ich errötete. »Ja, sehen Sie«, gestand ich, »um ganz aufrichtig zu sein, im Jahre 1932 ein gewisses blondes Mädchen.«

Der ausgezeichnete Mann unterbrach mich und setzte die Befragung fort.

»Bleiben Sie in der Nacht lange auf?«

»Nein.«

»Leisten Sie geistige Arbeit?«

»Nein. Ich schreibe für Zeitungen.«

»Fleisch?«

»Nein. Lebensmittelkarte.«

Dann wurde der Doktor nach einem Augenblick des Schweigens noch diskreter.

»Also Drogen?« fragte er mit leiser Stimme.

»Nein. Kein Pfeffer und nur ein wenig Muskatnuß.«

»Ich habe mich nicht deutlich genug ausgedrückt«, unterbrach mich der Arzt, »ich meine Drogen im Sinne von Betäubungsmitteln, Anregungsmitteln und so weiter.«

»Hin und wieder Aspirin«, gab ich zu.

»Kaffee?«

Ich breitete lächelnd die Arme aus.

»Das hat nichts zu bedeuten!« rief der Doktor. »Man kann sich welchen auf dem schwarzen Markt verschaffen!«

»Nein.«

Da verlor der hervorragende Arzt seine Ruhe. »Himmelherrgott«, sagte er mit gereizter Stimme, »Sie trinken keinen Kaffee, nehmen keine Drogen, bleiben in der Nacht nicht lange auf, leisten keine geistige Arbeit, haben nichts mit Frauen, trinken nicht, rauchen nicht, darf man wissen, was ein armer Doktor Ihnen verbieten könnte?«

Er war von edler Entrüstung erfüllt, und ich ging gesenkten Hauptes fort.

An der Tür angelangt, erinnerte ich mich an etwas und kehrte zurück.

»Entschuldigen Sie, Doktor«, sagte ich. »Ich rauche, trinke wirklich nicht, etcetera, aber ich habe das Pfefferminzlaster.«

»Das Pfefferminzlaster? Und was soll das sein?« fragte der Doktor und runzelte die Brauen.

»Sehen Sie, jeden Tag esse ich zwei weiße Pfefferminzbonbons.«

»Gut!« rief der Doktor befriedigt aus. »Wenn Sie gesund werden wollen: keine Pfefferminzbonbons mehr!«

Und heute, nach sechsundzwanzig Tagen, muß ich anerkennen, daß der Doktor recht hatte. Nachdem ich die beiden täglichen Bonbons abgeschafft hatte, ist mein Kopfschmerz verschwunden. Und ich bin sehr befriedigt, weil ich ihn durch das Opfer von nur zwei Bonbons pro Tag behoben habe. Hätte ich hingegen auf die Fragen des Doktors mit ja geantwortet, so dürfte ich heute nicht mehr rauchen, dürfte keine Weine und Liköre mehr trinken, dürfte in der Nacht nicht lange aufbleiben und so weiter, wie ich es immer gemacht habe und auch jetzt noch mache und künftig zu machen hoffe.

Die Doktoren brauchen nur wenig, um Sie zu heilen; wenn sie Ihnen irgend etwas verbieten können, ist alles in Ordnung. Die Schlauheit besteht darin, sich nur Dinge verbieten zu lassen, auf die man wenig Wert legt.

Filippos Sohn ist zu mir gekommen.

Aber wir wollen die Ereignisse nicht überstürzen und statt dessen einen Schritt zurück machen, bis zum 4. Juni 1935, dem Tag, an dem ich Filippo begegnete, dem trefflichen Vater des bereits erwähnten Sohnes. Ich ging unter den Bäumen einer großen Allee, ich sah nach dem blauen Himmel, und die Welt erschien mir schön, als ich Filippo begegnete.

»Giovannino«, fragte er mich und packte mich an den Schultern, »weißt du, wer ich bin?«

»Natürlich«, antwortete ich, »du bist Filippo.«

»Nein«, erklärte Filippo düster. »Ich bin einer, der einen Strick sucht, um sich aufzuhängen.«

Ich erinnerte mich, daß ich auf dem Dachboden eine Rolle Strick gesehen hatte; dienstbereit bot ich ihn Filippo an. Aber er glaubte, ich mache Scherze, und wollte statt dessen fünfhundert Lire.

Der liebe Gott weiß es: Ich hatte nicht mehr als diese fünfhundert Lire, und sie sollten mir dazu dienen, einen Monat mit ihnen auszukommen. Dies aber durfte Filippo nicht bekümmern – mir blieb ja der Strick!

Eine Woche später sah ich Filippo wieder; er hatte das Vertrauen zum Leben wiedergewonnen und dankte mir.

»Du hast einen Menschen vom sicheren Tod errettet, und ich werde dessen immer eingedenk sein. Mach dir wegen der fünfhundert Lire keine Sorgen! Morgen oder übermorgen hast du sie.«

Als einige Tage vergangen waren, traf ich Filippo im Kino.

»Habe noch ein paar Tage Geduld wegen dieser fünfhundert Lire«, erklärte er mir.

Ich sagte ihm, er solle sich keine Sorgen machen, es hätte Zeit.

Im folgenden Monat traf ich Filippo in der Eisenbahn; wir sprachen über einige interessante, aber allgemeine Themen, dann entschuldigte sich der treffliche Mann: »Denk nicht schlecht von mir wegen dieser fünfhundert Lire, Giovannino. Gott weiß, daß ich sie nicht vergessen kann. Manchmal kommt mich die Lust an, mit dem Kopf gegen die Mauer zu rennen. Es will und will mir nicht gelingen!« Der brave junge Mann war verzweifelt, und ich tröstete ihn, so gut ich konnte. Ich sagte ihm, er möge sich meintewegen keine Sorgen machen; er solle vor allem Ruhe bewahren, sich nicht aufregen, nicht ungeduldig sein. Der Erfolg im Leben falle dem zu, der seine Ruhe zu bewahren wisse.

»Ruhe, Ruhe!« rief er gereizt. »Du hast leicht von Ruhe reden! Du bist gut dran, alles gelingt dir, an Geld fehlt es dir nicht, du hast keine

Sorgen, und wenn man keinen Sorgen hat, ist es leicht, ruhig zu bleiben. Aber ich? Was soll ich machen? Wie soll ich ruhig leben, wenn es mir nicht einmal gelingt, dreckige fünfhundert Lire zusammenzukratzen, um mit ihnen eine Schuld zu begleichen? Man muß sich in die Lage eines anderen versetzen, mein Lieber, nicht immer so egozentrisch sein!«

Ich bat ihn um Entschuldigung; ich hatte nicht die Absicht, ihn zu beleidigen. Er sagte mir, daß er das nie angenommen habe.

»Ich weiß, daß du ein Freund bist«, seufzte er.

Als drei Monate vergangen waren, fühle ich plötzlich einen energischen Schlag auf meiner Schulter, als ich gerade eine Auslage betrachtete, und wandte mich mit einem Ruck um.

Es war Filippo. Er schaute mich sehr böse an.

»Giovannino«, sagte er streng, »es ist unnütz, daß du mir gegenüber diese Haltung annimmst. Es ist auch unnütz, daß du mich so anschaust! Ich kann dir die fünfhundert Lire nicht geben! Ich kann sie dir nicht geben!« rief er. »Wenn ich sie dir geben könnte, brauchte ich sie mir nicht von dir abfordern zu lassen.«

Ich bat ihn, sich zu beruhigen. Ich erklärte ihm, daß ich an die fünfhundert Lire längst nicht mehr dachte.

»Du hast sie schon in den Wind geschrieben, nicht wahr? Weil Filippo seine Schuld nicht bezahlt, nicht wahr? Irrtum, Giovannino! Ich bin ein Gentleman und kann erhobenen Hauptes einhergehen.« Die Leute begannen stehenzubleiben, und ich errötete vor Scham. »Du mußt Gentlemen respektieren, lieber Giovannino!« schloß Filippo mit einem Schrei. »Darfst sie nicht erniedrigen!«

Die Leute blickten mit Mißfallen auf Giovannino, der Gentlemen erniedrigte, statt sie zu respektieren, und ich entfernte mich gesenkten Kopfes, während Filippo stolz auf meine Niederlage blickte. Ich begann, Filippo auszuweichen; jedesmal, wenn ich ihn von ferne erspähte, bog ich in eine Seitengasse ein oder versteckte mich in einem Café. Aber manchmal begegneten wir einander doch, oder er erspähte mich von der anderen Straßenseite. Dann blieb er stehen, schaute mich düster an und rief schließlich: »Ja, ja, die fünfhundert Lire, die fünfhundert Lire! Ich weiß, ich weiß, du brauchst es mir nicht zu sagen!«

Doch im Laufe der Zeit beruhigte sich Filippo. Als er mich nach zwei Jahren traf, beschränkte er sich darauf, sarkastisch zu lächeln und mit dem Kopf zu nicken. Nach vier Jahren begann ich, ruhig durch die Straßen zu gehen. Filippo bewegte den Kopf nicht mehr; er begnügte sich damit, mich sarkastisch anzulächeln.

Im Jahre 1940 schaute er mich endlich ohne Sarkasmus an. Im Februar 1941 begann er, mich lächelnd und mit einer freundlichen Handbewegung zu grüßen. Als wir einander im Juni desselben Jahres im Kino trafen, sprachen wir über Schauspielerinnen. Im August fragte er mich im Café, wie es Albertino gehe. Im November nahmen wir unsere herzlichen Beziehungen wieder auf und schwatzten jedesmal fröhlich, wenn wir einander trafen.

All das hat bis heute gedauert. Heute ist Filippos Sohn mit einem Billett zu mir gekommen:

»Lieber Giovannino, Du mußt vielmals entschuldigen, wenn ich mir erlaube, Dich zu belästigen, aber eine plötzliche Zwangslage veranlaßt mich, das zu tun, was ich sonst bei einem alten Freund nie getan hätte. Ich wäre Dir unendlich dankbar, wenn Du mir die fünfhundert Lire zurückgeben könntest, die ich Dir, Du erinnerst Dich wohl, im Juni oder Juli 1935 geliehen habe, als wir einander in der Lindenallee getroffen hatten. Ich danke Dir von Herzen. Dein Filippo.«

Ich tat einen Fünfhundert-Lire-Schein in einen schönen weißen Umschlag und übergab ihn Filippos Sohn.

»Ich danke deinem Papa vielmals; und sage ihm, bitte, er möge meine Vergeßlichkeit entschuldigen.«

So sagte ich; dann ging ich, um nach Albertino zu sehen, der eben dabei war, meinen Fotoapparat mit gelber Schuhcreme einzuschmieren. Und ich war sehr glücklich.

Über den Starrsinn

Den Leuten gefallen die Geschichten, in denen Er Ihr begegnet und dann Sie Ihm begegnet und dann beide einander begegnen, aber Er sich in Sie verliebt, während Sie auf Ihn pfeift, weil Sie einen anderen liebt, welcher andere seinerseits nur vorgibt, sie zu lieben, während Er in Wirklichkeit eine andere liebt, die ihrerseits wiederum den siebenunddreißigjährigen Gatten und mehrfachen Vater Giacomino Persighetti liebt und so weiter. Nachher ergeben sich derartige Komplikationen, daß am Ende Er Sie und Sie Ihn heiratet und sie glücklich und zufrieden leben bis zu dem schönen Alter von hundertsechsundachtzig Jahren, er dreiundneunzig und sie dreiundneunzig.

Das sind die Geschichten, die den Leuten gefallen. Und die Leute haben nicht einmal unrecht. Auch ich möchte, wenn ich ins Kino gehe, daß am Ende des Films die zwei heiraten und glücklich leben, und ich werde wütend, wenn sie statt dessen sterben oder für immer auseinandergehen.

Diese sympathischen Geschichten von Leuten, die am Ende zusammenkommen, um glücklich und zufrieden zu leben, bedeuten jedoch gar nichts. Sie unterhalten, aber sie belehren nicht. Viel nützlicher sind die Geschichten in der Art derjenigen von Sam.

Folgendes erzählt Sam, und Sam ist ein aufrichtiger Mensch, weshalb man ihm glauben muß.

»Ich bin am 15. August 1931 gestorben. Ich weiß nicht genau, wie die Geschichte passiert ist. Tatsache ist, daß ich mich eines Tages am Fußende meines Bettes befand, auf dem ein junger Mann mit geschlossenen Augen und langem Bart ausgestreckt lag. Ich schaute mich mit Wohlgefallen an. Damals war ich dick und machte eine gute Figur; ich war wirklich eine schöne Leiche.

Ich blickte in den Spiegel; ich war im Hemd, und hinter meinen Schultern waren mir zwei anmutige blaue Flügel gewachsen, meine Lieblingsfarbe! Die anderen konnten mich nicht sehen. Rings um mein Bett standen Freunde, Verwandte, Eltern. Einer weinte, die anderen unterhielten sich leise. Plötzlich kam meine Braut, kniete vor dem Bett nieder und begann heftig zu weinen. Ein Herr berührte sie diskret an der Schulter. ›Fräulein‹, sagte er zu ihr, ›Sie brauchen nicht zu weinen. Wir haben festgesetzt, daß immer nur einer weinen soll. Ihr Turnus ist von siebzehn bis achtzehn Uhr.‹ Meine Braut trocknete sich die Augen und begann in einer Zeitschrift zu blättern, um sich die Zeit zu vertreiben.

Ein Laufbursche kam mit einem Billett und übergab es dem ehrwürdigen Herrn. Der las es, trat an meinen Vetter heran, welcher gerade zu weinen hatte, und sagte zu ihm: ›Mit Verlaub, Sie müssen auch für seinen Bruder weinen, er kann nicht kommen. Selbstverständlich werden wir Ihnen die Überstunde bezahlen.‹

Ich fühlte mich leicht wie eine Feder. Ich hatte Lust, meine Flügel auszuprobieren. Ich trat also ans Fenster und warf mich entschlossen in den leeren Raum.

Ich fiel senkrecht hinunter wie eine bleierne Katze; es war mir nicht gelungen, die Flügel zu bewegen.

Ein sehr schöner Herr mit einem großen Bart, einem sehr langen Hemd und zwei graugrünen Flügeln kam und las mich auf.

›Sie schauen ja gut aus‹, sagte er. ›Wissen Sie nicht, daß Sie einen Kurs absolvieren müssen?‹

›Entschuldigen Sie‹, antwortete ich ihm. ›Ich sterbe zum erstenmal. Ich kenne mich noch nicht aus.‹

Ich begann sofort mit dem Kurs und kam sehr schön vorwärts. In wenigen Stunden konnte ich schon bis zum dritten Stock fliegen; jetzt saßen sie zu viert um mein Bett und spielten Bridge.

Ich schlief, auf einen Telegraphendraht gekauert, die Telegramme kitzelten mich ein bißchen an den Füßen, aber ich fühlte mich recht wohl. Am nächsten Morgen hatte ich kaum wieder mit meinem Kurs begonnen, als ein Herr mit Hemd und Flügeln mich anrief: ›He, Sie, bringen Sie Ihr Hemd und Ihre Flügel wieder ins Magazin. Sie müssen fort!‹

Ich fühlte mich unwohl. ›Ich habe ja nichts getan‹, warf ich ein. ›Warum schickt ihr mich fort?‹

›Scheintod‹, antwortete der Geflügelte mit einer verächtlichen Grimasse.

Ein Alter neben mir brummte, zu seinen Zeiten habe es so was nicht gegeben. So befand ich mich unversehens wieder am Leben und in meinem Bett.

Meine Braut sagte: ›Wie schön du warst, Sam, als du tot warst!‹ Mein Onkel Filippo wandte sich mit einer verächtlichen Grimasse an meinen Neffen: ›Habe ich dir's nicht gesagt? Ein Taugenichts! Nicht einmal sterben kann er!«

Ich habe diese Worte niemals vergessen; sie liegen mir noch immer im Magen. Eines schönen Tages werde ich's ihm zeigen, dem Onkel Filippo, daß ich sterben kann, viel besser als er!«

Das ist Sams Geschichte. Und, sehen Sie, das nennt man Starrsinn! Oder vielmehr, wie es Tommaseo ausdrückt, »die Sucht, gegen die anderen in Worten oder in Taten recht zu behalten«. Starrsinn ist höchst gefährlich. Denn er führt zum Zusammenbruch, auch bei Personen von solider Struktur, und er kann enorme Verwirrung in die Familien bringen.

Ich weiß von zwei Eheleuten, die so starrsinnig waren, daß jeder sich einmal bei einem Streit in den Kopf gesetzt hatte, das lezte Wort zu behalten; sie starben schließlich an Auszehrung. Und man könnte nicht behaupten, daß sie etwas davon gehabt hätten, denn die letzten vier Worte, die sie aussprachen, sprachen sie gemeinsam aus: »Wie dumm waren wir!«

Ich weiß von zwei Schwarzhändlerinnen, die einander ausstechen wollten und sich so mit Juwelen beluden, daß sie schließlich unter dem ernormen Gewicht elendig zugrunde gingen.

Das ist der Starrsinn, die Rechthaberei! Tommaseo nennt ihn den einzigen Sinn, der sinnlos ist.

Und Tommaseo hat recht.

Ein Mann, der sich Diego Moor nannte und starrköpfig wie ein Muli war, vermählte sich und verlor die Gemahlin gleich wieder – und zwar wegen der Gipspfeifen des Schießstandes.

Die zwei Jungvermählten fuhren auf die Hochzeitsreise; in Santovar sahen sie vor dem Bahnhof einen Schießstand mit Luftdruckgewehren.

»Nun wirst du was sehen, Isabel! Sechs Schüsse, sechs Pfeifen.«

So sprach Diego und begann zu schießen, aber die Pfeifen schienen verzaubert zu sein und kamen nicht herunter.

Nach sechzig Schüssen berührte Isabel Diegos Arm und bat ihn aufzuhören, weil es spät geworden war und sie noch im Hotel ein Zimmer nehmen mußten.

»Nur noch sechs Schüsse«, antwortete Diego und schoß weiter, bis das Mädchen vom Schießstand ihm sagte, es sei Mitternacht und sie wolle die Bude schließen.

»Ich zahle das Vierfache«, antwortete Diego und wandte sich um. Aber Isabel war nicht mehr da, und er sah sie zeit seines Lebens nicht wieder.

Diego Moor, der sehr reich war, machte sich nun auf, die Welt zu durchstreifen. Eines Tages kam er auf die Piazza der Stadt Solivis, wo viele Leute vor einem Bierhaus standen. Der Wirt des Lokals hatte ein Faß Bier ausgesetzt für den, der imstande sei, sich fünfzig Meter rittlings auf einem Esel schurkischen Aussehens zu halten, den er in Piquir, der Heimat der verbrecherischen Esel, gekauft hatte. Viele versuchten es, denn ein Faß Bier ist immerhin verlockend. Sie sprangen auf den Esel und lagen nach vier oder fünf Metern wieder auf der Erde. Alle lachten und sagten, es sei unmöglich, denn dies sei ein Wachesel und der beiße nachts wie ein Hund.

Diego Moor reiste nicht allein, sondern in Gesellschaft vieler Freunde. »Nun werdet ihr etwas zu sehen bekommen«, verkündete er ihnen.

Da schüttelten ihm alle Freunde, die ihn gut kannten, die Hand, verabschiedeten sich und gingen beiseite. Diego Moor aber bestieg den Esel, und dieser klebte ihn mit gewaltigen Schwung an die Mauer.

»Das wäre ja noch schöner!« rief Diego Moor, als er sich wieder erhoben hatte. »Das fehlte ja noch, daß du Esel ein Muli wärest und ich, Diego Moor, ein Esel!« Er stieg wieder auf und lag gleich wieder auf der Erde.

Er ließ so lange nicht locker, als er noch irgend etwas Unzerbeultes an sich hatte; dann ließ er sich zu Bett tragen und rief dem Esel zu: »Morgen sehen wir einander wieder, ich und du!«

Diego Moor war ein Mann von Wort. Am folgenden Morgen raufte er sich wieder mit dem Esel herum und hielt bis Mittag durch. Dann begann er am Nachmittag von neuem.

Der Wirt des Bierhauses sagte: »Ich habe ein gutes Zimmer und einen ausgezeichneten Koch; ich kann Sie in Pension nehmen. So haben Sie es bequem.«

Diego Moor nahm Quartier in dem Bierhaus und verbrachte seine Tage damit, sich von dem verfluchten Esel auf den Boden schleudern zu lassen. Er war in der Stadt und in der Umgebung berühmt geworden, und die Leute sagten, er sei ein großer Herr, der Unglück in der Liebe gehabt und sich dem Esel ergeben habe, um zu vergessen.

Wochen und Monate vergingen, der Esel schleuderte Diego Moor immer noch auf die Erde, aber man merkte eine langsame und schrittweise Besserung: In der ersten Zeit wurde Diego Moor gleich abgeworfen, nachdem er aufgestiegen war, aber von Tag zu Tag gelang es ihm länger, sich oben zu halten, und am Ende des ersten Jahres fiel Diego Moor erst nach einem Lauf von zehn Metern hinunter.

Am Ende des zweiten Jahres erreichte Diego Moor zwanzig Meter; und mit einem Fortschritt von fünf Meter pro Halbjahr kam er im Dezember des fünften Jahres bis auf neunundvierzig Meter.

Der Esel konnte nicht mehr; er kämpfte nur noch, weil er eine häßliche schwarze Seele hatte, und Diego Moor verkündete im Saal des Bierhauses feirlich: »Zu Weihnachten habe ich mein Faß Bier!« Am Weihnachtsmorgen standen die Leute auf dem Platz, und Diego Moor bestieg siegesgewiß den Esel. Der Esel kämpfte wie ein Löwe, aber Diego Moor schien an den Rippen des Viehs zu kleben. Zehn, zwanzig, dreißig, vierzig Meter – fünfundvierzig, siebenundvierzig, achtundvierzig – noch ein Meter bis zur Säule, die das Ende der Rennbahn bezeichnete. Der Esel steifte sich wie ein Verzweifelter, aber die Knie Diego Moors brachen ihm die Rippen und nahmen ihm den Atem, und er konnte nicht stehenbleiben.

Neunundvierzig-zwanzig – neunundvierzig-vierzig – neunundvierzig-sechzig. Dem Esel stand der Schaum am Maul, seine Augen waren blutunterlaufen. »Neunundvierzig-achtzig!« schrien die Leute. Der Esel brach zusammen, als würden ihm die Knochen auseinandergerissen, und Diego zerschmettete sich den Kopf auf der gefrorenen Erde. Nun hatten sie alle beide nichts davon, Diego Moor und der siegreiche Esel.

»Armes Vieh«, sagten die Leute.

Am Morgen des 15. August 1518 wurde der Kaufmann Dulcini in der Gegend von Paglia Corta mit einem Büchsenschuß im Rücken aufgefunden. Des Mordes verdächtigt wurde der Kesselflicker Tomaso Mioli aus der Gegend San Bartolomeo del Reno.

Mioli sagte, er habe Dulcini nicht einmal gekannt, und in der Nacht vom 14. auf den 15. August habe er in einem Stall des Dorfes Catelletto geschlafen, so daß er niemandem in der Stadt etwas hätte antun können, selbst wenn er gewollt hätte, zumal er nicht die Gabe der Allgegenwärtigkeit besitze wie unser Herr.

Es wurden verhört: Ein Malvezzi und ein Mattei, die versicherten, sie hätten im Zwielicht des anbrechenden Tages den Mioli zu sehen vermeint, wie er in San Bartolomeo del Reno um die Ecke gebogen sei, und wenn er es nicht gewesen sei, dann einer, der ihm sehr ähnlich sehe.

Mioli wurde in die Folterkammer gebracht; nachdem man ihn ausgezogen hatte, wurden ihm die Hände auf den Rücken gebunden, und es wurde ihm mit der Folter gedroht. »Laß deine Halsstarrigkeit und bekenn die Wahrheit«, sagte der Richter zu ihm.

»Herr, Sie können mich mit allen Qualen der Hölle martern, aber ich werde nicht mehr sagen, als ich gesagt habe«, antwortete Mioli. Und er wurde hochgezogen.

Mioli begann zu stöhnen und seine Seele der Allerheiligsten Jungfrau zu empfehlen, aber auf alle Fragen des Richters antwortete er, daß er in der betreffenden Nacht in einem Stall geschlafen habe und niemandem in der Stadt etwas hätte antun können.

»Sie tun mir unrecht, liebster Herr«, schluchzte Mioli, »denn ich bin unschuldig, und Gott ist mein Zeuge.«

Der Richter befahl, daß an die Füße Miolis zwei große Steinbrocken gehängt würden, so daß es schien, als würde der Ärmste in Stücke zerrissen werden.

»Lassen Sie mich hinunter, um Gottes willen, und ich werde Ihnen alles sagen!« schrie er in seinen Qualen.

»Sprich zuerst, dann lasse ich dich herunter«, antwortete der Richter. Und Mioli gestand, er sei es gewesen, der Dulcini ermordet habe. »Wie hast du ihn ermordet?« fragte der Richter.

»Mit dem Stoßdegen«, erklärte Mioli.

»Gefängnismeister, hängt ihn auf!« befahl der Richter. Und da wurde der Unglückliche wieder gemartert.

»Herr«, schrie Mioli, »warum tun Sie mir unrecht? Habe ich Ihnen nicht gesagt, daß ich Duldini ermordet habe?«

»Ja, aber du hast gesagt, du hättest ihn mit dem Stoßdegen durchbohrt; und Dulcini starb nicht durch einen Stoßdegen. Gestehe also: Mit was für einer Waffe hast du ihn getötet?«

»Herr, ich erinnere mich nicht mehr daran!« stöhnte Mioli. »Es war finster, ich konnte nicht einen Schritt weit sehen.«

Der Unglückliche wurde mit kochendem Salzwasser übergossen., während der Richter fortfuhr, ihm zu sagen, er solle gestehen, mit was für einer Waffe er Dulcini umgebracht habe.

»Mit dem Dolch«, schluchzte Mioli.

»Nein.«

»Mit einer pavesischen Hippe.«

»Nein.«

»Mit einer mailändischen Hellebarde.«

»Nein.«

»Herr, um Gottes willen, sagen *Sie* mir, mit welcher Waffe ich ihn umgebracht habe, denn ich kenne keine anderen Waffen.«

»Mit einer Radbüchse«, versicherte der Richter. Und Mioli sagte: ja, er habe ihn mit einer Radbüchse umgebracht.

Er wurde heruntergelassen und vom Strick befreit, und der Richter ermahnte ihn: »Sieh ja zu, daß du die reine Wahrheit sagst und daß du nicht aus Angst etwas Falsches ausgesagt hast.«

Und da Mioli nicht antwortete, ließ ihn der Richter noch einmal anbinden und hochziehen.

»Gestehe: Hast du aus Angst vor dem Strick gestanden?« fragte re. »Nein, Herr!« schrie Mioli unter Qualen. »Ich habe die Wahrheit gesagt aus Liebe zur Wahrheit.«

Er wurde heruntergelassen, und der Richter fragte ihn, ob er bereit sei, das zu beschwören.

»Ich schwöre es, Herr!« schluchzte Mioli.

»Zieht ihn auf«, befahl der Richter.

Und als Mioli abermals gefoltert wurde, fragte er:

»Gestehe: Hast du falsch geschworen?«

»Nein, Herr! Ich habe wahr gesprochen!« heulte der Unglückliche. Und er wurde heruntergelassen.

»Zieht ihn auf!« befahl der Richter abermals. Und als er Mioli wieder auf der Folter sah, fragte er ihn:

»Gestehe: Als du versichertest, die Wahrheit gesagt zu haben, hast du da wahr oder falsch ausgesagt?«

»Ich habe wahr ausgesagt!« stöhnte Mioli am Ende seiner Kräfte.

Er wurde heruntergelassen, und der Richter schloß: »Du bist des Verbrechens geständig, es wird dir der Kopf abgeschlagen, aber zuerst wirst du mit Zangen gezwickt und mit dem Hammer gemartert.«

Währenddessen war ein Bote eingetreten, der erregt mit dem Richter sprach: »Herr, Mioli ist unschuldig und hat wirklich außerhalb der Stadt geschlafen. Wir haben den Mörder gefunden. Er hat bereits gestanden. Es sind auch viele Zeugen da.«

»Zu spät«, antwortete der Richter. »Mioli hat zuerst gestanden, und Mioli muß bestraft werden!«

»Aber Mioli ist unschuldig!«

»Das geht mich nichts an!« schrie der Richter. »Ich habe gesprochen, und so wird es sein!«

Mioli, der zugehört hatte, tat einen Seufzer der Erleichterung: »Um so besser! Ich hätte mich wirklich geärgert, wenn so viel Plage umsonst gewesen wäre!«

Nachkrieg

Nach zwei Jahren entschuldigten Fernbleibens befand ich mich in dem Garten eines einsamen Hauses, das auf einer unermeßlichen Wiese stand. Der Morgen graute, ich saß auf meinem Bündel und freute mich des erwachenden Tages; dann hörte ich plötzlich Menschen schreien und erkannte meine eigene Stimme. Eine Frau im Nachthemd erschien und warf sich in meine Arme.

»Wie schlecht du aussiehst«, sagte ich betrübt.

»Wie sollte ich nicht«, antwortete Margherita. »Giovannino, weißt du denn nicht, daß mein Mann seit zwei Jahren fort ist?«

»Ich weiß es«, antwortete ich. »Ich weiß es gut, denn ich bin dein Mann.«

»Giovannino«, flehte sie, »schon allzu viele haben mich getäuscht; du, der du mein Gatte bist, darfst mich nicht betrügen! Schwöre mir, daß du heimgekehrt bist, schwöre mir, daß du du bist!«

»Ich schwöre es dir«, sagte ich. »Ich bin ich.«

»Und wer bin ich?« rief Margherita.

»Du bist du«, antwortete ich ihr.

»Schwöre es.«

Sie umarmte mich heulend. »Aber dann sind wir ja wir! Dann ist es wahr!«

Plötzlich trat sie zurück.

»Giovannino, sag mir die Wahrheit! Bist du nicht den Strapazen erlegen?«

»Nein.«

»Die Vorsehung sei gepriesen«, murmelte sie, fiel mir ohnmächtig in die Arme und murmelte mit geschlossenen Augen seufzend die Lottonummern drei, sechzehn und vierundvierzig. Nach zehn Minuten erlangte sie das Bewußtsein wieder. Sie war nun ruhig geworden und sprach mit verhaltener Stimme. Wir betraten einen Raum im Erdgeschoß, wo allerlei hölzerne Trümmer an den Wänden aufgestapelt waren: riesige Tische, zertrampelte Schubladen. Auf dem Fußboden lag ein großer Haufen Gerümpel; darüber schwebte eine tannene Tischplatte wie ein Laufbrett. »Unsere Möbel«, sagte Margherita und wies mit einer weitausholenden Geste auf die Trümmer.

»Wie sich in zwei Jahren alles verändert«, seufzte ich.

Margherita hatte sich einem Bretterhaufen genähert und zog aus einem Spalt ein kleines Paket.

»Deine Briefe«, erklärte sie mir lächelnd. »Wenn du wüßtest, Giovannino, was für schöne Briefe du mir geschickt hast!«

»Ich weiß es«, antwortete ich, »ich habe sie dir ja geschrieben.«

»Du?«

»Ich.«

»Ich ahnte es«, sagte Margherita. »Nur du konntest mir solche Briefe schreiben. Und dann war ja auch deine Unterschrift drauf, deine Handschrift, dein Stil, deine Adresse. Wie gut wir einander verstehen, Giovannino!«

Das Laufbrett war schmal, und ich war nahe daran, das Gleichgewicht zu verlieren. Es hätte mir nicht behagt, auf das Gerümpel zu fallen, das darunter lag. »Achtung, Giovannino«, warnte Margherita. »Du könntest sie zerquetschen.«

»Wen?«

»Die Kinder. Sie sind noch im Bett. Das ist das Bett. Erkennst du unsere rosa Steppdecke nicht?«

Tatsächlich war etwas wie ein rosa Fleck in dem dichten Grau des Gerümpels zu sehen. Nun bückte ich mich und begann in dem Gerümpel herumzuwühlen. Es gelang mir, eine graue Katze herauszufischen, zwei kleine Hunde, Schuhe, Kochgeschirr und eine Henne, die aufgeschreckt flüchtete. Von Kindern keine Spur.

»Doch, doch«, sagte Margherita, »sie müssen da sein, ich hab' sie gestern abend zusammen mit der Henne hineingetan. Trink indessen das Ei aus,Giovannino, es ist noch warm, gerade gelegt.« Ich trank das Ei aus, dann nahm ich meine Nachforschungen wieder auf, wobei ich mich eines kleinen Spatens bediente; endlich entdeckte ich, als ich einen blauen Fetzen hochhob, etwas Rosiges. »Das ist Carlotta, Giovannino«, sagte die Frau, die schon einmal für eine Erhöhung der Familienmitgliederzahl gesorgt hatte. »Aber stör sie nicht, sie schläft.«

Ich hatte eine Tochter! Aber sie schlief. Und ich störte sie nicht.

»Albertino wird im Stall sein«, sagte Margherita. Wir gingen in den Stall. Ich sah eine große Kuh, trat an sie heran, fand unter der Kuh ein Kälbchen, das trank, und an der nächsten Zitze Albertino. »Was für ein Bild!« flüsterte Margherita. Und sie rief Albertino. »Kommst du nicht Papi begrüßen?«

»Mmmmuuh!« antwortete Albertino.

Er hatte das Muhen gelernt und das Sprechen verlernt. Wenn man ihm einen roten Fetzen vorhielt, tat er, als stieße er mit den Hörnern.

Als ich ihn nach Mailand brachte, muhte er sechs Tage hindurch, weil er noch die Kuh und das Kalb haben wollte.

»Du hättest ihm wenigstens das Kalb mitnehmen können«, sagte Margherita schlicht. »Sie sind miteinander aufgewachsen, sie lieben einander wie Brüder ...«

Ich brachte meinen ersten Artikel in die Redaktion des Nachmittagsblattes, das mich zur Mitarbeit eingeladen hatte. Er war mit größtmöglichem Charme geschrieben und hatte mich viel Mühe gekostet. Selbstsicher überreichte ich ihn dem Chefredakteur.

»Schwach«, sagte der Chefredakteur und gab mir das Manuskript zurück. »So geht's nicht. Mach das interessanter, bewegter!«

»Es ist schwierig, ein nachdenkliches Feuilleton bewegter zu machen.«

»Wer redet denn vom Feuilleton!« rief der Chefredakteur. »Das Feuilleton interessiert mich nicht, ich habe es nicht einmal gelesen. Mich interessiert der Titel. Ich spreche einzig und allein vom Titel.« Es handelt sich um eine Plauderei, die gerade aktuell war: Sie erzählt von einem kleinen Knaben, der sich in seinem Bettchen herumwälzt und ungeduldig auf den Morgen wartet, um nachschauen zu können, was ihm die Befana* gebracht hatte. Und deshalb hatte ich die Überschrift »Der

* Die Befana, eine Umbildung von Epiphania, ist ein Mittelding zwischen Knecht Ruprecht, Christkind und St. Nikolaus.

Strumpf unterm Kamin« ganz natürlich gefunden. Allerdings war der Titel ein wenig schwach; und ich verstärkte ihn also: »Heute nacht schläft Gigetto nicht.«

»Besser«, sagte der Chefredakteur. »Aber wir haben's noch nicht ganz; man muß das Interesse des Lesers wecken. Stachle seine Neugierde an!«

Für solche Zwecke ist die Frageform empfehlenwert; daher änderte ich die Überschrift ohne große Mühe: »Warum wacht Gigetto heute nacht?«

»Gut«, meinte der Chefredakteur. Aber dann dachte er nach und schüttelte den Kopf. Wenn man »Gigetto« sagte, würden die Leute gleich begreifen, daß es sich um etwas Leichtes handle. Man muß ungewiß und mysteriös bleiben.

Ich hängte der Überschrift ein geheimmnisvolles Mäntelchen um: »Einer wacht heute nacht.«

»Stinkt nach Literatur«, sagte er Chefredakteur. »Ändere den Stil, mach irgend was Reportagemäßiges, Realistisches – das ist modern. Blättere ein paar Nummern durch und passe dich dem Zeitungsstil an.«

Ich blätterte ein paar Nummern durch und versuchte mich anzupassen. Dann hatte ich drei neue Titel vorzuschlagen: »Schlafen oder nicht schlafen?« – »Bam, bam, bam, schon drei Uhr, aber er ist hartnäckig!« – »Und er wartet und wartet, aber die verdammte Sonne geht nicht auf!«

Ich dramatisierte und bekam fünf interessante Titel heraus: »Was geschieht im Nebenzimmer?« – »Hört man Schritte im Dunkel?« – »Wer ist die geheimnisvolle Alte, die in der Nacht herumstreicht?« – »Die nächtliche Alte.« – »Nächtliches Zwischenspiel mit einer alten Dame.«

»Jetzt haut's hin!« rief der Chefredakteur. »Setze alles auf die Alte; Alte ziehen immer im Lokalteil!«

Nun machte er sich selbst an die Arbeit und las mir schließlich das Ergebnis vor: »Eine Alte schreit in der Nacht!« – »777, Achtung! Greisin schreit in der Pacini-Straße!« – »Zu Hilfe, man erwürgt die Alte im fünften Stock!« – »Hilfe! Sie schlitzen der Alten den Bauch auf, und das Blut fließt rot über die Treppen und dampft wie Punsch!«

Er stellte fest, daß der letzte der beste sei, und fragte mich, ob er mir gefalle.

»Sehr«, antwortete ich, »aber in meinem Feuilleton ist von keinem Verbrechen die Rede, sondern von einem Kind, das sich in Erwartung der Befana mit Bett herumwälzt.«

»Ausgezeichnet!« rief der Chefredakteur. »Das Kind wacht in Erwartung der Befana – da hört es plötzlich einen Schrei: im Nebenhaus haben sie eine Alte erwürgt – und das Kind glaubt nun, es handle sich um die alte Befana, weint verzeifelt und verbirgt das Gesicht im Kopfkissen. Das änderst du in zehn Minuten, und dann schau, daß du auch noch einen packenden Schluß findest.«

»Und die erwürgte Alte? Soll ich ein Verbrechen erfinden?«

»Wozu erfinden? Du mußt ja den Ort nicht genau angeben; abwarten, ob heute nacht in Mailand eine Altc crwügt wird oder nicht!«

Tatsächlich wurde in dieser Nacht eine Alte erwürgt; und wirklich hörte auch irgendein Gigino ihren Schrei und dachte, man habe die Befana ermordet. Doch diese Methode der vorwegnehmenden Berichterstattung sagt mir nicht zu. Zu meiner Zeit ließ man eine Tat erst geschehen und berichtete nachher über sie. Und man ließ nicht zu, daß einer schönen Überschrift zuliebe alte Frauen erwürgt wurden.

Die lieben Verwandten

Mein Onkel Josua ist einer jener Menschen, die nachdenklich geboren werden. Eines Tages im Jahre 1916 las er gerade einen Roman, als Enrichetta, seine Gattin, ihm sagte, es sei die Nachricht gekommen, daß er sich sofort auf dem Bezirkskommando melden solle.

»Leg mir ein Lesezeichen hinein«, antwortete Onkel Josua, erhob sich und zog den Überzieher an.

Zweieinhalb Jahre später, im November 1918, kehrte er zurück.

»Na, wie ist der Krieg ausgegangen?« fragte man ihn.

»Ich weiß nicht«, antwortete er. »Ich hatte so viel bei der Batterie zu tun und konnte mich nicht erkundigen, wer gesiegt und wer verloren hat. Aber in den Zeitungen müssen sie ja etwas darüber gebracht haben.«

»Ja, sie haben geschrieben, daß wir gesiegt haben.«

»Schön!« meinte Onkel Josua. »Es freut einen, daß man nicht umsonst gearbeitet hat.«

»Wenn das ein Sieg sein soll, weiß ich, wie wir dran sind!« rief Großmutter Giuseppina. »Sieht ein gewonnener Krieg so aus?«

»Ich weiß nicht«, antwortete Onkel Josua. »Ich habe mit großen Kanonen geschossen. Das ist alles, was ich sagen kann. Hast du mir das Lesezeichen eingelegt, Enrichetta?«

Tante Enrichetta hatte das Lesezeichen eingelegt; und Onkel Josua ging in sein Arbeitszimmer, um die unterbrochene Lektüre wiederaufzunehmen.

Tags darauf zog er wieder seine Uniform an, und wenn man ihm nicht eine Menge Schmähungen gesagt hätte, würde er sie wohl noch viele Jahre lang getragen haben.

Nun lebt mein Onkel in einer abgelegenen Villa, allein wie ein Hund, und vertreibt sich seine Zeit mit Lektüre. Wenn ihn ein Buch besonders interessiert, vergißt er auch die wesentlichen Dinge, und solange niemand ihn zu Tisch holt, bemerkt er nicht einmal, daß er Hunger hat.

Kürzlich habe ich ihn angerufen. Ich glaube, ich bin der einzige, der ihn anruft, denn sein Telefon ist noch unter der Nummer des norwegischen Arztes eingetragen, dem die Villa früher gehört hat und der 1935 gestorben ist.

»Hallo, Onkel, bist du's?«

»Was für ein Onkel?«

»Onkel Josua.«

»Ja, aber das muß ein Irrtum sein. Ich habe kein Telefon!«

»Gut, Onkel Josua, aber erinnerst du dich, daß du einen Neffen namens Giovannino hast?«

»Ja.«

»Schön; und der ist am Apparat und wünscht dir alles Gute für das neue Jahr.«

»Was für ein Jahr?«

»1946, Onkel Josua. Es beginnt morgen.«

»Schön, ich merke es mir vor! 1946 hast du gesagt?«

»Ja: eins, neun, vier, sechs.«

So ist mein Onkel Josua; und ich glaube, daß sich das Universum sehr ärgert, weil es ihm nicht gelingt, von Onkel Josua beachtet zu werden.

Ohne vorherige Ankündigung kam neulich Tante Giuseppina, die ich seit Jahren nicht gesehen hatte, zu Besuch.

Die treffliche Frau, die das Schicksal mir auf den Weg gestreut hat, öffnete ihr die Tür, und Tante Giuseppina sagte ihr sofort ihre Meinung: »Ich klingle schon zum drittenmal! Wenn Sie bei mir im Dienst wären, wären Sie schon entlassen worden, bevor ich Sie aufgenomen hätte. Sie sind nicht die Art Stubenmädchen, die mir zusagt.«

»Ich bin nicht das Stubenmädchen«, erklärte die süße Nutznießerin meiner Einkünfte, »ich bin die Gattin.«

»So? Darauf komme ich noch zurück«, schnitt ihr Tante Giuseppina kurz das Wort ab, ohne ihr auch nur ins Gesicht zu schauen, und ging resolut auf die erste Tür zu, die sich ihrem Blick darbot.

»Gnädige Frau«, stammelte erschrocken die Mithelferin der Herstellung meiner Nachkommenschaft, »das ist das Badezimmer!«

»Das seh' ich selber«, antwortete Tante Giuseppina steng. »Aber in einem ordentlichen Haus kommt so etwas nicht vor!«

Tante Giuseppina öffnete mit eine Ruck eine andere Tür und fand sich vor dem Kongreß der Besen, Scheurlappen und Abfalleimer. Jetzt ärgerte sie sich ernstlich.

»Kann man erfahren, wo zum Teufel Giovannino steckt?«

Von dem Geräusch herbeigerufen, trat ich aus meinem Zimmer und empfing Tante Giuseppina mit allen Ehren.

»Tante«, sagte ich dann, »du kennst sie noch nicht, weil du mich solange nicht gesehen hast! Das ist meine Fr...«

»Davon später«, unterbrach mich Tante Giuseppina. »Zuerst sprechen wir von dir.«

»Gut, Tante.«

»Also: Hast du promoviert?« fragte sie sehr streng.

»Wirklich, ich...«, stammelte ich. Und die Tante schüttelte den Kopf.

»Schlimm, schlimm, Giovannino; du bist auf einem schlechten Weg!« Ich versuchte ihr zu erklären, daß ich einen Beruf und eine Familie habe. Jedes Hochschulstudium hätte einen unerträglichen Zeitverlust bedeutet. Und außerdem erinnerte ich mich gar nicht mehr, welche Fakultät ich hätte besuchen und welches Doktorat ich hätte machen sollen.

»Sehr schlimm!« schloß Tante Giuseppina. »Ich wette, du läuft noch immer ohne Hut herum!«

Ich errötete und senkte den Kopf.

Tante Giuseppina tat einen langen Seufzer. Dann nahm sie die Gefährtin meiner Freizeit in Augenschein. Nachdem sie sie lange durch das Lorgnon studiert hatte, wobei sie ihr dann und wann durch einen Wink bedeutet, sie möge aufstehen, sich umdrehen beziehungsweise herumgehen, schüttelte Tante Giuseppina den Kopf und sagte: »Ach ja!«

Um dem Gespräch eine erfreulichere Wendung zu geben, teilte ich Tante Giuseppina mit, daß wir Kinder hätten.

»Kinder? Ihr? Unmöglich!« rief sie aus.

Nachdem Tante Giuseppina noch erwähnt hatte, daß die Wohnung zu hoch liege, daß ihr das Radio zuwider sei und daß der Likör ihr nicht schmecke, erhob sie sich entschlossen.

Ich gab ihr das Geleit. Im Vorzimmer blickte sie mich an und schüttelte lange den Kopf; dann zog sie aus der Handtasche eine Fotografie, die eine magere, schwarzgekleidete Dame darstellte. »Ich habe nämlich die Richtige für dich gefunden!« seufzte sie. »Eine erstklassige junge Dame, Tochter eines Universitätsprofessors, da hättest du leicht deinen Doktor machen können und hättest jetzt schon ein hübsches Kind. – Ach ja«, schloß sie, steckte das Foto wieder ein und begann, die Stiegen hinabzugehen. »Auf jeden Fall: überleg dir's«

»Ich werde mir's überlegen«, antwortete ich.

Mein Bruder läßt sich seit Jahren nicht mehr blicken. Und wenn ich mich frage, was ihn wohl von unserem Heim fernhält, kommt mir sein letzter Besuch in den Sinn.

Die Geschichte hat sich folgendermaßen abgespielt: Um zehn Uhr morgens erschien plötzlich ein dicker junger Mann in Korporalsuniform vor der Gartentür des Landhauses, das uns als Zufluchtsstätte diente, und war mein Bruder. Kaum hatte er mich wahrgenommen, als der dicke junge Mann lächelte, aber da ertönte ein Schrei, und das Lächeln verwandelte sich in eine schmerzliche Grimasse.

»Ihhh! Onkel Sodat!« heulte ein Haufen Gerümpel in unmittelbarer Nähe der Gartentür.

Hier muß eines unglückseligen Urlaubes im vergangenen Juni gedacht werden, den der obenerwähnte Korporal unter der mailändischen Schreckensherrschaft Albertinos verbracht hatte.

Jedenfalls gedachte der erwähnte Korporal dieses Urlaubs im Juni und war daher besorgt, als er in dem Haufen Gerümpel sein Exfahrrad erkannte und in der Stimme des Haufens diejenige seines teuflischen Neffen. »Ihr wohnt nicht mehr in Mailand?« sagte der Korporal mit müder Miene.

»Das Haus ist halb zerstört«, erklärte ich ihm.

»Ich verstehe . . .«, seufzte der Korporal, schüttelte traurig den Kopf und blickte vorwurfsvoll auf Albertino.

»Nein, Flugzeuge.«

»Um so besser, dann werdet ihr ja einiges gerettes haben. Bleibt ihr lange da?«

»Wer kann das wissen? Und du?«

»Einen Monat. Aber ist das Haus in Mailand wirklich unbewohnbar? Du weißt, ich bin anspruchslos.«

»Nichts zu machen, Lodovico.«

»Dann muß ich hierbleiben! Schade, daß ich's nicht gewußt habe, ich hätte ein Zelt zum Kampieren mitgebr . . .«

Er verstummte, denn Albertino kam über uns, den Kopf zwischen den Speichen des unglückseligen onkelschen Exfahrrades, und begann mit einer festlichen Begrüßung, nach welcher der Korporal an seinen wichtigsten Teilen reichlich verschmiert und lustig mit unzähligen, fünfblättrigen schwarzen Ornamenten verziert war, die der Neffe mit seinen kleinen Händen auf das helle Grau der Uniform gestempelt hatte. Der Lärm rief die ganze restliche Familie in den Hof, und der Korporal verschwand unter der allgemeinen Umarmung. Als der Auflauf sich zerstreut hatte, bemerkte man bei einer ersten summarischen Übersicht die Anwesenheit von Ölspuren auf den Gesichtern aller Familienmitglieder und die Abwesenheit jeglicher Spur von Albertino. Bei einer zweiten, aufmerksameren Nachforschung bemerkte man auch das Verschwinden der Reisetasche des Korporals; und das erklärte alles.

»Wer weiß, was er glaubt, daß du ihm gebracht hast, Lodovico!« rief lächelnd die Großmutter des Sohnes ihres unglückseligen Sohnes. »Ha, ha!« stammelte der Korporal mit dem Versuch eines Lächelns. Doch ich sah ihn erbleichen und machte mir Sorgen.

»Ist vielleicht etwas Gefährliches drin?«

»Nein, im Gegenteil: Die Tasche enthält sogar wirklich ein Spielzeug für ihn«, beruhigte mich Lodovico. Er lächelte nur kurz, aber sein kurzes Lächeln war sehr vieldeutig und geheimnisvoll.

Kaum hatten wir uns im Wohnzimmer niedergelassen, erschien Albertino wieder; er trug ein graues Ding und heulte: »Pazewage! Pazewage!«

Es handelte sich in der Tat um den hübschesten Panzerwagen en miniature, ein Wunder seiner Art, ausgeführt aus guten Eisenplatten und daher fast drei Kilogramm wiegend.

»Ein Kamerad hat ihn in seiner Freizeit gebastelt«, erklärte Lodovico und versuchte, fröhlich und herzlich zu sein. »Ein reizendes Spielzeug ...«

»Dehn Pazewagen!« befahl Albertino kategorisch. Und das bedeutete, daß man den Apparat aufziehen mußte. Lodovico holte einen Mechanismus mit einer Kurbel, den er an einer Seite des Spielzeugs anbrachte.

»Was ist das?« fragte ich.

»Das ist eine Kurbel, um die Feder zu spannen«, erklärte Lodovico. »Die Spannung hält lange an; so muß man nicht alle fünf Minuten aufziehen.«

»Wie lange?« erkundigte sich die süße Frau, die mich zum Gatten gemacht hat.

»Nicht mehr als alle Dreiviertelstunden«, antwortete Lodovico, den Kopf senkend.

Aber Albertino ist unerbittlich, und man muß die vorbereitenden Handlungen beschleunigen.

Lodovico schwitzt, doch der Motor ist schließlich ganz aufgezogen, und der Panzerwagen fährt unter den Bewunderungsrufen der Familie los.

Wirklich eine fabelhafte Maschine! Schiebt ohne Anstrengung einen Sessel weg, der ihr im Weg steht, und schießt flink los in einen Winkel des Zimmers.

»Wenn er die Mauer berührt, wird eine Vorrichtung ausgelöst, und er wendet nach rechts oder links«, erklärt Lodovico.

Aber nun passiert etwas Schreckliches.

Barbarossa, der alte kampflustige Hauskater, kommt herein, und wie er den Panzerwagen vor sich sieht, krümmt er den Rücken und faucht wie ein Blasebalg. Da das aber offensichtlich auf die Maschine keinen Eindruck macht, zieht er sich in einen Winkel zurück und bereitet sich auf eine heroische Verteidigung vor. Der Wagen kommt sogleich über ihn, zwängt ihn gegen die Wand, und mit einem unheimlichen Geknatter beginnt das Geschütz marmorharte Terrakottakügelchen von 1 cm Durchmesser gegen die Schnauze des Katers zu schleudern. Der gutgetroffene Barbarossa faucht, kratzt, knurrt, dann schlägt er die Krallen in die Damasttapeten und kommt fast bis zum Plafon. Hier angelangt, tut er einen Fehltritt und stürzt in das Bassin mit den Goldfischen auf dem Tisch neben der Wand. Die zwei schönsten Fische spritzen auf den Fußboden, und der Panzerwagen, der indessen nach rechts gewendet hat, überfährt und zerquetscht sie.

Natürlich hebt sich dabei die Schnauze des höllischen Spielzeugs, das Geschütz beginnt wieder zu feuern, und einigen Kügelchen gelingt es, die Scheiben eines Fensters zu treffen und zu vernichten. Er schießt zehn Kugeln ab, die einen porzellanenen Schirmständer zerschmettern, wendet nach links, klettert auf eine Schachtel, die ihm von Albertino zum Fraß vorgeworfen worden ist, und feuert nicht weniger als fünfzig Geschosse in die Luft, die Schrecken und Untergang in die Gläser des Büfetts tragen.

»Wie viele von diesen verdammten Kugeln faßt er denn?« fragte ich Lodovico.

»Nicht mehr als vierhundert«, antwortet der Unglückselige errötend. »Dreiviertelstunden Spannung, vierhundert Kugeln, die Vorrichtung, die ihn nach links oder rechts wenden läßt!« ruft streng die Frau, die mich zu Albertino verurteilt hat. »Man muß ihn zum Stehen bringen, sonst geht alles kaputt!«

Und sie stürzte hin, um den Panzerwagen zu erwischen und auf den Rücken zu legen, wie man es mit den Schildkröten macht; aber Albertino leitet eine schreckliche und geräuschvolle Offensive ein, die bewirkt, daß die Großeltern und Tante Elisabetta heftig Protest einlegen. Die süße Frau gerät ein wenig in Verwirrung.

Daher bemerkt sie nicht die zwei unglücklichen Fische, die der bestialischen Wut des sogenannten Spielzeugs zum Opfer gefallen sind, tritt auf sie und stürzt schließlich der Länge nach auf den Boden. Der Panzerwagen aber, der mit größter Geschwindigkeit daherkommt, greift sie von hinten an und klettert entschlossen auf eines ihrer Beine; weil er sich dabei aufbäumt, beginnt er zu schießen wie wahnsinnig, die treffliche Person fühlt, wie ihr die verdammten Kugeln über den Nakken zischen, und bleibt ruhig liegen, um Schlimmeres zu vermeiden. So setzt denn der Panzerwagen im Nu schräg über sie hinweg, fährt das rechte Bein hinauf und an der linken Flanke herunter, wobei er, da er anfangs am Rock der Dame hängenbleibt, diesen schließlich so weit umschlägt, daß die ganze Familie eines der unseligsten Schauspiele der Welt bewundern kann. Natürlich macht diese Tatsache die süße Frau wütend; und so läuft sie Albertino nach, um an ihm Vergeltung zu üben.

Aber Frau Flaminia interveniert. Dann interveniert Frau Elisabetta, dann der Vater der erwähnten Frau, hierauf Lodovico und dann ich, der arme Giovannino.

Darüber vergessen wir Albertino und seinen Panzerwagen und entsinnen uns ihrer erst wieder, als es zu spät ist ... als wir nämlich von draußen verzweifelte Schreie hören und hierauf den Panzerwagen sehen, der wie verrückt im Hühnerstall herumfährt. Beschossen, niedergefahren, machen die Hühner vergeblich verzweifelte Flugversuche, um sich in Sicherheit zu bringen.

Gemeinsam mit Lodovico entfloh ich der familiären Hölle.

Im Zug blickte ich ihm in die Augen und fragte: »Warum hast du das getan?«

»Ich wußte nicht, daß ich euch im Landhaus treffen würde. Ich glaubte, daß ihr noch in Mailand seid. Ich hatte die Absicht, Albertino das Spielzeug durch einen Boten zu schicken.«

»Aber in Mailand wären wir ja auch dabeigewesen!«

»Ja, aber ich nicht«, antwortete der Unglückselige.

»Der Krieg hat dich grausam gemacht, Lodovico.«

»Nicht der Krieg, denn ich hasse den Krieg – nicht der Krieg, sondern Albertino. Erinnerst du dich an meinen letzten Urlaub im Juni?«

Da verstand ich ihn.

Neues vom trauten Heim

Ich bin überzeugt davon, daß der liebe Gott dem Adam, als er ihn aus dem Paradies vertrieb, nicht nur nachrief, er müsse das Brot im Schweiße seines Angesichtes verdienen; er hat ihm auch noch nachgerufen: »Und deine Frau soll krankhaft sparsam sein!«

Angewidert von den bissigen und ironischen Bemerkungen, zu denen alle Gassenjungen der Lombardischen Tiefebene durch meine graue, an wesentlichen Stellen mit kastanienbraunem Tuch geflickte Hose angeregt wurden, beschloß ich, das Kleidungsstück in die Lumpenkiste zu werfen. Doch da trat die Sparwut bei der trefflichen Störerin meines häuslichen Friedens in Erscheinung.

»Wahnsinn!« rief sie unwillig, »man färbt sie und bekommt eine Hose für Albertino.«

Ich will gar nicht davon sprechen, was die Prozedur des Färbens und die Umarbeitung des Kleidungsstückes gekostet hat. Das war das wenigste.

Die eigentliche Tragödie begann, als Albertino das Ergebnis der Prozedur mit Mißfallen betrachtete. Er sagte nichts, weil er damals noch nicht sprechen konnte, aber es war ihm anzumerken, daß dieses schmutzigblaue Etwas seinen ästhetischen Sinn beleidigte.

Die Kinder im zartesten Alter haben sehr schlechte Gewohnheiten. In gewissen Augenblicken kommen sie zu dir, schauen dich mit flehenden Blicken an und zeigen mit einem ihrer winzigen Finger auf den Fußboden. Die sehr schlechte Gewohnheit besteht nicht darin, daß sie mit flehenden Blicken schauen und mit dem Finger zeigen; sie ist anderer Art, und ihre Auswirkungen sind nicht nur auf dem Fußboden nachzuweisen. Die einzige Maßregel, die man in diesem Fall ergreifen kann, ist die, den ganzen unteren Teil der Bekleidung durch andere, trockene Bekleidungsgegenstände zu ersetzen. Und als Albertino zum erstenmal die blaue Hose anhatte, mit flehenden Augen schaute und auf den Boden zeigte, oblag diese Maßregel mir. Sie bestand aus einer Serie köstlicher Überraschungen: nachdem die blaue Hose ausgezogen war, erschien eine blaue Unterhose, und nachdem diese entfernt war, ein blaues Hemd. Als auch das blaue Hemd abgenommen war, erschien wieder etwas Blaues. Ich konne Albertino nicht gut ein Stückchen Haut abtrennen, um zu sehen, ob die Farbe noch die Haut durchdrungen hatte; ich beschloß abzuwarten.

Die treffliche Sparmeisterin meines trauten Heimes bemerkte optimistisch, daß die Hose nach dem ersten Waschen nicht mehr abfärben würde.

Wie ich schon mehrmals zu beobachten Gelegenheit hatte, erreichen Albertinos sehr schlechte Gewohnheiten ganz besonders dann ihren Höhepunkt, wenn der kleine Lump auf meinen Knien sitzt. Hunderte Male habe ich meine Hose durch eine andere, trockene, ersetzt, aber als ich dies zum erstenmal nach den obenerwähnen Ereignissen tat, konnte ich feststellen, daß ich eine neue Hose mit einem grauen und einem blauen Hosenbein hatten, eine Unterhose mit einem weißlichen und einem bläulichen Bein und ein weißes Hemd mit einem großen blauen Ornament. Außerdem hatte ich, da Albertino zum Unterschied von seiner Herstellerin nicht sparsam veranlagt ist, einen blauen Schenkel, einen blauen Strumpf, einen blauen Fuß und einen Schuh, der blaue Flüssigkeit ausschwitzte. Man stellte fest, daß die Hose nach dem zweiten Waschen nicht mehr abfärben würde, und als die zweite Wäsche besorgt war, wurde Albertino eines Nachmittags mitten in das elterliche Bett gelegt. Das Ergebnis war überwältigend. Nach einer Stunde konnte man von der Quelle bis zur Mündung feststellen: ein blaues Hemd, eine blaue Unterhose, eine blaue Hose, eine rosa Decke mit einem blauen Fleck, eine gelbe Steppdecke mit einem blauen Fleck, eine braune Decke mit einem blauen Fleck, zwei Bettücher mit je einem blauen Fleck, eine Wollmatratze und eine Seegrasmatratze mit je einem blauen Fleck, einen Drahteinsatz mit einem blauen Fleck und einen Fußboden mit einem blauen Fleck. Ich ging in den dritten Stock und bat Herrn Raffaele, mich einen Blick in sein Schlafzimmer werfen zu lassen, das unter dem meinen lag. Ich sah einen Plafond mit einem blauen Fleck.

Alles außer dem Drahteinsatz, dem Fußboden und dem Plafond wurde in eine Badewanne gebracht und mit kräftig wirkenden Reinigungsmitteln eingeweicht, um hernach mit Bürste und Seife behandelt zu werden. Da entdeckte Albertino, der Reinlichkeit und die Ordnung liebte, in einer Ecke seine triefend nasse blaue Hose, nahm sie und warf sie in die Wanne.

Man sah nun keine blauen Flecken mehr, denn alles zeigte sich in einem hübschen, kompakten und einheitlichen Blau. Auch unsere lichte Badewanne. Doch dabei blieb es nicht. Es wäre ja Wahnsinn gewesen, eine so gut erhaltene Hose zu vernichten, der reinste Wahnsinn!

So habe ich mich denn nach und nach daran gewöhnt, auf blauen Tischtüchern zu essen, mir die Nase mit blauen Taschentüchern zu putzen und auf blauen Bettüchern zu schlafen.

Oft bin ich, nachdem ich mich mit einem blauen Handtuch abgetrocknet hatte, mit einem blauen Gesicht zur Arbeit gegangen.

Aber endlich habe ich mich aufgerafft. »Genug!« habe ich geschrien, als ich bemerkte, daß ich einen blauen Eierkuchen auf dem Teller hatte. Und ich nahm Albertino energisch das verdammte Kleidungsstück ab und zerschnitt es mit der Geflügelschere in kleine Stückchen. Später begriff ich, daß ich eine Dummheit begangen hatte. Denn infolge dauernden Abfärbens hatte die Hose inzwischen eben wieder das sauberste Grau der Welt angenommen.

Heute habe ich das letzte Telegramm der Unglücksserie bekommen. Aber obwohl es sich um ein dringendes Telegramm handelt, wird es gut sein, die Ereignisse nicht zu überstürzen und der Reihe nach zu erzählen.

Eines schönen Tages – es ist nun schon einige Zeit her – sagte die treffliche Frau, die die geringfügigen Erträge meiner täglichen Angriffe auf die Grammatik und auf die Syntax mit mir teilt: »Bald sind wir an der Reihe, Giovannino. Dann wirst du mir vielleicht recht geben, aber dann ist's zu spät! Wir werden beide verwitwet sein, und zwei verlassene Waisenkiner werden auf der Suche nach einem Stück Brot durch die Welt wandern.«

Sie schlug die Seite der aufregenden Nachrichten in der Zeitung auf und las sie mit lauter Stimme: »Pilzvergiftung einer Familie« – »Ehepaar Opfer der Eisenbahn« – »Professional von Kiste zerschmettert«. Ich gestand, daß diese Nachrichten mich zwar betrübten, doch nicht voll Sorge an eine unausweichliche und wechselseitige Witwenschaft denken ließen.

»Giovannino«, erklärte die wackere Person mit trüber Stimme, »halte dir vor Augen, daß jeder, der Konserven ißt, ein Attentat auf sein eigenes Leben und auf das seiner Kinder verübt. Du siehst, wie die Zeitungen von solchen traurigen Vorfällen strotzen.«

Ich fragte nach dem Zusammenhang zwischen lebensgefährlichen Pilzen, dem Eisenbahnunglück des Ehepaares und der Kiste, die den Professionalisten zerschmetterte.

»Die Kiste war voll von Konserven«, erklärte die hervorragende Benützerin meines Gehalts. »Es steht deutlich im Text des Artikels. Wir müssen auf der Hut sein, Giovannino. Es wäre eine Infamie, eine Familie auszurotten, nur weil sie verdorbenes Tomatenmark gegessen hat.«

Die ausgezeichnet Frau, die einen erfolgreichen Angriff gegen mein unverteidigtes Junggesellentum verübt hatte, hat ihre eigene Vorstellung von Logik: Nach ihren dialektischen Grundsätzen zieht man aus einer Pilzvergiftung, einem Eisenbahnzusammenstoß und dem Herabfallen einer mit Konservendosen gefüllten Kiste den Schluß, daß es zur Sicherung der familiären Vollzähligkeit nötig sei, mindestens fünf Flaschen mit hausgemachtem Tomatenmark anzufüllen.

»Tomatenmark zu machen, ist das Einfachste von der Welt«, erklärte mir meine hervorragende Mitbewohnerin. »Was dich betrifft, mußt du nur das Geld beschaffen, das zum Ankauf von zwanzig Kilogramm frischer Tomaten erforderlich ist.«

Als ich am folgenden Tag gegen achtzehn Uhr mit ungewöhnlicher Hingabe in der Redaktion an meinem Schreibtisch arbeitete, läutete das Telefon. Ich nahm den Hörer ab und spürte den unangenehmen Geruch von etwas Angebranntem. Dann hörte ich die Stimme der bereits mehrfach erwähnten Frau. »Ich koche eben die Tomaten ein; wenn du nach Hause gehst, kaufe Salizylsäure für zehn Kilo Eingekochtes.«

Ich liebe Geistreicheleien nicht, und wenn ich sage, daß der Geruch des aufkochenden Tomatenmarks sogar durchs Telefon zu spüren war, so glaubt mir: Oft ereignen sich Phänomene, die sich jeder wissenschaftlichen Erforschung entziehen!

Als ich abends nach Hause kam, fand ich das Vorzimmer bemerkenswert verändert: Albertino hatte mit Hingabe gearbeitet, und so gab es überall Tomatenmark, auch auf dem Plafond.

»Es ist schwer«, erklärte mit kaum verhohlenem Stolz die Mutter des kleinen Arbeiters, »es ist schwer, ein Kind in diesem Alter zu finden, das innerhalb weniger Minuten von selbst begreift, daß eine Fahrradpumpe nicht nur Luft, sondern auch flüssiges Tomatenmark pumpen kann. Welch kluger Kopf!«

»Hat er auch die Pneus des Fahrrades mit Tomatenmark gefüllt?« erkundigte ich mich.

»Nein«, beruhigte mich die versierte Fabrikantin haltbarer Nahrungsmittelkonzentrate. »Nur die Schlösser der Kästen.«

Ich fragte, wo sich das kleine Pumpgenie befände.

»Er ist zum Einweichen im Kübel«, wurde mir geantwortet. »Vielleicht gelingt es uns, ihn wieder reinzumachen, ohne daß wir ihn in die Wäscherei geben.«

Da am nächsten Tag eine einzigartige Hitze einsetzte und da ich auch verhindern wollte, daß die ausgezeichnete Einkocherin eine gewisse Pfirsichmarmelade machte, in die sie sich verliebt hatte, verfrachtete ich meine Angehörigen aufs Land und blieb in der Gewalt von fünf Flaschen Tomatenmark allein zu Hause.

Die Hitze brannte gewaltig, in den Räumen meines vierten Stocks atmete man Feuerluft. Die fünf Flaschen mit Eingekochtem waren im kühlsten Winkel meines Arbeits-Eß-Wohnzimmers hinter einem Lehnstuhl aufgestellt. Dank dieser weisen Voraussicht fand ich, als ich am ersten Abend nach Hause kam, den Plafond des kühlsten Winkels in meinem Wohn-Arbeits-Eßzimmer durch einen großen purpurroten Fleck verziert. Wände und Möbel in der Nähe hatten mit Sorgfalt alle Spritzer gesammelt, so daß der Fußboden nahezu sauber war.

Die Hitze hatte der Gärung des Eingekochten außerordentliche Kraft verliehen, der Kork einer Flasche hatte dem Drängen von innen nicht widerstehen können, war fortgeschnellt und hatte, von einer starken Vorhut des Eingekochten begleitet, den Plafond erreicht. Da ich nicht die Kraft in mir fühlte, schwere Verantwortlichkeiten auf mich zu nehmen und aus eigener Initiative etwas zu unternehmen, sandte ich ein dringendes Telegramm mit der Bitte um Instruktionen an die Urheberin des Eingekochten und meiner Nachkommenschaft.

Am folgenden Morgen bekam ich ein dringendes Antworttelegramm: »korke herausnehmen um explodieren flaschen vermeiden durch papierhütchen ersetzen.«

Ich nahm die Korke heraus und begab mich beruhigt zur Arbeit. Als ich am späten Nachmittag nach Hause kam, erwartete mich das Eingekochte bereits im Vorzimmer. Die Hitze und die Gärung hatten, wie man sieht, das Verbleiben in den engen Flaschen unerträglich gemacht, und ein nicht unbeträchtlicher Teil des Eingekochten war, von den Korken befreit, ausgetreten und mit Ausnützung der leichten Neigung meines Fußbodens bis zur Vorzimmertür gelangt, um mir einen festlichen Empfang zu bereiten.

Ich war erschüttert. Es handelte sich sichtlich um ein zwar rebellisches, aber anhängliches Tomatenmark. Ich sandte ein zweites Eiltelegramm ab und bekam ein zweites dringendes Antworttelegramm: »übriggebliebenes mark flaschen füllen fest verkorken.«

Die Menge des in seinen Behausungen verbliebenen Eingekochten war nicht mehr groß; immerhin gelang es mir, noch drei Flaschen anzufüllen und zu verkorken.

Ich verbrachte einen relativ ruhigen Tag, aber als ich nach Hause kam, entdeckte ich in meinem Arbeitszimmer etwas Neues: auf dem Plafond war in der Nähe des alten Flecks ein kleiner zweiter. Das wäre an sich nicht so besonders interessant gewesen, hätte man nicht nahe bei dem kleineren Fleck eine Flasche ohne Boden gesehen, die bis zum Hals in den weichen Rohrplafond hineingetrieben war. Wundern wir uns, wenn ein Mensch sich unter gleichen Umständen anders verhält als ein anderer Mensch? Nein. Warum sollten wir uns also wundern, wenn von zwei Flaschen mit Eingekochtem die eine sich anders verhält als die andere?

Wo der Kork weniger fest eingesetzt war, war er, gefolgt vom Eingekochten, hinausgeflogen. Wo aber der Kork zu fest hineingetrieben war, war die Flasche davongeflogen; und während ihr oberer Teil sich einen neuen Aufenthaltsort gesucht hatte, war der untere Teil zusammen mit dem ihm zugehörigen Eingekochten auf dem Fußboden verblieben. Ich schickte ein drittes Eiltelegramm, in dem ich beklommen fragte, was ich mit der übriggebliebenen Flasche anfangen sollte.«

Das dritte Antworttelegramm: »fülle eingekochtes stärkere flasche stop verkorke fest stop verbinde mit eisendraht stop stelle flasche in speiseschrank.«

Ich füllte das Eingekochte in eine bewährte Sektflasche, zwängte den Korken hinein und stellte die Flasche in den Schrank. Gott sei Dank, nun war alles beendet. Ich verbrachte den ruhigsten Tag.

Abends fand ich die Flasche unversehrt auf ihrem Platz. Keine Nacht war je von süßeren Träumen bevölkert.

Der folgende Tag war ein Sonntag, und dieser folgende war der gestrige Tag. Ich blieb beruhigt zu Hause und blätterte vergnügt in meinen Büchern und Notizheften.

Gegen vier Uhr nachmittags erschütterte eine entsetzliche Explosion den Frieden und die Wände meines vierten Stockwerks.

Während eine kleine Volksmenge sich auf der Straße zusammenzurotten begann, lief ich in die Küche und fand genau das vor, was ich erwartet hatte: Die Tür des Speiseschranks war aus den Angeln gehoben, Teller, Gläser und Flaschen, einst der Stolz meines gedeckten Tisches, waren in Scherben überall verstreut.

Die Flasche mit dem Eingekochten war explodiert wie eine Bombe, überallhin Tod und Verderben tragend.

Nachdem ich die Bevölkerung, die ich von Dynamitattentaten munkeln hörte, beruhigt hatte, stand ich schweigend da und betrachtete die verspritzten Überreste des Tomatenmarks. Dann schickte ich das letzte Telegramm ab.

Und heute bekam ich das letzte Antworttelegramm: »mach dir keine sorgen stop habe acht dosen ausgezeichneten tomatenmarks aufgetrieben stop alles gesund.«

Ich legte die Unglücksbotschaft zu den Überresten der Küche; dann ging ich spazieren.

Margherita ist sanft und fügsam, aber in gewissen Dingen kennt sie keine Konzessionen. Margherita ist zum Beispiel überzeugt davon, daß man mit den Kindern kurzen Prozeß machen muß; und niemand auf der Welt könnte sie davon abbringen.

Wenn Carlotta statt der Suppe Pfefferminzbonbons und Gorgonzola mit Kakao haben möchte, wenn sie verlangt, mit meinem Fahrrad zu Bett zu gehen oder sich auf irgendeine andere derartige Teufelei versteift, werden die sanften Züge Margheritas unversehens hart, die Halsadern schwellen an, in die Augen kommt ein seltsam metallischer Glanz, wie eine Katze stürzt sie auf Carlotta zu und stößt, wenige Zentimeter vor dem Kind stehenbleibend, einen unmenschlichen Schrei aus, der mich jedesmal aus dem Sessel auffahren und mir die Finger auf den Tasten der Schreibmaschine erstarren läßt: »Ja« Das ist laut Margherita der »kurze Prozeß«, den man mit den Kindern machen muß: Auf alle Forderungen mit »Ja« antworten, aber so laut, daß die Wände der Wohnung zittern. »Margherita«, fragte ich sie eines Tages, »fändest du es nicht besser, statt jedesmal ›ja‹ zu schreien, wenn sie dich um die ausgefallensten Dinge bitten, mit leiser Stimme ›nein‹ zu sagen?«

»Als wir einander kennenlernten«, seufzte Margherita, »war ich dieser Ansicht. Und als du mich fragtest, ob du mich begleiten dürftest, antwortete ich dir mit leiser Stimme ›nein‹. Dann ließ ich mich begleiten. ›Nein‹, mit leiser Stimme und ›ja‹ mit lauter Stimme ist das gleiche. Und bei Kindern ist es besser, mit lauter Stimme ›ja‹ zu sagen. Du verstehst nichts von Kinderpsychologie.«

Wenn man darüber nachdenkt, hat Margherita vielleicht nicht ganz unrecht.

Eines Tages begann Carlotta in der Küche zu heulen. Ich ging in die Küche und fand sie in einem Meer von Tränen allein unter dem Tisch.

»Was gibt's?«

»Ich will die Schokoladekugeln mit der Mandel drin!« schrie sie mit solcher Heftigkeit, daß ich für ihre kleine Lunge fürchtete. Ich vertraute sie Albertino an, lief hinunter, durchlief zwei Bezirke und kam schließlich mit den gewünschten Kugeln heim.

Carlotta hörte zu weinen auf. Sie öffnete die Tüte, löste das Papier von einer Kugel und kratzte mit dem Fingernagel, um festzustellen, ob sich unter der Schokolade tatsächlich die Mandel befand. Dann steckte sie die Kugel in den Mund.

Ich kehrte an die Maschine zurück und begann weiterzuarbeiten. Kurz darauf erschien Carlotta bei mir. Sie trat vor mich hin, nahm die Kugel aus dem Mund und reichte mir die Tüte.

»Ich möchte lieber weiterweinen«, erklärte sie.

Dann begab sie sich unter den Tisch in der Küche zurück, begann zu weinen und zu heulen und fuhr damit eineinhalb Stunden fort, bis Margherita nach Hause kam. Ich hörte Margherita ›ja‹ schreien. Dann hörte ich kein Weinen mehr.

Vielleicht hat Margherita recht, wenn sie sagt, man müsse mit den Kindern kurzen Prozeß machen. Der Jammer ist nur, daß man bei dem ständigen Gebrauch und Mißbrauch des »kurzen Prozesses« in meinem Hause nachgerade nur noch mit der dreigestrichenen Oktave arbeitet. Der Ton erreicht auch beim gewöhnlichen Wortwechsel schwindelnde Höhen. Man spricht nicht mehr. Man schreit. Und das steht im Widerspruch zum Lebensstil eines Gentleman. Aber es hat auch seine Vorteile.

Wenn Margherita mich zum Beispiel von der Küche aus fragt, wie spät es ist, brauche ich mich nicht um eine Antwort zu bemühen, weil der Bewohner des Stockwerks über uns am Fenster erscheint und brüllt, daß es sechs oder zehn Uhr sei.

Eines Abends wiederholte Margherita mit Albertino das Einmaleins, und Albertino blieb bei sieben mal acht stecken. »Sieben mal acht?« begann Margherita zu fragen. Und als Margherita sechsmal nach sieben mal acht gefragt hatte, hörte ich ein Klingeln an der Wohnungstür. Ich ging öffnen und sah vor mir das hektisch gerötete Gesicht des Herrn vom zweiten Stock. »Sechsundfünfzig!« rief der Bewohner des zweiten Stocks haßerfüllt.

Als ich eines Dezembertages heimkam, beugte sich die Hausbesorgerin aus der Portierloge und sagte sarkastisch: »Weihnachtsnacht, Weihnachtsnacht – komm, o komm geschwind – was hat's Christkind wohl gebracht – unserm braven Kind?«

»Aha«, sagte ich zu mir, »Margherita hat begonnen, den Kindern ein Weihnachtslied beizubringen.«

Vor der Wohungstür hörte ich gerade Margharitas Stimme: »Weihnachtsnacht, Weihnachtsnacht –«

»Schweihnachtsnacht!« antwortete Carlotta ruhig. Dann hörte ich wirre Schreie und entschloß mich zu klingeln.

Sechs Tage später hielt mich der Wursthändler an, als er mich vorübergehen sah.

»Sonderbar«, sagte er, »so ein aufgewecktes Mädchen kann so ein einfaches Gedicht nicht erlernen. Alle im Haus können es schon, nur sie nicht.«

»Im Grunde hat sie nicht unrecht, wenn sie es nicht lernen will«, bemerkte ernst der Milchhändler, der gerade dazukam. »Es ist ein ziemlich einfältiges Gedicht. Das mit den Wannen ist viel schöner: ›O Englein, von wannen – erscheint ihr, so hold – die Welt zu bespannen – mit Silber und Gold . . .«

Zwei Tage vor dem Heiligen Abend besuchte mich ein sehr würdiger Herr mittleren Alters.

»Meine Fenster sind gegenüber von Ihrer Küche«, erklärte er. »Ich habe ein sehr sensibles Nervensystem, verstehen Sie mich? Seit drei Wochen höre ich vom Morgen bis zum Abend schreien: ›Weihnachtsnacht, Weihnachtsnacht – komm, o komm geschwind –, was hat's Christkind wohl gebracht – unserm braven Kind?‹ Offensichtlich ist diese Art von Lyrik dem künstlerischen Temperament des Mädchens nicht angepaßt, und deshalb kann sie den Text nicht erlernen. Aber das ist nebensächlich; die Sache ist die, daß ich es nicht länger aushalte. Ich muß die anderen vier Verse von Ihnen erfahren. Ich befinde mich in der Lage eines Dürstenden, der seit vierzehn Tagen hundertmal am Tage sieht, wie sich ein wassergefüllter Becher seinem Munde nähert. Sobald er aber die Lippen hineintauchen will, entfernt sich der Becher. Und wenn ich dafür bezahlen sollte – helfen Sie mir!«

Ich fand das Blatt unter Carlottas Effekten.

Der Herr stürzt sich gierig auf das Blatt; dann schrieb er die vier Verse ab und ging glücklich fort. »Sie retteten mir das Leben«, sagte er lächelnd.

Am Weihnachtsabend war Margherita betrübt und untröstlich.

Wir setzten uns zu Tisch, ich fand die üblichen Briefchen unter dem Teller, und dann kam der feierliche Moment.

»Ich glaube, daß Albertino dir etwas zu sagen hat«, teilte mir Margherita mit.

Albertino kam nicht einmal dazu, das vorgeschriebene ängstliche Kind zu spielen. Carlotta stand auf ihrem Sessel und hatte schon angefangen: »O Engelein, von wannen – erscheint ihr, so hold . . .«

Entschlossen, verräterisch, bösartig und gemein rezitierte sie in einem Atem Albertinos Gedicht.

»Es ist meines!« schluchzte der Unglückliche und lief fort, um sich im Schlafzimmer zu verstecken.

Margherita, die betrübt dasaß, gab sich einen Ruck, beugte sich über den Tisch zu Carlotta und blickte ihr in die Augen. »Hündin!« schrie Margherita. Doch Carlotta war nicht aus der Fassung zu bringen und hielt dem Blick stand. Sie war noch sehr jung, aber in ihr waren Lucrezia Borgia, die Mutter der Gracchen, Mata Hari, George Sand, die Dubarry, der Raub der Sabinerinnen und die Schwestern Karamasoff. Indessen hatte Abel nachgedacht und war wieder ruhig geworden. Albertino kam zurück, machte seine Verbeugung und deklamierte das ganze Gedicht, das Carlotta hätte lernen sollen. Da begann Margherita gerührt zu weinen und sagte, daß diese zwei Kinder ihr Trost seien.

Am Morgen kamen eine Menge Leute, um zu gratulieren; und alle versicherten, daß sie solche dramatischen Szenen nicht einmal in den erfolgreichsten Romanen gelesen hätten.

Margherita war noch immer gerührt. Sie sah mich lächelnd an, und ihre großen schwarzen Augen sagten mir: Giovannino, Giovannino . . .«

Wunderliche Geschichten

Jetzt kommen einige wunderliche Geschichten. Es ist besser, das gleich zu sagen, damit sich niemand falsche Vorstellungen macht.

Ein neuzeitlicher Zeitungsleser läßt sich durch nichts mehr beeindrucken. »Katze Carmen spricht kastilianisch« – »Architekt als Taschendieb« – »Rede spaltet Amerika in zwei Teile« . . . Wenn einer an solche Schlagzeilen gewöhnt ist (sie sind authentisch), wird er gewiß nicht durch eine von meinen sonderbaren Geschichten beeindruckt werden. Aber es kann ja vorkommen, daß einer keine Zeitungen liest.

Heute nacht wurde Giacomino abgeholt.

Zwei Monate ist er bei mir gewesen, und ich hatte ihn liebgewonnen. Nun wird er nicht mehr auf dem Wagen meiner Schreibmaschine sitzen und mir zulächeln.

Es war damals kurz nach Mitternacht. Ich war noch immer damit beschäftigt, der Schreibmaschine kleine Ereignisse zu erzählen, die sie ihrerseits in Blau dem weißen Papier erzählte.

Plötzlich war mir, als hörte ich durch die Balkontür ein Flügelrauschen. Ich unterbrach meine Arbeit.

Es war tatsächlich ein Flügelrauschen. Vielleicht eine verirrte Taube? In meiner fernen Jugendzeit war ich nachts ausgegangen, um die Nachtigallen in ihren Nestern auszunehmen; und die Nachtigallen – sagt man – schlafen mit offenen Augen. Ich löschte das Licht, öffnete mit äußerster Vorsicht die Flügel der Balkontür und streckte langsam den Arm aus. Ich fühlte, wie sich zwischen meinen Fingern zwei warme Flügelchen bewegten; es schien eher eine Singdrossel zu sein als eine Taube. Ich schloß die Tür und zündete das Licht wieder an.

Es war keine Singdrossel; es war ein winziges Kind, eine Spanne groß, in einem weißen Hemd, das ihm bis zu den Füßen reichte, mit einem winzigen Lockenkopf und zwei winzigen Flügeln an den Schultern. Es war sehr erschrocken, aber ich liebkoste es ganz zart, und da schaute es mich mit seinen winzigen runden schwarzen Auguen an und lächelte. Ich sagte irgend etwas, aber es antwortete nicht; es konnte noch nicht sprechen. Es hob den winzigen Arm und zeigte auf den Wecker. Ich setzte es auf den Tisch und stellte den Wecker vor es hin. Es begann zu spielen, und es schaute mich an und lachte, wobei es zwei Zähne zeigte, so klein wie Reiskörner.

Ich machte nun den lieben Gott darauf aufmerksam, daß es nicht gut sei, so kleine Seelen von Kindern, die noch nicht sprechen können, in der Nacht herumzuschicken.

Der liebe Gott antwortete mir nicht, und ich ging wieder daran, auf meine Schreibmaschine zu hämmern.

Das Kind ließ den Wecker und betrachtete mit größtem Interesse die Maschine. Es war eine Spanne lang und wog so viel wie eine Nuß; ich setzte es auf den Wagen der Maschine und schrieb weiter. Es unterhielt sich; wenn es die Glocke läuten hörte, schaute es mich an und lachte. Bald wartete es mit erhobenem Finger darauf, daß die Glocke läutete. Ich begann, schneller zu schreiben, dann noch schneller, damit die Glocke öfter läutete.

»Ich werde dich Giacomino nennen«, teilte ich dem Kind mit; und der Knirps streckte die Arme nach mir aus – er war schläfrig.

Ich steckte ihn zum Schlafen in eine Tasche meines wollenen Schlafanzugrocks. Dann verschloß ich die Tasche mit einer Sicherheitsnadel und hängte den Schlafrock an den Kleiderhaken meines Arbeitszimmers. Zwei Monate leistete mir Giacomino Gesellschaft. Jede Nacht nahm ich ihn aus der Tasche meines Schlafrocks und setzte ihn auf den Wagen der Schreibmaschine. Und Giacomino saß ruhig und unbeweglich da; und wenn die Glocke läutete, hob er den Arm, schaute mich an und lächelte.

Er war eine Spanne lang und wog soviel wie eine Nuß. Er sprach nie, er weinte nicht, er war eine schweigende kleine Seele. Er flog nicht einmal herum; er saß auf dem Wagen meiner Schreibmaschine und wartete auf das Läuten der Glocke.

Einmal glitt seine Hand über das Papierblatt; ich hämmerte mit gesenktem Kopf auf die Tasten, und als ich bemerkte, daß in der letzten Zeile ein ganzes Wort fehlte, war es zu spät. Das Wort stand auf der Hand Giacominos. Es war ein banales Wort: »Pfeife.« Giacomino weinte nicht. Ich verband seine kleine Hand mit einem Stück Taschentuch und konstruierte aus einem Stück Eisendraht ein Schutzgeländer auf dem Wagen der Schreibmaschine.

Wenn am Sonntag die Sonne schien, bestieg ich mein Rad. Giacomino war in meiner Weste verborgen. Wenn wir dann auf eine einsame Wiese kamen, band ich eine lange Schnur an Giacominos Arm und ließ ihn fliegen.

Jetzt schaut mich Giacomino nicht mehr vom Wagen der Schreibmaschine lächelnd an; gestern abend hat man ihn abgeholt.

Es war wieder kurz nach Mitternacht. Irgend jemand klopfte ans Fenster. Ich öffnete, und herein kam eine junge Frau in einem langen weißen Hemd, und mit Flügeln an den Schultern.

»Seit zwei Monaten suche ich ihn schon«, erklärte sie mir. »Wir sind beide von einem Balkon im vierten Stock gefallen. Erinnern Sie sich? Es stand am nächsten Tag im ›Corriere‹, fügte sie nicht ohne Eitelkeit hinzu. »Auch er war in der Zeitung. So klein und schon in der Zeitung! Wir sind beide vom vierten Stock gestürzt; ein Geländer war gebrochen. Aber er ist zehn Minuten vor mir dahingegangen, und es gelang mir nicht mehr, ihn zu finden. Er hatte sich verirrt. Zwei Monate habe ich gesucht, und jetzt habe ich ihn gefunden. Ich danke Ihnen, mein Herr.«

Die junge Frau nahm ihren Giacomino in den Arm und ging fort. Aber Giacomino weinte und streckte die Hände nach der Schreibmaschine aus; er wollte bei mir bleiben und die Glocke läuten hören.

Ich schloß die Fensterflügel und nahm meine Arbeit wieder auf. Verwünscht, was es mich jetzt für Mühe kostet, auch nur zwei Worte aufs Papier zu bringen, seit mir Giacomino nicht mehr vom Wagen der Maschine zuschaut.

Aber ich bin's zufrieden. Ich muß mir zumindest einreden, daß ich zufrieden bin.

Wer weiß, was der liebe Gott sagen wird, wenn er auf Giacominos Händen das Wort »Pfeife« sieht? Es ist mir nicht gelungen, es auszuradieren. Man sollte niemals mit einem kopierfähigen Farbband schreiben!

Ich wollte von einer sonderbaren Begebenheit erzählen, und ich weiß nicht recht, ob es mir gelungen ist.

Aber was kann ich da machen? Seit Giacomino mir nicht mehr vom Wagen der Maschine zuschaut, muß ich mich schrecklich abmühen, auch nur einen Satz zusammenzubringen.

Doktor G. B. wollte an jenem Abend ausgehen, aber er tat nicht gut daran. Denn an der Ecke der dritten Seitengasse erwartete ihn Gimmi.

Genaugenommen wartete Gimmi nicht gerade auf Doktor G. B.; Gimmi wartete einfach auf irgendeinen, um ihm die Geldtasche zu ziehen. Der erste, der ihm in den Weg lief, war der Doktor, und dies mißfiel den Familienangehörigen des Doktor G. B., es mißfiel aber auch den Angehörigen Gimmis. Als sie sich nämlich einander gegenüber sahen, hielt es sowohl Doktor G. B. als auch Gimmi für die einzige Möglichkeit, die Pistole zu ziehen und zu feuern. Sie schossen, solange sie konnten. Dann stürzten sie aufeinander und versuchten vergeblich, einander zu packen. Als es ihnen bewußt wurde, daß Seelen aus Luft gemacht sind und daß infolgedessen ein Handgemenge zweier Seelen sowohl technisch als auch sprachlich undenkbar ist, blieben sie unbeweglich stehen, um ihre Leichen zu betrachten, die verlassen auf dem Pflaster lagen.

»Eine schöne Geschichte haben Sie da angerichtet, Sie Widerling!« rief endlich der selige Doktor G. B.

»Ich habe nicht den Eindruck, daß Ihr Werk lobenswerter ist als das meine«, erwiderte der selige Gimmi.

»Meines ist das Werk eines Ehrenmannes, der sich zur Wehr setzt, Ihres ist das eines sehr üblen Aggressors«, erläuterte der selige Doktor G. B. verächtlich.

»Spitzfindigkeiten, geehrter Herr«, sagte der selige Gimmi. »Das Wesentliche ist, daß Sie ebenso ein Mörder sind wie ich. Wir sind quitt.

Der selige Doktor G. B. lachte verächtlich. »Sie mit mir quitt?!« rief er. »So schauen Sie doch Ihr Gesicht an, bevor Sie sprechen!«

Der selige Gimmi betrachtete aufmerksam seine verlassene Leiche auf dem Pflaster, dann betrachtete er die Leiche des seligen Doktors und schüttelte seinen großen Kopf.

»Ich finde nichts Ungewöhnliches«, versicherte er. »Wenn ich rasiert und gut angezogen wäre, würde ich sogar einen hübscheren Eindruck bieten als Sie.«

»So etwas hätten Sie mir im Leben sagen sollen«, brummte der selige Doktor G. B. »Ich hätte eine derartige Unverschämtheit nicht ungestraft hingenommen.«

»Entschuldigen Sie«, stammelte mit aufrichtigem Bedauern der selige Gimmi. »Ich wollte Sie nicht beleidigen. Und entschuldigen Sie auch die Geschichte mit dem Revolver. Ich schwöre Ihnen, daß ich Ihnen nichts Böses tun wollte. Ich wünschte bloß, Ihnen die Brieftasche zu ziehen, als ich dann aber sah, daß Sie zur Pistole griffen, habe ich Angst bekommen und mich verteidigt. Sie sind der erste, den ich umbringe, mein Herr, ich schwöre es Ihnen, und Sie machen sich keine Vorstellung, wie leid mir dies alles tut.«

Der selige Doktor G. B. zuckte die Schultern. Im Grunde tat es auch ihm leid, einen Menschen getötet zu haben. »Schon gut, schon gut«, schloß er. »Was geschehen ist, ist geschehen.« Und er entfernte sich stolz. Der selige Gimmi folgte ihm ganz geduckt, und das ärgerte den Doktor. »He, was wollen Sie noch?« rief er und drehte sich um. »Nichts«, erklärte der selige Gimmi furchtsam, »ich dachte nur, da wir denselben Weg haben, daß wir auch zusammen gehen könnten.«

»Ich hoffe stark, daß es nicht derselbe Weg ist«, entgegnete der selige Doktor ironisch. »Jedenfalls lege ich keinen Wert darauf, mich in Gesellschaft gewisser Leute sehen zu lassen.« Aber dann wurde es ihm langweilig, so allein durch die finstere Nacht zu wandern, und als er sich umdrehte, sah er mit Vergnügen, daß der selige Gimmi ihm immer noch folgte. So spazierten dann die beiden bald Seite an Seite schweigend über die Dächer. Als der Morgen graute, ging der selige Gimmi in ein Dachzimmer hinein. Der selige Doktor folgte ihm. In einem großen Bett schliefen eine Frau und drei Kinder.

»Ach!« seufzte der selige Gimmi, nachdem er lange geschaut hatte. »Ich hatte ihm ein Pferd versprochen, dem Kleinsten.«

»Wenn man Kinder hat, treibt man sich nicht nachts herum, um Leute zu berauben!« meinte der selige Doktor. »Was hatten Sie denn eigentlich in Ihrem Kopf?«

»Stroh, mein Herr, Stroh! Wenn ich könnte, würde ich mir diesen dummen Kopf einschlagen!«

Der selige Doktor G. B. ging nicht in sein Haus. Es wäre ihm peinlich gewesen, den seligen Gimmi seine reiche Wohnung sehen zu lassen und das warme Zimmer, in dem nur eine dicke und unsympathische Frau schlief.

Gegen neun Uhr morgens blickten sie den Leuten über die Schultern und lasen die Zeitungen.

Eine kurze Nachricht stand im Lokalteil; die Einzelheiten wurden für den Nachmittag angekündigt.

»Was?« rief der selige Gimmi, nachdem er zu Ende gelesen hatte.

»Sie waren der Doktor G. B.?!«

»Ja.«

»Verwünscht, was für eine Bestialität habe ich begangen!« betrübte sich der selige Gimmi. »Daß ich gerade eine Berühmtheit wie Sie umbringen mußte! Ich bin wirklich zum Unglück geboren! Ich werde verzweifelt in die Hölle gehen, und das geschieht mir ganz recht. Aber ich schwöre Ihnen, daß ich Sie nicht töten wollte; Sie haben mir angst gemacht, das ist alles. Ein Wissenschaftler wie Sie!«

»Na, Sie brauchen nicht zu übertreiben«, unterbrach ihn der selige Doktor G. B.; »es ist schließlich kein unersetzlicher Verlust. Ich hatte vor allem einen guten Ruf, aber es war nicht viel dahinter. Solche wie mich wird es noch hunderttausend geben.«

Der arme selige Gimmi fuhr fort, seinen großen Kopf zu schütteln. Er hatte eine große Bestialität begangen.

In den Nachmittagszeitungen stand die detaillierte Geschichte; an einem Kiosk war eine große Zeitung ausgehängt, und die Seite der Unglücksfälle und Verbrechen war aufgeschlagen. Sie konnten ganz bequem lesen. Die ärztliche Untersuchung hatte eine sonderbare Tatache ergeben. Gimmi war vom Doktor ins Schwarze getroffen worden, der Doktor hingegen war nicht von Gimmi erschossen worden, sondern an einem Schlaganfall gestorben. Die plötzliche Aufregung hatte sein Herz stillstehen lassen.

»Halten Sie das für möglich?« fragte der selige Gimmi ungläubig. »Gewiß,« beruhigte ihn der selige Doktor G. B. »Mein Herz war keine zwei Centesimi wert. Ein ganz miserables Herz.«

Der selige Gimmi begann wieder, seinen großen Kopf zu schütteln. »Alles schön und gut«, warf er ein, »aber wenn ich Sie nicht angegriffen hätte, wäre die Geschichte nicht passiert. Es ist meine Schuld. Die Geschichte wäre nicht passiert.«

»Was wissen denn Sie?« erwiderte der selige Doktor G. B.»Es wäre ohne weiteres passiert – irgendein Straßenunfall, eine plötzliche Aufregung aus familiären Gründen. Mein guter Mann, bei einem schlechten Herzen genügt irgendeine Dummheit. Ich bin sehr froh, daß Sie mich nicht getötet haben.«

Der selige Gimmi fuhr fort, seinen Kopf hin und her zu wiegen.

Ein Herr im Hemd und mit Flügeln kam daher und teilte ihnen mit, daß das Tribunal sie erwarte.

Beim Tribunal wurde der selige Doktor als erster aufgerufen.

»Ich habe einen Ehrenmann getötet«, sagte der Doktor.

»Einen Augenblick«, unterbrach der Richter. »›Ehrenmann‹ scheint mir nicht gerade das richtige Wort. Er hat Sie zum Zwecke des Diebstahls angefallen.«

»Ja, aber er hatte nicht die Absicht, mir etwas Böses anzutun; ich kenne ihn seit Jahren«, erwiderte der selige Doktor G. B.

»Geben Sie acht, daß Sie keine Unwahrheit sagen!« mahnte der Richter streng. Nachdem er die Vergangenheit des seligen Doktors studiert hatte, verkündete er das Urteil. »Sie haben im Zustand berechtigter Notwehr gehandelt. Sie sind freigesprochen.«

Nun wurde der selige Gimmi verhört.

»Ich bin ein Schurke«, gestand der selige Gimmi, »ich habe eine große Schweinerei begangen, als ich den Herrn Doktor tötete. Ich habe nichts zu meiner Verteidigung zu sagen.«

»Sie haben ihn nicht getötet«, warf der Richter ein.

»Das sagen Sie!« rief Gimmi und schüttelte seinen großen Kopf.

»Wenn ich ihn nicht aufgehalten hätte, wäre dem Herrn Doktor diese Schweinerei nicht passiert. Es ist meine Schuld.«

»Sie werden das doch wohl nicht besser wissen wollen als ich!« entgegnete der Richter gereizt. Das Urteil wurde verkündet. In Anbetracht seines Vorlebens, des völligen Fehlens mörderischer Absichten und gewisser anderer Einzelheiten wurde der selige Gimmi nur zu fünftausend Jahren Fegefeuer verurteilt.

Der selige Gimmi begab sich gesenkten Kopfes auf den Weg zum Fegefeuer, aber kurz darauf holte ihn der selige Doktor G. B. ein.

»Ich komme mit Ihnen«, sagte er. »Ich werde Ihnen Gesellschaft leisten. Fünftausend Jahre vergehen wie nichts.«

»Glückliche Leute«, murmelte der Richter lächelnd und sah ihnen nach. Dann wendete er sich an irgendeine Hilfskraft: »Laß sie nur zwei oder drei Jahrhunderte dort, und dann bring sie herauf.«

Ein Weiser, der immer als Ehrenmann gelebt hatte, für seine Rechtschaffenheit jedoch immer nur einen traurigen Lohn erhalten hatte, wurde es eines schönen Tages müde und sagte: »Die Menschen sind alle Schweine.«

Dann verkaufte er all seine Habe, kaufte ein Pferd, einen Esel, einen Hund, einen Ochsen und eine Henne. Nachdem er sich auf dem Gipfel eines Berges einen Palast hatte erbauen lassen, ging er hin, um dort zu wohnen.

Der Weise war ein Mann von großen Geistesgaben und von einzigartiger Willenskraft. Er setzte es sich in den Kopf, seinen Tieren das Sprechen beizubringen.

Jahr um Jahr arbeitete er, ohne den Mut und die Geduld zu verlieren. Schließlich aber hatte er mit seinem Bestreben Erfolg: das Pferd, der Hund, der Esel, der Ochse und die Henne waren imstande, zu verstehen und zu antworten.

Der Weise dankte dem lieben Gott für seine Hilfe und beschloß, mit den fünf Tiern ein Abschlußexamen durchzuführen.

Er führte sie in den Garten, gab ihnen Futter und Zärtlichkeiten, ließ sie sich auf dem Rasen vor ihm hinstrecken und begann mit sanfter Stimme, sie auszufragen.

Die erste Frage richtete er an den Esel.

»Wer bist du?« fragte der Weise den Esel.

»Ein Pferd«, antwortete der Esel mit bewundernswerter Sicherheit. Der Weise wandte sich an den Ochsen: »Und du, wer bist du?«

»Ein Löwe«, antwortete der Ochse mit kühner Miene.

Der Weise wandte sich an die Henne. »Und du, wer bist du?«

»Ein Adler«, antwortete die Henne, indem sie die Klauen herausstreckte.

Der Weise wandte sich an das Pferd: »Und du, wer bist du?«

»Ein Mensch«, antwortete das Pferd und fügte hinzu: »Ich wäre Ihnen verbunden, wenn Sie mich mit Sie ansprechen wollten. Ich denke doch, daß wir zwei niemals zusammen in der Kneipe gesessen sind!«

Der Weise wurde betrübt und sah mit Tränen den Hund an.

»Du Ärmster«, sagte der Hund gutmütig und warf ihm einen Knochen hin. »Sie behandeln dich schlecht, aber verlier den Mut nicht; ich weiß, daß du mir treu bist, und ich werde dich beschützen.«

Und als er sah, daß der Weise nicht aufhörte zu weinen, fügte er hinzu: »Wir gehen weit fort von diesem undankbaren Gesindel, und ich werde dich das bellen lehren.«

Ein Mann kam zum Doktor H. J. Bommer.

»Etwas höchst Sonderbares geht vor sich«, erklärte der Mann. »Seit mehr als zwölf Jahren besitze ich eine Kaffeemühle, die immer ausgezeichnet funktioniert hat; ich gab Kaffeebohnen hinein, sie lieferte mir gemahlenen Kaffee. So war es bis vor einer Woche. Vor einer Woche nahmen die Dinge eine eigenartige Wendung. Vergangenen Montag schüttete ich wie immer geröstete Kaffeebohnen in den Trichter und drehte wie immer die Kurbel; als ich aber die Lade herauszog, fand ich nicht Kaffeepulver, sondern weißes Pulver.«

»Weißes Pulver?« fragte Doktor H. J. Bommer.

»Weißes Pulver, oder vielmehr Kastanienmehl«, erklärte der Mann. »Ich dachte, es sei am Mechanismus etwas kaputt, und ließ ihn von einem Spezialisten untersuchen; doch er war in Ordnung. Ich schüttete nochmals gerösteten Kaffee in den Trichter und drehte wiederum die Kurbel; dann zog ich die Lade heraus und fand sie voll Zitronensaft. Tags darauf schüttete ich wiederum gerösteten Kaffee in den Trichter, drehte die Kurbel – und fand nichts in der Lade.«

»Nichts?« fragte Doktor H. J. Bommer.

»Nichts, nicht das geringste Etwas«, versicherte der Mann. »In der Folge fand ich, obwohl ich immer ausgezeichneten gerösteten Kaffee in den Trichter gab, Tamarindenmark, Marmelade, Nelkengewürz, Pfeffer, Knöpfe, Sicherheitsnadeln und frische Blumen.«

»Gemahlene frische Blumen, wollen Sie sagen.«

»Ganz frische Blumen: eine gelbe Rose, einen Marguerite und eine Orchidee. Aber das ist alles noch gar nichts.«

Doktor H. J. Bommer wurde noch aufmerksamer.

»Seit gestern macht die Mühle etwas noch Eigenartigeres: ich schütte gerösteten Kaffee hinein, und heraus kommt Musik.«

»Musik?«

»Ja, Musik! Es klingt wie eine Lyra. Klassische Stücke, fast alles aus dem siebzehnten Jahrhundert.«

»Und der Kaffee?«

»Verschwindet. Die Lade ist leer, und der Trichter ist leer.«

Der Mann wickelte ein Päckchen aus und zog eine Mühle hervor.

»Hier ist sie«, erklärte er. »Sehen Sie: Ich schütte gerösteten Kaffee in den Trichter, drehe die Kurbel, und man hört Musik.«

Der Mann schüttete gerösteten Kaffee hinein und drehte die Kurbel. Doktor H. J. Bommer beobachtete ihn mit Interesse.

»Hören Sie die Musik?« fragte der Mann.

Doktor H. J. Bommer hörte nur das Knistern der Bohnen, die zerrieben wurden. Doch er nickte.

»Ja, ich höre«, antwortete er.

Der Mann legte die Mühle auf den Tisch und breitete die Arme aus. »Der Mechanismus ist in Ordnung. Meiner Meinung nach ist die Mühle verrückt geworden. Sie sollten sie in Ihre Klinik aufnehmen.«

»Natürlich«, sagte Doktor H. J. Bommer, »natürlich.«

Er rief zwei Wärter und ließ den Mann in eine gutgepolsterte Zelle bringen.

Als Doktor H. J. Bommer allein geblieben war, begann er zu lachen. Er schaute die Mühle an; im Trichter befand sich noch Kaffee. Der Doktor schüttelte den Kopf, nahm die Mühle zwischen die Knie und drehte die Kurbel.

Und er hörte die süßen Töne eines Musikstücks von Scarlatti.

»Entlaßt den Mann von vorhin und gebt diese Mühle an seine Stelle!« befahl der Doktor den beiden Wärtern, die auf seinen Ruf herbeigeeilt waren.

»Ja, Herr Doktor«, antworteten die beiden Wärter. Und sie packten Doktor H. J. Bommer an den Schultern und sperrten ihn in eine gutgepolsterte Zelle.

Der Kanzleidiener erschien an der Tür.

»Herr Doktor«, sagte er, »dieser Doktor Ribeletti ist da . . .«

Der Advokat Tolei machte eine ungeduldige Handbewegung und schnaubte: »Sagen Sie ihm, er soll sich zum Teufel scheren! Er soll mir nicht mehr vor die Augen kommen!«

»Schön, Herr Doktor«, antwortete der Diener. »Ich sage es ihm gleich.«

Und er ging auf die Tür zu. Aber Doktor Tolei rief ihn zurück: »Warte!« Denn nicht alle Aufdringlichen können zum Teufel geschickt werden; es gibt einfache Aufdringliche, aber es gibt auch die Aufdringlichen, die eine Empfehlung von einem großen Tier in der Tasche haben, und diese in die Hölle zu schicken, wäre fast dasselbe wie das große Tier zur Hölle zu schicken.

Und dieser Doktor Ribeletti, der da auf den Doktor Tolei wartete, hatte eine Empfehlung in der Tasche. Was war da zu tun?

»Also, was soll ich ihm sagen?« fragte der Diener nach einer Weile.

»Sag ihm, ich sei beschäftigt«, antwortete Doktor Tolei nach reiflicher Überlegung.

Der Diener ging hinaus. Kurz darauf hörte man die Stimme Doktor Ribelettis im Vorzimmer: »Danke, ich warte.«

Der Advokat zerbiß wütend den Federstiel, den er in der Hand hielt. »Der Kerl wartet!« wimmerte er. »Er hat also nicht verstanden, daß ich ihn niemals empfangen werde, und sollte die Welt in Trümmer gehen!«

Dieser Doktor Ribeletti mußte wirklich ein bißchen stumpfsinnig sein, wenn er das noch nicht begriffen hatte; denn schon zum drittenmal innerhalb von zwei Tagen hörte er die Worte wiederholen:

»Der Herr Doktor ist beschäftigt.«

Doktor Tolei war nunmehr überzeugt davon, daß er es mit einem blöden Kerl zu tun hatte, einem blöden Kerl, den er jedoch nicht mit einem Tritt hinausbefördern konnte, weil er ein empfohlener blöder Kerl war. Der Advokat entschloß sich also zur Methode der passiven Resistenz.

Am Morgen des folgenden Tages meldete der Diener neuerdings:

»Da ist wieder dieser Doktor Ribeletti ...«

»Hast du ihm gesagt, daß ich beschäftigt bin?« fragte der Advokat.

»Ja, Herr Doktor«, antwortete der Diener verzweifelt. »Aber er hat gesagt, er will warten.«

»Krepieren soll er!« grinste der Advokat, nahm seine Arbeit wieder auf und vergaß den aufdringlichen Kerl vollkommen. Als er zu Mittag die Kanzlei verlassen wollte, sagte der Diener bekümmert: »Herr Doktor, Sie können nicht fortgehen; er ist noch im Vorzimmer, er wird Sie sehen. Er hat sich Essen bringen lassen, er ißt hier, hat er gesagt, so spart er das Geld für die Straßenbahnfahrt.«

Der Advokat sah, daß er verloren war. »Zu dumm!« rief er wütend. »Das ist ja ... Na, wenn ich den zwischen meine Finger kriege, den erwürge ich, so wahr ich lebe!«

Der Diener hatte einen Genieblitz: »Die Tür auf die Treppe!«

Die Kanzlei war mit dem Stiegenhaus durch eine direkte kleine Tapetentür verbunden; doch vor die Tür hatte man einen schweren Schrank gestellt. Mit Hilfe des Dieners konnte der Advokat ihn wegschieben und sich stillschweigend in Sicherheit bringen. Am Nachmittag betrat der Advokat seine Kanzlei wieder durch diese Tür.

»Er ist noch da«, benachrichtigte ihn der Diener prompt.

»Soll er dableiben!« rief der Advokat böse.

Von nun an betrat Doktor Tolei nie wieder sein Vorzimmer, sondern kam und ging immer durch die Tapetentür. Das Vorzimmer passierten lediglich die Klienten, die bald glaubten, daß dieser Doktor Ribeletti ein Portier oder so was Ähnliches sei. Und er war, wie der Diener dem Advokaten berichtete, tatsächlich ein wahres Wunder an Pünktlichkeit geworden: Er kam morgens fünf vor acht, nahm sein frugales Essen im Vorzimmer ein und ging abends um neunzehn Uhr fünfzehn.

Eines Tages meldete der Bürodiener bekümmert seinem Prinzipal:

»Jetzt geht er abends nicht mehr nach Hause; er hat sich ein kleines Feldbett bringen lassen, das er tagsüber hinter dem Wandschirm verbirgt und nachts mitten im Zimmer aufstellt!«

Einige Zeit verging.

Eines Tages hörte der Advokat aus dem Vorzimmer das Ticken einer Schreibmaschine. Was war denn das nun wieder? Seine eigene Schreibmaschine hatte der Advokat vor sich, und eine zweite besaß er nicht. Er rief den Diener. »Was ist das für eine Maschine?«

»Seine«, antwortete der Diener. »Er hat sie schon vor einigen Tagen mitgebracht und macht kleine Arbeiten für die Klienten. Er ist geschickt und verdient sich ein schönes Geld damit. Aber er ist nett, er hat mir auch heute morgen ein Trinkgeld gegeben, und er sagt, wenn Sie irgend etwas abzuschreiben hätten, sollten Sie nur keine Umstände machen, denn er engagiert jetzt eine Stenotypistin.«

Der Advokat biß sich in die Hände, aber er sagte nichts. Er wollte es durchstehen, und er würde es auch sicher durchstehen.

Wieder verstrich einige Zeit. Die Geschäfte unseres ausgezeichneten Advokaten Tolei gingen ziemlich flau, und er war ein wenig besorgt. Aber eines Morgens erschien der Diener und teilte ihm mit: »Herr Doktor, dieser ... das heißt, der Herr Advokat Ribeletti sagt, wenn Sie sich mit ihm assoziieren wollten ... er hat etliche Fälle, und allein wird er nicht damit fertig. Er läßt Ihnen sagen, Sie möchten morgen früh zu ihm ins Vorzimmer kommen, denn er ist sehr beschäftigt ...«

So entstand die Advokaturkanzlei »Ribeletti & Co.«

Das Zeitalter des Kindes

Ich diskutierte mit Margherita das Problem der neuen Generation. »Die Anforderungen und Entbehrungen des Krieges«, sagte ich, »hätten den Menschen das Gefühl für Solidarität und Zusammenarbeit beibringen sollen; und was haben sie ihnen beigebracht?«

»Ich weiß nicht«, antwortete Margherita. »Ich war während des Krieges fast immer außerhalb von Mailand.«

»Ich verstehe, Margherita; diese Tatsache konnte jedoch nicht verhindern, daß sich während des Krieges statt des Gefühls der Solidarität und der Zusammenarbeit der Egoismus entwickelt hat. und warum? Weil man zwar ein denkendes, aber ein unvernünftiges Wesen ist.«

Margherita seufzte.

»So ist es. Giovannino. Meine Mutter hat mir immer gesagt: ›Hör auf mich, Margherita; heirate, wen du willst, nur keinen Mann!«

Das sollte beweisen, daß »man« ein denkendes, aber unvernüftiges Wesen ist. Ich ging diskret über das Mißverständnis hinweg und setzte die Diskussion über das Problem der jungen Generation fort. »Es wäre sinnlos, die Erwachsenen zu erziehen«, erklärte ich. »Das wäre so, als wollte man versuche, einen Baum wieder geradezubiegen, dessen Stamm krumm gewachsen ist; wir müssen uns vielmehr um die junge Generation kümmert, die in diesem Klima des Egoismus heranwuchs, die die Erwachsenen egoistisch handeln sieht, als sei das das Natürlichste von der Welt, und diesen Egoismus in seiner unbarmherzigsten Form kultivieren und aus jedem einzelnen Menschen einen Feind aller anderen Menschen machen wird. Wer die Möglichkeit dazu hat, muß der jungen Generation die Notwendigkeit der Zusammenarbeit und der Solidarität begreiflich machen.«

In diesem Augenblick trat die junge Generation vollzählig ein und war gerade in heftigem Streit um eine Puppe begriffen, die nach beiden Seiten gezerrt wurde und elendiglich in Stücke ging.

»Seht ihr«, erklärte ich der jungen Generation, »das ist das Resultat des Egoismus. Jeder von euch beiden wollte sie für sich haben; und nun hat sie keiner.«

In Wirklichkeit ging die Sache anders aus; denn ich mußte hinunterlaufen und zwei ganz gleiche Puppen kaufen. So hatte jeder von beiden eine eigene Puppe, aber das Prinzip stimmte, und auf das Prinzip kommt es an.

Ich verlautbarte daher, daß am Epiphanias-Abend auch mein Strumpf unter dem Kamin liegen würde. Carlotta blickte mich mit offenkundiger Verachtung an, und Albertino näherte sich dem Ohr der Mutter, um ihr vertrauliche Mitteilungen zu machen. Aber ich hatte einen genauen Plan.

Ich legte also meinen Strumpf neben die von Carlotta und Albertino, am Morgen waren die drei Strümpfe zum Bersten voll. Die brave Befana hatte in Albertinos Strumpf fünf Waggons und eine Lokomotive getan, in den Strumpf meiner Tochter eine komplette Gleisanlage mit einer Brücke und einem Tunnel und in meinen einen Bahnhof mit einem elektischen Transformator und einem Schaltbrett.

Hierauf ereignete sich ein kleiner häßlicher Zwischenfall: Carlotta geriet in Wut und erklärte, die Befana sei eine Idiotin.

»Nein, ich finde, sie ist sehr intelligent gewesen«, widersprach ich, »und sie hat in der Verteilung ihrer Geschenke sehr viel Verstand gezeigt.«

Carlotta äußerst die Absicht, die Gleise an einen unnennbaren Ort zu werfen. Schließlich konnte sie zwar von diesem Vorhaben abgebracht werden; aber mit der Befana versöhnte sie sich nicht.

Albertino schien im ersten Moment von dem Waggons und der Lokomotive entzückt; dann merkte er, daß ein Zug ohne Gleise kein richtiger Zug ist, und geriet auch seinerseits in Wut.

»Und was soll ich sagen,« rief ich. »Ich, der ich nur den Bahnhof und das Schaltbrett bekommen habe? Was ist ein Bahnhof ohne Schienen und ohne Züge?«

»Sei still, du Aff!« rief Carlotta.

Was soll ein Vater in einer solchen Lage tun? Er kann nichts anderes, als in Wut geraten. Und so geriet ich denn in Wut.

Margherita zog die Bilanz. »Eine glänzende Idee!«

»Ja, glänzend«, antwortete ich. »Bisher hat der persönliche Egoismus die Oberhand und verrammelt den Individuen jede Möglichkeit zur vernünftigen Überlegung. Aber gleich wirst du merken, wie die Vernunft sich Bahn bricht und den Egoismus überwindet. Da die beiden Individuen sehen, daß jeder nur eines der drei Elemente besitzt, die ein System (die Eisenbahn) ausmachen, werden sie eine vernünftige Übereinkunft treffen, die eine Zusammenarbeit ermöglicht. Es wird ein sehr interessantes Experiment sein, Margherita.«

Nach einiger Zeit suchte mich das weibliche Individuum in meinem Arbeitszimmer auf.

»Wenn du mir den Bahnhof gibst«, sagte sie, »gebe ich dir einen langen roten Geldschein.«

Der lange rote Geldschein ist für Carlotta ein zehntausender.

»Und woher nimmst du den langen roten Schein?« fragte ich sie.

»Ich habe ihn schon genommen. Wenn du mir die Station gibst, gebe ich dir einen langen roten Schein mit einem mageren Mann vorn und vier dicken Männer hinten.«

»Woher hast du ihn?«

»Meine Sache«, sagte Carlotta.

Ich weigerte mich entschieden. Das Individuum bluffte offensichtlich. Es sondierte das Terrain. Denn selbst wenn es zwischen den Kindern des Hauses einen kleien Geschäftsverkehr gab, war es unmöglich, daß Carlotta zehntausend Lire besaß.

Carlotta ging hinaus.

Dann kam Albertino.

»Wenn du mich ein bißchen mit dem Bahnhof spielen läßt«, sagte Albertino, »sage ich dir, wo Carlotta den roten Zehntausend-Lire-Schein versteckt hat, den sie dir aus der Brieftasche genommen hat.« In der Brieftasche fehlte tatsächlich ein Zehntausender. Die Sache wird ernst.

»Wir sind in der zweiten Phase«, erklärte ich Margherita. »Der persönliche Egoismus ist noch lebendig, aber die vernünftige Überlegung arbeitet schon. Die Individuen haben verstanden, daß ein einziges Element nicht genügt, sondern daß man die beiden anderen gewinnen muß. Sie überlegen, aber noch egostisch. Jedes sucht die beiden anderen Stücke zu gewinnen, um sich des ganzen Systems zu bemächtigen. Margherita, was stelle ich dar?«

»Den Dummen«, antwortete Margherita unbefangen.

»Nein, Margherita; ich stelle hier das Kapital dar. Das Kapital, welches vom Proletariat (Carlotta) erpreßt wird. Und Albertino ist der Mittelstand, der, um nur einen kleinen moralischen Vorteil zu haben, mit dem Kapital gemeinsame Sache macht und sich gegen das Proletariat stellt. Der Schlüssel des Ganzen liegt im Verhalten des Kapitals. Wenn das Kapital dem Druck des Proletariats weicht, ist es erledigt. Es muß geschickt den Mittelstand ausspielen.«

Ich spielte geschickt den Mittelstand aus. »Bravo, Albertino«, sagte ich. »Ich werde dich mit dem Bahnhof spielen lassen. Aber du mußt mir helfen, den Zehntausender wiederzugewinnen.«

Der Mittelstand ging gegen das Proletariat los, und kurz darauf hörte ich laute Schreie aus dem Kinderzimmer dringen. Dann wurde die Tür aufgerissen, und Carlotta erschien.

»Sie hat den Schein in den Mund gesteckt und sagt, wenn du ihr den Bahnhof nicht gibst, ißt sie ihn auf!« schrie Albertino.

Das Proletariat war schrecklich anzusehen. Es konnte nicht sprechen, aber in seinen Augen war die ganze Oktoberrevolution.

Nun mußte das Kapital dem Druck weichen. Ich gab den Bahnhof preis, aber das Proletariat hatte nun einmal zu marschieren begonnen und blieb nicht auf halbem Wege stehen. Es gab zu verstehen, daß es auch die Waggons und die Lokomotive Albertinos wolle. Und so nahm ich Albertino alles mit Gewalt weg. Der Mittelstand mußte draufzahlen. Er geriet darauf in Wut, aber es wurde ihm sowohl vom Kapital als auch von der Polizei (Margherita) sehr übel mitgespielt.

»Ein großartiges Experiment«, bemerkte Margherita.

»Ein sehr gutes, meine Gnädigste. Wir haben jetzt das revolutionäre Experiment hinter uns. Wir werden sehen, wie das Proletariat reagiert, wenn es Herr des ganzen Systems ist. Nun steht es vor der Probe.«

Das Proletariat setzte sich unter den Küchentisch und begann, die Eisenbahn zu montieren; aber nach einer halben Stunde bat es den Mittelstand um Hilfe.

Albertino arbeitete mit. So gelang es, die Eisenbahn vollkommen gebrauchsfertig zu machen.

»Haha!« grinste Carlotta, als ich mich in der Küche zeigte.

»Gut und schön«, sagte ich. »Nun wollen wir sehen, wie es funktioniert.«

Der in der Technik erfahrene Mittelstand tat den Stecker in die Steckdose. Dann ließ er die Schalter des Schaltbrettes einschnappen. Und der Zug bewegte sich nicht.

»Haha!« grinste ich, weil ich die Sicherung unter dem Zähler losgeschraubt hatte. »Haha!«

Es folgte einen heftige Rebellion des Proletariats, das mich mit den Füßen gegen die Schienbeine zu treten suchte. Aber dann mußte man ein Übereinkommen treffen, und so gewann ich meinen Bahnhof zurück. Nun schraubte ich die Sicherung wieder ein, und der Zug setzte sich in Bewegung.

»Liebe Kinder«, erklärte ich, »das Wichtigste im Leben ist die Zusammenarbeit. Jeder soll geben, was er geben kann, und keiner soll Anspruch darauf haben, alles selber zu haben. Wenn der Zug fahren soll, ist es, wie ihr seht, nötig, daß wir alle drei ein Übereinkommen finden.«

Margherita seufzte.

»Das beweist, daß das Proletariat recht hat, wenn es die Verstaatlichung der Elektroindustrie verlangt«, sagte sie. »Das hat man also dir zu verdanken, du Kapitals-Giovannino, der du die Sicherungen im Zähler kontrollierst.«

»Entstellen wir das Problem nicht«, entgegnete ich. »Lassen wir der Sache den Charakter eines Experimentes der Zusammenarbeit.«

Am Abend geschah es, daß wir die Kerze anzünden mußten, denn eine unbekannte ruchlose Hand hatte den Stecker des Bügeleisens angesteckt und das Bügeleisen selbst in den Suppentopf gesetzt. Und da die Suppe ziemlich stark gesalzen war, war ein Kurzschluß entstanden, und sämtliche Sicherungen waren durchgebrannt.

»Das Proletariat rebelliert«, bemerkte Margherita.

Ich schnitt Zeitungsausschnitte aus Zeitungen. Margherita und Albertino machten Schularbeiten.

»Was soll das heißen: ›Zwölf kleine Gedanken über den Tischler schreiben‹?« fragte mich Margherita und hielt mir Albertinos Heft unter die Nase.

»Es heißt, daß man kurz zwölf von den Verrichtungen eines Tischlers beschreiben soll.«

Aufgefordert, an den Tischler und an seine Tätigkeit zu denken, formulierte Albertino nach reiflicher Überlegung einen scharfsinnigen Gedanken: »Der Tischler stirbt.«

»Bravo«, stimmte ich zu. »Und was macht der Zimmermann?«

»Er weint, weil der Tischler gestorben ist«, antwortete Albertino ernst.

Ich grinste und drückte mich wenig anerkennend hinsichtlich der spekulativen Fähigkeiten Albertinos aus.

»Immerhin zeigt es, daß er gefühlvoll ist«, protestierte Margherita grollend. »Die Idee, den Zimmermann aus Schmerz über den Tod des Tischlers weinen zu lassen, ist das Zeugnis einer edlen Seele. Es fragt sich freilich, wie der Tischler seine anderen elf Handlungen ausführen soll, wenn seine erste Handlung das Sterben ist.«

Margherita und Albertino diskutierten ein wenig und beschlossen endlich, der Tischler solle erst zum Schluß sterben. Aufgefordert, an eine der gewöhnlichsten Handlungen eines lebenden Tischlers zu denken, sagte Albertino: »Der Tischler hat einen Schnurrbart.«

»Das ist als Grundgedanke nicht schlecht!« rief Margherita. »Was meinst du?«

»Einen Schnurrbart zu haben, ist keine charakteristische Handlung eines Tischlers«, erklärte ich. »Einen Schnurrbart habe ich auch.«

»Die Tatsache, daß du einen Schnurrbart hast, bedeutet nicht, daß ein Tischler nicht auch einen haben kann. Die Schnurrbärte sind kein Vorrecht der Bürger.«

»Einverstanden, aber einen Schnurrbart zu haben, ist keine Handlung. Um eine Handlung auszuführen, muß man etwas tun. Der Tischler hat einen Schnurrbart, auch wenn er nichts tut, auch wenn er schläft.«

Margherita sagte, daß Albertino begriffen habe, und forderte ihn zum drittenmal auf, an die gewöhnlichen Handlungen eines lebenden, wachen und mit seiner Arbeit befaßten Tischlers zu denken. »Der Tischler atmet«, sagte Albertino.

»Nein, mein Sohn!« fiel ich lebhaft ein. »Das ist ja doch keine gewöhnliche Handlung des Tischlers.«

Margherita schüttelte melancholisch den Kopf.

»Sonderbar«, bemerkte sie. »Es ist mir entgangen, daß Tischler nicht gewohnheitsmäßig atmen. Aber wenn es Papi sagte, der mehr studiert hat als wir und in den Zeitungen schreibt, dann muß es so sein. Gut: Der Tischler atmet nicht.«

Albertino wurde besorgt. »Wenn der Tischler nicht atmet, bedeutet das, daß er stirbt. Also hatte ich recht.«

»Nun sind wir wieder bei dem toten Tischler angelangt«, seufzte Margherita. »Und wir werden das Geheimnis seiner handwerklichen Tätigkeit nie entdecken, weil der Brave beim Sterben sein Geheimnis mit ins Grab nimmt. Aber wir werden uns ohne ihn behelfen. Schreib, Albertino: ›Der Tischler übt seinen Beruf aus.‹«

»Alle üben ihren Beruf aus oder glauben, es zu tun«, warf ich ironisch ein. »Das ist keine spezifische Handlung des Tischlers.«

»Was? Wenn das Ausüben seines Berufs keine spezifische Handlung des Tischlers ist, könnte er auch ganz ruhig einen anderen Beruf ausüben. Den des Zimmermanns zum Beispiel.«

Ich antwortete Margherita, sie komme mir vor wie eine komische Figur in einem Lustspiel. Dann fixierte ich Albertino scharf. »Gib acht, was ich dir sage, und antworte: Bist du jemals in der Werkstatt eines Tischlers gewesen?«

»Ja.«

»Und was machte der Tischler?«

»Er flickte sich gerade einen Schuh.«

Ich schrie, daß die Schumacher die Schuhe flicken, nicht die Tischler; aber da begann Margherita angewidert zu lachen. »Wer verbietet ihm, sich einen Schuh zu flicken? Das Arbeitsamt?«

»Einverstanden«, kreischte ich, »aber der Tischler verbringt seine Zeit nicht damit, Schuhe auszubessern! Verstehst du das oder nicht?«

»Beruhige dich! Ich wollte nur das Prinzip der Handlungsfreiheit feststellen, natürlich in den Grenzen des Erlaubten. Wenn wir den Tischlern verbieten, Schuhe zu flicken, weil nur Schuhmacher die Schuhe flicken dürfen, dann pfeif ich auf die Demokratie.«

Ich flehte Albertino an, intensiv an die Werkstatt des Tischlers zu denken. Er möge trachten, sich an irgendein Arbeitsgerät zu erinnern; wenn ich ihm jetzt etwas suggerierte, war alles unnütz. Er, nicht ich, mußte ja lernen, vernünftig zu überlegen und zu beobachten.

»Hammer!« rief Albertino schließlich. Und ich freute mich mit ihm über seine Beobachtungsgabe und regte ihn an, sie zu vertiefen.

»Jetzt, da wir entdeckt haben, daß der Tischler einen Hammer hat, denken wir ein wenig nach: Was macht der Tischler mit diesem Hammer?«

»Der Tischler knackt Nüsse«, teilte mir Albertino mit viel Schonung und Würde mit.

»Das ist schon ein guter Schritt vorwärts«, frohlockte Margherita. »Ich gebe zu, daß es nicht gerade eine gewohnheitsmäßige Handlung des Tischlers ist, mit dem Hammer Nüsse aufzuknacken, doch muß man anerkennen, daß der Knabe bereits auf dem richtigen Wege ist. Die Tatsache, daß er ihn die Nüsse nicht beispielsweise mit einem Bügeleisen aufknacken läßt, bedeutet immerhin, daß das Kind vernünftig überlegt hat. Vorwärts, Albertino, gib gut acht: Was macht der Tischler mit diesem Hammer noch, außer Nüsse aufknacken?«

»Ich weiß!« rief Albertino. »Der Tischler schlägt mit dem Hammer einen Nagel in die Wand.«

Begreifen Sie meine Wut? Die Werkstätten der Tischler sind vollgestopft mit Holz, die Wänd sind buchstäblich verdeckt von großen und kleinen Brettern, kleinen und großen Sperrholzplatten, großen und kleinen Holzleisten, der Fußboden ist übersät mit Holzstücken, und sogar der Plafond ist durch diverse Hölzer verborgen, so daß es praktisch unmöglich ist, einen Quadratzentimeter freier Wand zu finden. Aber wenn Albertinos Tischler einen Nagel einschlägt, muß er ihn ausgerechnet in die Wand einschlagen. Mein Herz war voll Bitterkeit. Ich wendete mich mit einem betrübten Blick zu Carlotta, die mit offenkundigem Mißfallen und würdevoller Reserve die Szene beobachtete.

Carlotta sah mich mit ihren großen Augen an.

»Der Tischler macht kack«, sagte sie sanft.

Und endlich fühlte ich mich verstanden. –

Ich sagte zu Albertino, wenn acht mal zehn achtzig gebe, sei es logisch, daß achtzig, dividiert durch acht, zehn gebe. Da ist der Grundbegriff der Division. Albertino antwortete, er habe verstanden; aber trotzdem konnte er zwar sechzig durch sechs, aber nicht achtzig durch acht dividieren.

»Es ist ganz das gleiche: wenn achtzig, durch acht dividiert, zehn gibt, so gibt sechzig, durch sechs dividert, auch zehn.«

»Ich habe verstanden! Achtzig ist gleich sechzig.«

»Nein, Albertino! Achtzig ist verschieden von sechzig, aber wenn man das erste durch acht dividiert und das zweite durch sechs, ist das genau so wie beim Multiplizieren – du kannst doch multiplizieren, Albertino –, und wenn du fünf mit zwanzig oder zehn mit zehn multiplizierst, bekommst du auch das gleiche Produkt. Verstanden?«

Albertino dachte ein wenig nach.

»Der ›Bel Paese‹ ist ein Galbani-Produkt«, sagte er ernst. »Das sagen sie immer im Radio.«

»Ja, das ist wahr«, stimmte Margherita zu, die mit ihrer Näharbeit beschäftigt war. »Morgen werde ich ein Pfund davon kaufen.«

Ich bat Albertino sanft, er möge jetzt das Radio und die Galbani-Produkte vergessen.

»Sonst hat dir der ›Bel Paese‹ immer geschmeckt«, bemerkte Margherita. »Aber wir können ja zu einem anderen übergehen.«

Ich sagte gelassen: »Margherita, das ist einfach eine Frage der Korrektheit. Du hast nicht das Recht, dich an Einzelheiten zu klammern, die aus meinen Reden herausgerissen wurden. Entweder du folgst von Anfang an dem, was ich sage, und erwirbst damit das Recht, dich einzumischen, oder du mußt den Mund halten. Hier wird von Arithmetik gesprochen, nicht von Milchprodukten. Der Käse interessiert mich nicht.«

»Na schön«, antwortete Margherita, ohne ihre Arbeit zu unterbrechen. »Wenn du keinen mehr bekommst, darfst du aber keine Szene machen. Von morgen an also kein Käse mehr!«

Ich wendete mich an Albertino und frage ihn, ob er verstanden habe.

»Ja; von morgen an kein Käse mehr.«

In solchen Fällen antwortete ich nicht. Ich beende das Kapitel und beginne ein neues.

Ich nahm zehn Zahnstocher und verteilte sie in Häufchen zu zehn auf den Tisch. Daneben legte ich achtzig, ebenfalls in Häufchen zu zehn.

»Albertino«, sagte ich, »schau her! Zehn Zahnstocher, mit acht multipliziert, machen wieviel?«

»Achtzig.«

»Gut. Und zehn Zahnstocher, multipliziert mit sechs, machen wieviel?«

»Sechzig.«

»Ausgezeichnet. Und jetzt machen wir das Gegenteil, ohne etwas an den Häufchen zu verändern. Achtzig Zahnstocher, dividert durch acht, macht wieviel?«

»Ein Häufchen von zehn Zahnstochern.«

Nun waren wir soweit; und ich gestehe, daß ich zufrieden war.

»Und sechzig Zahnstocher dividiert durch sechs?«

Albertino schaute mich an, dann schaute er die sechs Häufchen an. Man sah, daß er nicht überzeugt war. Er war mißtrauisch. Er nahm ein Häufchen, zählte die Zahnstocher und legte sie wieder hin.

»Sechzig Zahnstocher dividiert durch sechs ist gleich acht«, antwortete er.

Da schrie ich, das sei Nicht-verstehen-Wollen, um einem Familienvater Verdruß zu bereiten; und Margherita beuge sich über den Tisch und zählte ebenfalls die Zahnstocher.

»Das Kind hat recht«, sagte sie. »Es sind acht.«

Ich zählte ebenfalls. Und es waren acht. Dann zählte ich alle sechs Häufchen nach, und das Resultat war: drei zu zehn, zwei zu acht und eines zu neun Zahnstochern.

Albertino schaute mich voll Argwohn an. Ich warf ihm sein Heft hin und sagte sehr energisch: »Wenn du mir bis heute abend nicht deine Divisionen tadellos ausgeführt vorlegst, gehst du von morgen an nicht mehr in die Schule und wirst Maurer!«

Albertino entfernte sich weinend und schloß sich in seinem Zimmer ein.

Und ich nahm meine Arbeit wieder auf, nachdem ich Margherita einen funkelnden Blick zugeworfen hatte. Nach zwanzig Minuten kam Albertino zurück. Er weinte nicht mehr; er war ruhig und heiter. »Ich werde Maurer«, erklärte er mit Festigkeit.

Da erhob sich Margherita und warf ihren Stoff und ihre Knäuel auf den Sessel; in ihren Augen war eine Flamme des Zorns, und darin spiegelte sich die ganze beleidigte Mütterlichkeit und noch vieles andere.

»Komm!« rief sie, indem sie Albertino an einer Schulter packte. »Ich werde dir das ohne Zahnstocher beibringen und ohne elende Kniffe mit Zehnern, die in Wirklichkeit aus neun oder acht bestehen!«

Sie entschwand und blieb mindestens drei Viertelstunden fern. Als wie wiederkam, war sie ruhig, heiter und gelassen.

Sie setzte sich, nahm ihre Arbeit wieder auf und trillerte im Falsett ein paar Takte aus einem Schlager.

»Im Grunde ist der Beruf des Maurers ein Beruf wie jeder andere«, bemerkte sie schließlich mit edler Natürlichkeit.

Albertino kam verträumt herein.

»Zwölf«, sagte er.

»Zwölf was?« fragte ich.

»Sechs dividiert durch sechs ist zwölf«, erklärte er und zeigte auf eine Handvoll Knöpfe. »Ich habe sie Häufchen für Häufchen gezählt. Die roten Holzknöpfe muß man dazuaddieren.«

Ich blickte Margherita an. »Wieso dazu addieren?«

»Ich weiß nicht«, antwortete sie seufzend. »Bestehst du noch immer auf der Abschaffung des Käses, oder soll ich wieder welchen nehmen?«

»Nimm ihn nur.«

»›Bel Paese‹?«

»Ja.«

»Der ›Bel Paese‹ ist ein Galbani-Produkt«, versicherte Albertino mit ernster Miene. »Siehst du, daß ich recht hatte?«

Am Abend aßen wir Käse.

Die holdselige Zusammenstellerin meiner familiären Mahlzeiten schaute mich mit triumphierendem Lächeln an, und ihre großen schwarzen Augen sagten: »Giovannino, Giovannino . . .«

Das technische Zeitalter

Ein Messebesuch ist schon an und für sich eine nicht unerhebliche Strapaze, denn man hat da so viel zu sehen, daß man nach einer Weile glaubt, man hätte sich bei dieser Anstrengung die Beine gebrochen. Ein Messebesuch mit Carlotta ist jedoch ein schlechthin beängstigendes Unternehmen, und das nicht deshalb, weil sie eines von jenen albernen Kindern ist, die unaufhörlich Getränke und Süßigkeiten haben wollen oder die wimmern, weil sie müde sind. Carlotta trägt ihre wenigen Jahre mit wahrhaft bewundernswerter Würde und verrät vor einer Auslage mit Leckereien keinerlei Erregung. Alkoholika würdigt sie zwar, sie hat sogar eine starke Vorliebe für Branntwein und alten Kognak und weiß sich zu Hause geschickt den Moment zunutze zu machen, wenn man die Gäste zur Tür begleitet, um alle unbewacht gebliebenen Gläser eifrigst hinunterzugießen, aber außer Haus kann sie sich wunderbar beherrschen.

Der Jammer ist, daß Carlotta eine ausgeprägte Leidenschaft für Schwermechanik hat. So konnte ich nicht umhin, mit ihr die Fiat-Sonderschau »Großmotoren« zu besuchen, und bewarb mich zu diesem Zweck beim Präsidium der Fiat um eine Sonderschaugenehmigung. Kaum sieht Carlotta irgendein metallenes Ding, das höher ist als zwei Meter, bleibt sie stehen und zieht Erkundigungen ein.

»Was ist das?«

»Ein Dieselmotor.«

»Warum?«

Da haben wir's! Das ist der Jammer!

Warum ist ein Dieselmotor ein Dieselmotor?

Kaum hat man aber das furchtbare »Warum« überwunden, geht es weiter.

»Wie heißt er?«

»Wer ist sein Vater?«

»Wo wohnt er?«

»Ist es schlimm?«

Carlotta will alles über eine Maschine wissen, auch ob sie schreiben und lesen kann, ob sie Geschwister hat. Sie ist noch nicht soweit gekommen, von mir Informationen über den Lebenswandel einer Maschine zu verlangen, aber vor einer Futterpresse erkundigte sie sich: »Ist sie eine Kommunistin?«

Dies veranlaßte Margherita, einzuschreiten und ihr das Wort abzuschneiden: »Genug! Kinder sollen sich nicht mit Politik befassen!«

Da nun die Dinge so stehen, begreift man, daß cin Messebesuch mit Carlotta einen erschauern läßt. Denn sie interessiert sich, wie gesagt, für die unerwartetsten Dinge.

Dann und wann erhebt sich zum Beispiel über das Stimmengewirr der unermeßlichen Menge die Stimme des Lautsprechers: »Die Eltern des Knaben soundso mögen sich in der Wachstube einfinden ... Die Eltern des Mädchens soundso mögen sich ...«

»Warum sollen die Eltern sich einfinden?« fragte Carlotta.

Das war leicht zu erklären. »Manchmal verliert sich ein schlimmes Kind, das nicht mit Papa und Mama gehen will, sondern stehenbleibt, um dies und jenes zu sehen. Nun beginnt es zu weinen und zu verzweifeln, und man bringt es in die Wachstube dort hinten und benachrichtigt die Eltern, sie sollen es holen kommen. Und dann laufen die Eltern, um es zu holen.«

»Hauen sie es?«

»Selbstverständlich.«

»Sehr?«

»Ja, sie geben ihm eine Ohrfeige und zwei oder drei hinten drauf.«

Carlotta blieb einige Sekunden nachdenklich, dann behauptete sie: »Das sind Kerle! Man schlägt Kinder nicht.«

Margherita erhob Einspruch: »Aber die Kinder müssen immer bei Papa und Mama bleiben.«

Carlotta schüttelte den Kopf. »Die Kinder sind klein, und die Papis und Mamis sind groß. Und außerdem sind sie zwei und das Kind ist nur eines. Also müssen sie aufpassen.«

Das war eigentlich nicht von der Hand zu weisen, und ich hielt es für günstig, nicht weiter auf meinem Standpunkt zu beharren. Aber Margherita war anderer Meinung, und so ergab sich eine wenig erfreuliche Diskussion, wie ja Diskussionen zwischen Frauen immer wenig erfreulich sind.

Nun muß ich erwähnen, daß Carlotta schon mehr als einmal erklärt hatte, sie könne nicht mehr länger »neben dieser Frau« leben, und die Absicht kundgetan hatte, zu den Großeltern zu gehen; es ist daher nicht erstaunlich, daß auch diese Diskussion zwischen Carlotta und

Margherita ausartete, daß bald große Worte fielen und daß Carlotta schließlich erklärte: »Wenn du meine Tochter wärst, würde ich dich mit dem da durchhauen!«

»Das da«, worauf Carlotta mit dem Finger zeigte, war die Kurbelwelle eines argentinischen Dampfers mit einem Gewicht von mindestens fünfzehn Tonnen. Anschließend an diesen Wortwechsel nahmen wir die Besichtigung wieder auf; und als wir in der Abteilung für Frauenkleidung kamen, zeigte sich Margherita so interessiert, daß Carlotta mich am Ärmel zupfte und mir mit einer Miene des Mißfallens zuflüsterte: »Schau sie an; vor diesen Weiberdummheiten vergißt sie alles! Bau sie hier an und laufen wir davon, du und ich allein!«

Ich konnte diesen Vorschlag nicht annehmen. Ich konnte meine Verantwortung als Familienvater nicht vernachlässigen. Daher überredete ich Carlotta, sich diesen Fluchtplan aus dem Kopf zu schlagen. Meine Tochter schaute mich sarkastisch an. »Du bist ein Dummkopf wie sie«, sagte sie.

Um eine unerfreuliche Diskussion zu vermeiden, interessierte auch ich mich für die schönen ausgestellten Dinge, und als wir uns allmählich dem Ausgang genähert hatten, kam uns etwas Schreckliches zum Bewußtsein: Carlotta war verschwunden! Nachdem wir gestritten hatten, ob es meine oder Margheritas Schuld sei, beschlossen wir, die Verantwortung zu gleichen Teilen auf uns zu nehmen, und begannen, wie büßende Seelen herumzuwandern. Margherita sprach schluchzend von Leichen, die von Treibriemen zerstückelt werden, und als wir in die Allee kamen, wo man den unvermeidlichen Springbrunnen sieht, der einen anilingefärbten Strahl in die Höhe schleudert, stürzte Margherita an den Rand des Bassins und schrie: »Bestimmt ist sie da drinnen ertrunken!«

Zum Glück ertönte in diesem Moment die Stimme des Lautsprechers: »Achtung, Achtung! Die Großeltern des Mädchens Carlotta mögen sich in die Wachstube begeben, wohin das Kind gebracht worden ist ... Achtung: Die Großeltern des Mädchens Carlotta ...«

Margherita stieß einen Freudenschrei aus. Aber einen Augenblick später blickte sie mich erschrocken an.

»Sie rufen die Großeltern!«

»Aber es ist Carlotta. Das ist die Hauptsache.«

Wir suchten ein Taxi; dann aber wurde uns klar, daß nur zwei Verrückte sich darauf versteifen konnten, innerhalb der Messe ein Taxi zu finden, und wir liefen zu Fuß in die Wachstube. Carlotta saß in einer Ecke und betrachtete mit sichtlichem Mißfallen die fünf oder sechs »verirrten« Kinder, die weinten wie abgeschnittene Weinstöcke.

»Schau, dein Papa und deine Mammi sind da!« sagte einer der Wachleute fröhlich, indem er Carlotta auf den Arm nahm, um sie uns zu übergeben.

»Nein«, antwortete Carlotta böse, »ich will den Großvater und die Großmutter! Ich habe gesagt, daß ich den Großvater und die Großmutter will.«

Der Wachmann war perplex.

»Ja, wirklich, das Kind hat gesagt, daß es mit den Großeltern war«, sagte er zu einem anderen Wachmann. »Die hier sind zu jung für Großeltern.«

»Aber wir sind Papa und Mama!« rief Margherita.

»Nein!« schrie Carlotta. »Es ist nicht wahr! Ich will die Großeltern!«

Nun spielte sich eine beängstigende Szene ab, wir wiesen Dokumente vor, die uns nichts nützten, da ja Carlotta kein Dokument hatte und keinen Stempel an sich trug, aus dem die Zugehörigkeit zu unserem Verwaltungsbereich hervorgegangen wäre. Die Wachleute begannen, uns scheel anzublicken, und irgendeiner sprach davon, man müsse eine Anzeige erstatten. Es war ein sehr heikler Augenblick. Da hatte ich einen Genieblitz und wandte mich an den Kommandanten der Wachleute.

»Versuchen Sie«, sagte ich leise, »versuchen Sie, das Kind zu fragen, wie die Großeltern heißen.«

Der Kommandant fragte Carlotta, wie ihre Großeltern hießen. Auch der geschickteste Verbrecher hat eine gewisse kindliche Naivität; Carlotta nannte Vor- und Zunamen ihrer Großeltern, die als meine Eltern auf meiner Identitätskarte verzeichnet waren.

»Gehen wir!« sagte ich triumphierend. Und da machte sich Carlotta auf den Weg; sie hatte begriffen, daß sie nun verloren hatte. Sie war besiegt, aber nicht bezwungen. An der Tür drehte sie sich um und wies auf Margherita: »Die da steigt immer auf das Gras, wo der Zettel ist, daß es verboten ist!« sagte sie böse zum Kommandanten der Wachleute.

Es war wahr, es ist eine unverzeihliche Schwäche Margheritas, die ich immer getadelt habe.

Glücklicherweise nahm der Kommandant der Wachleute von der Anzeige keine Notiz, da jede Zeugenschaft fehlte; wir konnten also alle nach Hause zurückkehren.

»Wenn du groß bist, werde ich dich in die Erziehungsanstalt für schlimme Mädchen stecken!« sagte Margherita.

»Wenn ich groß bin, werde ich kein Mädchen mehr sein«, antwortete Carlotta verächtlich.

Darauf erzählte Margherita ernst die Geschichte von dem berüchtigten Franti, der seine Mutter aus Kummer sterben läßt. Carlotta zuckte die Achseln. »Ich bin nicht deine Tochter, ich bin die Tochter meines Vaters.«

So machte sie mich zum Partner ihres grausamen Spiels.

Ich kann das große Plakat neben dem Mechanikerpavillon der Messe nicht vergessen: Ein Dieselmotor im Durchschnitt, davor ein alter Arbeiter, der die linke Hand auf die Schulter eines jungen Arbeiters stützt und mit der rechten auf einen gelben Zettel zeigt, auf dem geschrieben steht »Reinach-Schmierung«. Es ist kein besonders poetischer Ausdruck, aber das Bild war so lieblich und heiter, daß man ganz perplex davor stehenblieb.

Ich war mit Margherita auf der Messe, und wir betrachteten lange die kleine Szene.

Schließlich seufzte Margherita tief auf: »Reinach-Schmierung ... Was für ein edler Ausdruck! So muß man zu den Arbeitern sprechen, nicht sie gegen die Fabrikdirektoren aufhetzen!«

Wenn Margherita so etwas sagt, meint sie es ernst. Man muß bedenken, daß die Wörter oft zwei Bedeutungen haben: eine buchstäbliche und eine gefühlsmäßige. Als ich mit Margherita zum erstenmal nach Mailand gekommen war, war es Abend gewesen; und als wir auf den Domplatz gekommen waren, hatten wir uns auf die Treppen des Wahrzeichens gesetzt, um die Lichtreklamen zu betrachten. Und die erste, die vor unseren Augen aufblitzte, war »Schuherzeugung Varese«.

Wie sahen sie lange an, und dann, ich erinnere mich genau, seufzte Margherita: »Schuherzeugung Varese ... Die Poesie der Großstadt! Wie man sich da wunderbar allein fühlt inmitten der unermeßlichen lärmenden und stürmischen Menge ...«

Margherita hat die köstliche Gabe, die gefühlsmäßige Bedeutung der Wörter zu erfassen; und wenn sie heute irgendwo geschrieben sieht »Schuherzeugung Varese«, seufzt sie: »Schuherzeugung Varese ... Es war ein anderes Mailand, Giovannino, es war das erste Mailand unseres Lebens, und wir fühlten uns, obwohl wir zu zweit waren, zahlreicher als heute zu viert.«

Nach der Reinach-Schmierung sahen wir andere Dinge, darunter ein viermotoriges Flugzeug. Carlotta blieb stehen und sagte: »Kauf mir's!«

Ich mußte nun ziemlich lange reden, aber es gelang mir, Carlotta zu beruhigen, indem ich ihr einen Vergaser für ein 125er Motorrad kaufte.

»Sie hat einen ausgeprägten Sinn für Mechanik«, bemerkte Margherita. »Vielleicht können wir aus ihr eine tüchtige Lokomotivheizerin machen. Manchmal ist es besser, ein Kind wird ein guter Heizer als ein mittelmäßiger Advokat. Und außerdem: auf diese Art reist man, sieht man, lernt man!«

Der Vergaser interessierte Carlotta auch zu Hause noch sehr lebhaft, und sie zog sich zurück, um den Mechanismus zu analysieren. Bevor sie einschlief, rief sie mich und teilte mir ganz diskret das Ergebnis ihrer Nachforschungen über den Vergaser mit: »Er heißt Giacomo, und wenn er groß ist, wird er Doktor werden. Er hat keine Mama mehr, und sein Vater sitzt, weil er ein Brot und eine Wurst gestohlen hat.«

Margherita war durch diesen Umstand sehr betroffen. »Wenn sich hier das soziale Gewissen nicht geltend macht, wird es eine Revolution geben. Es ist nicht gerecht, daß ein armer Teufel in den Kerker gehen soll, weil er aus Hunger ein Brot und Wurst stehlen mußte.«

Ich hielt ihr entgegen, daß es sich hier um den Vater des Vergasers handle.

»Das ist unwesentlich; der Hunger ist für alle gleich, vor dem Hunger gibt es keine Klassenunterschiede.«

Sie legte den Kopf auf das Kissen zurück, aber dann kam ihr ein Zweifel, und sie rief mich.

»Was meinst du – besteht keine Gefahr, daß Saragat darangeht, die Leute nach Sibirien zu deportieren?«

»Das halte ich für ausgeschlossen, Margherita.«

»Das beruhigt mich sehr«, antwortete Margherita, ließ den Kopf wieder zurücksinken und schloß die Augen.

Carlotta blickte sie mit offensichtlichem Mißfallen an, dann schüttelte sie den Kopf.

»Sie ist neidisch, weil du mir Giacomo gekauft hast und ihr nichts«, flüsterte sie.

Dann hob sie mit dem Finger die Oberlippe Margheritas ein wenig auf.

»Siehst du?« sagte Carlotta. »Sie hat einen Blechzahn, und sie hinkt auch.«

Ich dankte ihr für die wertvollen Informationen und ging fort, nachdem ich noch einen Seufzer über das traurige Los des Vergasers Giacomo ausgestoßen hatte.

Heute habe ich den Feiertag benützt und einen groben Brief an die Sicherheitsglasfirma geschrieben.

Wenn man mich fragt, wieso ich, Giovannino, Vorstand eines winzigen Haushaltes, Beziehungen zu Firmen habe, die Sicherheitsglas erzeugen, antworte ich, indem ich einen Auszug aus einer Unterhaltung zwischen mir und jener ausgezeichneten Frau mitteile, welche den bereits mehrmals erwähnten Albertino zu meinem Sohn gemacht hat.

Frau: Geh zum Tischler und laß meine Schuhe besohlen und zum Schneider, damit er dir deine Sandalen ausbessert.

Giovannino: Wenn du an der Bar vorüberkommst, denke daran, mir Rasierwasser mitzubringen.

Frau: Schon gestern besorgt; es ist im Badezimmerschrank. Auf der Flasche steht »Cognac«.

Ist es da verwunderlich, wenn sich einer, der Verlangen nach einem Ofen hat, an eine Glasfabrik wendet?

Die Geschichte begann im vergangenen Jahr, an dem Tag, da mir die süße Frau, die mich zum Beschützer Albertinos machte, ankündigte: »Es ist ein kleiner Glaswandschirm mit einer Hundeleine angekommen.«

Ich erklärte ihr, daß es sich nicht um einen Wandschirm handle, sondern um einen Ofen, und daß das, was sie für eine Hundeleine hielt, ein Leitungskabel sei. »Es ist ein Elektroofen, eine Art Bügeleisen, nur mit dem Unterschied, daß es nicht aus Eisen, sondern aus Glas ist, und nicht zum Bügeln, sondern zur Raumheizung dient.« Dann ging ich in die Küche, steckte den Stecker in die Steckdose, und nun begannen unsere wärmetechnischen Abenteuer. Die Tatsache, daß durch das Einführen einer Art Gabel in die zwei Löcher an der Wand das Aufleuchten eines roten Sicherheitslämpchens zwischen den beiden Glasplatten des Heizkörpers bewirkt wurde, machte Eindruck auf einen, der schweigend dastand und seit einiger Zeit den Mechanismus betrachtete.

Als ich bemerkte, wie die beiden Augen Albertinos den Apparat schielend fixierten, intervenierte ich. »Brennt!« sagte ich, indem ich eine der Unglückshände Albertinos den Platten des Heizgerätes näherte. Und Albertino zog sich erschreckt zurück.

Alarmiert durch ein besorgniserregendes Prasseln, lief ich kurz darauf in die Küche und fand Albertino sehr befriedigt.

»Brennt nicht mehr«, sagte Albertino und zeigte auf das triefende Heizgerät.

Ich erklärte ihm daß es die tadelnswerteste Sache auf der Welt sei, Töpfe mit Wasser auf einen Ofen zu entleeren. Die Wärme, die die Öfen ausströmen, sei nicht als »Brennen«, sondern als »Erwärmung« zu bezeichnen. Sprachliche Feinheiten sind jedoch nicht Albertinos Sache; für ihn brannte das Heizgerät. Dinge, die brannten, gehörten mit Wasser behandelt, und wenn dieser Unglückspapa nichts von Wasser hören wollte, konnte man genauso gut den Wein aus der Flasche oder den Essig verwenden: Aber eine Flüssigkeit war notwendig, um den Brand zu löschen. Unsere Räume dufteten daher erst nach Wein und dann nach Essig. Hierauf war ein häßlicher Geruch nach Angebranntem zu verspüren.

»Das Öl!« schluchzte die süße Verfertigerin des kleinen ruchlosen Feuerwehrmannes.

Man mußte kurzen Prozeß machen. Ich nahm daher das Heizgerät vom Boden auf und hob es auf den Küchentisch. Das Ergebnis war bedeutend. Durch einen ungewohnten Lärm herbeigerufen, fanden wir Albertino in der Luft hängend, an die Lampenschnur geklammert. Unten waren die Trümmer der marmornen Tischplatte verstreut, und zwischen den Trümmern fuhr das Heizgerät, da es aus unzerbrechlichem Glas war, fort, unerschrocken den Raum zu erwärmen.

Ich stellte das Heizgerät auf den Schrank. Es ist unvernünftig, einen Heizapparat in die Nähe des Plafonds zu stellen, da die warme Luft ja nach oben strebt; aber man muß in Betracht ziehen, daß Albertino nach unten strebt, und das rechtfertigt alles.

Als drei Stunden vergangen waren, war der Plafond über dem Heizgerät schwarz geworden.

»Der Ofen raucht!« rief schmerzlich die süße Frau, die mich als Halbwüchsigen gekannt hatte. Und ich hatte nicht Zeit, ihr unwillig zu erklären, daß eine der charakteristischen Eigenschaften in der Elektrizität gerade das völlige Fehlen von Rauch sei. Denn es erschien der Bewohner des fünften Stockwerkes.

»Sechs Flaschen Asti«, rief er, »wie Bomben explodiert! Wein in der ganzen Küche! Einrichtung und Vorräte teilweise zerstört!«

Die treffliche Unglückselige, die mich zum »Giovannino, Giovannino« gemacht hat, breitete die Arme aus und ging auf ihn zu. »Warum stellen Sie aber auch«, sagte sie, »die Weinflaschen gerade über unseren Elektroofen?«

Es gab eine ziemlich lange Diskussion, weil der würdige Mann auf dem Gegenteil beharrte; es sei eine Infamie, einen elektrischen Ofen ausgerechnet unter seine Flaschen zu stellen, wodurch man den darin enthaltenen Wein zum Kochen bringe. Wir einigten uns schließlich, das Heizgerät wurde vom Schrank herabgenommen und kehrte auf den festen Boden zurück. Albertino versuchte noch ein paarmal zu löschen, zuerst mit Bleiweiß, dann mit Kölnischwasser. Als er endlich einsah, daß er den Apparat nicht umbringen konnte, entschloß er sich, ihn als Instrument für seine Untaten zu mißbrauchen. Er lernte schnell, den Stecker hineinzustecken und wieder herauszuziehen und sich geschickt die spezielle Plattform des Mechanismus zunutze zu machen.

Eines Nachts wachte ich schweißtriefend und mit Atembeklemmung auf. »Du hast Fieber«, sagte mir meine holdselige Bettnachbarin: »Du glühst, die Matratze glüht, das Kissen und das Kopfende des Bettes glühen. Hohes Fieber!« Ich versuchte es zuerst mit einem Beruhigungsmittel, aber dann fand ich es praktischer, das Heizgerät unter der Matratze wegzunehmen.

Zwei Tage später machte mich unsere Bedienerin darauf aufmerksam, daß die Wäsche, die zum Einweichen in die Badewanne getan worden war, koche. Sie fragte mich, ob es unsere Absicht sei, sie zu kochen; in diesem Fall wäre es günstig, sie auch zu salzen. Als ich an einem bestimmten Kabel zog, kam natürlich das Heizgerät aus dem Wasser.

Ich hatte zum letztenmal Gelegenheit, mich mit dem Heizgerät zu befassen, als wir das Gepäck für die Abreise fertigmachten und die Erzeugerin des schädlichsten Albertino von Europa mir mitteilte, daß ein Koffer brenne. Das Kabel des Heizgerätes kam aus dem Deckelspalt heraus.

Während des Sommers ging alles gut. Aber nun ist Albertino zurückgekehrt, voll Kraft und Einfallsreichtum, und das Heizgerät ist wieder aufgetaucht.

Heute bin ich mit meiner Familie spazierengegangen, und gegen Abend sind wir sehr hungrig in unser Domizil zurückgekehrt.

»In zwei Minuten brate ich das Huhn am Rost«, erklärte die treffliche Gefährtin meines Appetits und öffnete die Tür des Eisschranks. Wir sahen uns einige Minuten lang in dichten schwarzen Rauch eingehüllt, dann lichtete sich der Nebel, und alles wurde klar. Die Geschichte war von ungeheurer Einfachheit: Im Innern meines elektrischen Eisschrankes befindet sich eine Steckdose, die dazu dient, einen zusätzlichen Widerstand anzuschalten, falls der dem Motor angefügte nicht ausreichen sollte; in diese war der Stecker des Heizgerätes eingeführt, und dann war das Heizgerät sorgfältig in die Eiskammer eingeschlossen worden.

Da auch der Motor in Betrieb gesetzt worden war, mußte während jener zehn Stunden ein edler, wenn auch schrecklicher Wettkampf zwischen der Kälte- und der Wärmemaschine stattgefunden haben. Welche hatte gesiegt?

Nach einigen Minuten drückenden Schweigens seufzte Margherita: »Das Huhn ist gebraten. Es fehlt nur noch ein wenig Salz.«

Ich habe das unglückseligste Huhn meines Lebens verzehrt, dann habe ich den groben Brief geschrieben:

»Werte Firma für Sicherheitsglas,

es gibt vier Möglichkeiten: Entweder Sie schicken mir ein Sicherheitsgerät für Ihr Heizgerät, oder Sie schicken mir ein Sicherheitsgerät für unseren Albertino, oder Sie schicken einen Boten, der das Heizgerät abholt, oder Sie schicken einen Trupp Arbeiter, der unseren Albertino abholt. Entscheiden Sie sich!«

Das schrieb ich, dann ließ ich mich in einen Lehnstuhl sinken und fand selbstverständlich das Heizgerät unter mir schon so heiß, daß ich mich veranlaßt sah, stöhnend die wassergefüllte Badewanne aufzusuchen.

Wir besuchten wieder einmal die Mustermesse. Wir blieben mit offenem Mund vor dem jungen Mann im Overall stehen, der mit dem Ding hantierte: Bett, Couch, Fauteuil - Fauteuil, Couch, Bett - zwei Sekunden von einer Verwandlung zur anderen.

Plötzlich seufzte Margherita. »Schau«, sagte sie, »meiner Meinung nach wäre es beispielsweise ein Wahnsinn, neunhunderttausend Lire auszugeben, um den Dieselmotor mit hundertzwanzig PS zu kaufen, den wir im Maschinenpavillon gesehen haben. Aber siebzehntausend auszugeben, um eine Fauteuil-Couch wie diese zu kaufen, erschiene mir keineswegs unvernünftig.«

»Gewiß«, antwortete ich. »Eine Fauteuil-Couch wie diese könnte, abgesehen von der bedeutenden Einsparung, auch viel nützlicher sein als ein Dieselmotor von hundertzwanzig PS.«

So kauften wir die Fauteuil-Couch, und schon nach drei Monaten gelang es uns, dank der Intervention einer einflußreichen Persönlichkeit aus unserem Bekanntenkreis, sie tatsächlich zu bekommen. Und wenn die Geschichte damit zu Ende wäre, hätte sie keineswegs das Recht, sich »Geschichte« zu nennen, und noch weniger »dramatische Geschichte«. Aber es handelt sich um ein Drama, und es beginnt mit dem Moment, in dem der Fauteuil in unser Haus kam. Margherita betrachtet die Kretonne der Polsterung und bemerkt, daß sie zu schön ist. Sie abzunützen, wäre ein Verbrechen. Man muß daher gewöhnliche Kretonne kaufen, um daraus einen Schutzüberzug zu machen. Da andererseits der Überzug verhindert, daß man den Originalüberzug sieht, ist es nötig, daß der Schutzüberzug im Muster ebensoviel Eindruck macht wie der Originalüberzug.

Der Überzug wäre angebracht, aber Margherita ist verzweifelt; auch dieser ist zu schön, er ist fast noch schöner als der ursprüngliche. Man erwägt, die Originalkretonne abzunehmen, daraus einen Überzug zu machen und andererseits die Originalkretonne durch den Stoff des Schutzüberzuges zu ersetzen. Aber man verwirft diesen Gedanken. Eher scheint die Lösung ratsam, einen gewöhnlichen Stoff zu kaufen, um einen Über-Überzug zu machen.

Mit dem Über-Überzug ist Margherita zufrieden; er ist schön, aber nicht zu schön, und ich bekomme die Erlaubnis, mich auf die Fauteuil-Couch zu setzen.

Aber siehe da, während ich mich hineinschmiege, ringt Margherita ängstlich die Hände. Wozu ist ein Überzug und ein Über-Überzug gut, wenn beim Sitzen auf dem Fauteuil oder, noch schlimmer, bei der Benützung des Fauteuils als Bett, die Polstermatratze unheilbar zerdrückt und zerbeult wird?

»Man muß eine gewöhnlichere Matratze machen«, beschließt Margherita. »So wird die Originalmatratze geschont. Nicht nur das, man kann auch den Überzug schonen, da der Über-Überzug da ist.«

Als die neue Matratze fertiggestellt ist, wandern die Originalmatratzen und der Überzug in die Garderobe. Während der ganzen für diese Operation nötigen Zeit hatten sich Albertino und Carlotta darauf beschränkt, die Fauteuil-Couch argwöhnisch zu beobachten. Sie sehen an ihr nichts, was sie von anderen Fauteuils unterschiede, doch sie erfassen, daß da etwas dahintersteckt. Und an dem Tag, an dem ich auf Einladung Margheritas der Hausbesorgerin das Funktionieren der Maschine praktisch vorführe, funkelt ein unheilvolles Licht in den Augen der beiden Minderjährigen.

Tatsache ist, daß mich Margherita eine Stunde, nachdem ich fortgegangen war, im Büro anruft und mir erklärt, zwischen Albertino und Carlotta sei ein Streit entbrannt, wer von ihnen auf der Fauteuil-Couch schlafen dürfe.

»Wenn du nicht kommst und der Schlacht ein Ende machst, bin ich gezwungen, das Überfallkommando zu rufen«, schließt sie.

Man erzielt einen Kompromiß: Alle beide werden auf der Fauteuil-Couch schlafen. Da aber das Fassungsvermögen des Gegenstandes nicht ausreicht, vergeht die Nacht mit einem Streit der beiden Zusammenschläfer, von denen jeder den anderen fortzujagen versucht. Am Morgen werden beide auf dem Boden schlafend gefunden, der eine rechts und der andere links von der umstrittenen Liegestätte. Nun beginnt der eigentliche tragische Teil, denn Margherita versucht, die Couch in einen Fauteuil umzuwandeln, und ich, durch herzzerreißende Schreie angelockt, eile hinzu und finde Margherita mit beiden Händen in den Gelenken des Mechanismus gefangen. Für mich ist es ein leichtes, den Fauteuil wieder in Ordnung zu bringen, denn ich habe vollkommen verstanden, wie er funktioniert. Ich büße lediglich ein beträchtliches Stück des Hausrockes ein, der sich mit einem Zipfel in der Maschinerie verfangen hat.

Um zehn Uhr muß ich eilends von meiner Arbeit weglaufen und nach Hause zurückkehren, weil man mir mitteilt, Carlotta sitze im Fauteuil wie in einer Falle, und es sei nicht möglich, sie zu befreien. Am Nachmittag sitzt Albertino in der Falle.

Abends ist Margherita sehr betrübt. »Wenn diese Geschichte mit dem Ausziehen und Zusammenschieben so weitergeht, wird es damit enden, daß der Fauteuil kaputtgeht. Es wäre ein Verbrechen, etwas so Schönes abzunützen. Wir können die neue Matratze mit Über-Überzug auf die alte Couch montieren, die in der Dachkammer steht, die Maße sind die gleichen.«

Das ist eine Idee. Die neue Fauteuil-Couch wird ordentlich verpackt und nimmt in der Aufbewahrungskammer Aufenthalt. Dort wärmen sich in Naphthalin auch die Original-Matratze und der Überzug. Ich mache Margherita darauf aufmerksam, daß ich mir von unserer Neuerwerbung viel mehr erwartet hatte; doch Margherita schüttelt den Kopf. »Bedenke: wenn du statt des Fauteuils den Dieselmotor gekauft hättest, wäre es noch schlimmer gewesen.«

Die Weltmeisterin in der Sparsamkeit sieht mich lächelnd an, und ihre großen schwarzen Augen sagen mir: »Giovannino, Giovannino ...«

Unterwegs

Auf meinen zahlreichen Reisen kreuz und quer durch unser Land, und insbesondere die lombardische Tiefebene, habe ich viele unvergeßliche Erfahrungen gesammelt; doch keine Fahrt war so unvergeßlich wie jene eine:

Albertino war noch kleiner als klein. Carlotta war noch weit jenseits des Horizontes. Mein Herr Sohn wohnte mit seiner liebenswürdigen Erzeugerin seit einiger Zeit in P. bei dem unglücklichen Ehepaar, das mich zum Sohn gemacht hatte. Und ich versuchte, die beiden wieder zu mir zu holen.

Welch süße Schwermut, wenn man an die Plätze der Kindheit zurückkehrt! Ich ging langsam durch die Zimmer, die mich als winzigen Dreikäsehoch gesehen hatten, und ich hoffte fast, in irgendeinem dunklen Winkel, in ein altes Spinngewebe verwickelt, das Echo meines ersten Gewinsels zu finden.

»Sieh, das ist die Küche mit dem rauchgeschwärzten Gewölbe, dem alten Backtrog, dem Küchentisch voller Geschirr, der alten Petroleumlampe«, seufzte ich.

Das süße Geschöpf, das mich duftendes Junggesellenblümchen eines Tages mitten auf der grünen Wiese des Lebens gepflückt hatte, schüttelte den Kopf.

»Nein, Giovannino! Sieh, das ist dein altes Eßzimmer mit der rauchschwarzen Tönung der Wand, die von Albertino durch ein Feuer auf dem majestätischen geschnitzten Büfett verursacht wurde, das du nun mit einem Küchentisch voller Geschirr verwechselst . . ., und das ist euer altes Klavier, das infolge der Belästigungen Albertinos in der Ecke zusammengesunken ist und dich an den alten Backtrog denken läßt . . ., und das ist der Murano-Lüster, der, von Albertino vereinfacht, das Aussehen der Petroleumlampe angenommen hat, verstärkt durch die Essigflasche, die mitten in dem wichtigen Beleuchtungsgerät steckengeblieben ist . . .«

Lassen wir dieses Schauspiel der Verzweiflung, sprechen wir nur von der Wiedergewinnung Albertinos, und steigen wir, alle anderen Einzelheiten übergehend, in den Zug.

Nachdem ich die liebevolle Mutter, den kleinen Albertino und sechs große Reisetaschen in einem Abteil zweiter Klasse ordentlich untergebracht hatte, atmete ich erleichtert auf und beglückwünschte mich zu meiner Geschicklichkeit und der nicht geringen, unter äußerst schwierigen Umständen bewiesenen Seelenstärke.

»Odanade«, sagte genau in diesem Augenblick Albertino.

Ich stieg aus dem Zug, gelangte im Laufschritt bis weit hinter den letzten Waggon, wo Getränke verkauft wurden, kaufte eine Flasche Orangeade, erhielt ein Gutteil des mir zukommenden Wechselgeldes und kam gerade noch zurecht, um auf den letzten Wagen des ausfahrenden Zuges zu springen. Ich durchquerte achtzehn dritte Klassen, vollgepfropft mit ungewöhnlich empfindlichen Leuten, mußte einen Kontrolleur flehentlich bitten, mir eine Verbindungstür aufzusperren, und konnte endlich mein Abteil erreichen.

Mir schien, daß man meine Anwesenheit sonderbar fand.

»Als sie merkte, daß der Zug sich bewegte«, erklärte mir ein Herr, »hat die Dame zu schreien begonnen, denn Sie hatten ja die Fahrkarten, und sie wollte nicht allein heimfahren. Wir veranlaßten sie, auszusteigen, während schon der Zug fuhr, und dann haben wir ihr die sechs Reisetaschen hinausgeworfen.«

Hätte sich ein normaler Mensch mit Orangeade in der Hand in einer derartigen Situation befunden, hätte er die Orangeade getrunken und sich ruhig niedergesetzt. Aber ich bin kein normaler Mensch; auf die Gefahr hin, mir den Hals zu brechen, stürzte ich mich aus dem Zug.

Ich wurde von einer nicht genau anzugebenden Anzahl von Leuten insultiert, mußte fünfhundert Meter Eisenbahngleise entlanglaufen, aber es gelang mir doch, das Bahnsteigdach des Bahnhofs wiederzusehen. Ein Geschöpf des lieben Gottes war dabei, Wäschestücke und Gegenstände verschiedenster Art in gewissen, übel zugerichteten Reisetaschen zu verstauen.

»Wo warst du?« schluchzte das Geschöpf des lieben Gottes.

»Im Zug«, erklärte ich ihr. »Da es ja unsere Absicht war, uns mit dem Zug nach Mailand zu begeben, bin ich in den Zug gestiegen.«

In meinem unglückseligen Leben habe ich Tausende von Augen gesehen; aber zwei Augen, wie die des erwähnten trefflichen Geschöpfes, habe ich noch nie gesehen.

Kaum hatte ich hierauf »Albertino!« gestammelt, als die ausgezeichnete Frau wieherte. Es ist wenig geschmackvoll und wenig rücksichtsvoll von mir, aber was kann ich dafür? Wenn unter dem Bahnsteigdach zurückgebliebene Mütter bemerken, daß ihr einziger Sohn mit dem Zug nach Mailand reist, dann wiehern sie eben.

Ich beschwor den Stationsvorstand, Telegramme abzuschicken. Sehr bald kam eine tröstliche Antwortdepesche: »Kind glücklich in Fidenza angelangt.«

»Sehen Sie, da kommt der Beschleunigte nach Mailand«, erläuterte mir ein Beamter. »Steigen Sie ein, und in zwanzig Minuten können Sie Ihren Sohn wieder umarmen.«

So befanden wir uns also wieder im Zug, müde und übel zugerichtet; aber was bedeutete das? Albertino würde in zwanzig Minuten wieder in unserem Besitz sein!

Als wir in Fidenza angekommen waren, behandelte uns ein Beamter freundlich. »Wie sollte denn das Kind hier sein, wenn Sie telegrafieren ließen, man solle es mit dem nächsten Zug nach P. zurückschicken? In dem Zug, den Sie gekreuzt haben, war Ihr Kind.«

Ich hatte nichts Derartiges telegrafieren lassen und blickte verblüfft auf die Unglückselige, die mich zum traurigsten der Reisenden machte.

»Ja«, erklärte die Unglückselige, »ich ließ telegrafieren, aber ich dachte, du hättest dafür gesorgt, daß eine Gegenorder abgeht. Ich hatte es dir gesagt, Giovannino! Ich bin fest davon überzeugt.« Unverzüglich ging ein Telegramm ab: »Kind auf nächster Station zurückbehalten.« Kurz darauf kam die Antwort: »Kind Gepäckaufbewahrung P.«

Der nächste Zug nach P. wäre in fünf Stunden gegangen; angesichts einer Entfernung von nur siebzehn Kilometern begreift man, daß es ein Wahnsinn gewesen wäre, fünf Stunden zu warten. »Wir können per Rad fahren«, schlug ich der trefflichen Frau vor, die mich zum Tandemisten gemacht hatte. »So haben wir nicht einmal den Ärger mit dem Gepäck . . . Es fährt direkt nach Mailand . . .«

Mietfahrräder sind die bösartigsten Mechanismen der Welt. Wenn gar die Räder nur eines sind und dazu dienen sollen, zwei Personen zu befördern, wird die Angelegenheit grauenerregend. Mir war es, als führe ich auf einer Straßenwalze, und ich brauchte nicht weniger als drei Stunden, um das Gewicht meiner übriggebliebenen Familie siebzehn Kilometer weit zu transferieren.

»Das Kind wurde von den Großeltern ausgelöst«, wurde uns auf dem Bahnhof erklärt (und hier muß erwähnt werden, daß die trefflichen Eheleute, die mich zum Sohn und nachher zum Bruder gemacht hatten, unserer Abreise beigewohnt hatten und auf dem Bahnhof geblieben waren, um zu sehen, wie die Sache ausgehen würde).

»Schön!« seufzte die unglückselige Mutter des verlorenen Sohnes. »Sie werden sie in Mailand treffen«, fügte der Stationsvorsteher hinzu. »Sie sind vor zwanzig Minuten mit dem Schnellzug abgereist.«

Mechanisch abrollende Geschichten wie diese werden in einem bestimmten Stadium langweilig. Es ist besser, schnell zum Ende zu kommen:

Um Mitternacht waren wir in Mailand, und die plötzlich aus dem

Schlaf geschreckte Hausbesorgerin erklärte uns, zwei ältliche Eheleute seien mit Albertino dagewesen und hätten, als sie erfuhren, daß wir noch nicht heimgekommen seien, ausgerufen: »Natürlich sind sie nach P. zurückgefahren. Wir werden sie dort treffen!«

Ich stellte eine verständige Überlegung an: »Wenn wir zurückfahren, werden wir sie nicht treffen, denn in der Zwischenzeit werden sie hierherkommen. Wenn wir hierbleiben, werden wir sie nicht treffen, weil sie dort bleiben, um auf uns zu warten.« Die süße Frau, die meine Jünglingsjahre durchstrahlt hatte, löste das Problem: »Du wartest hier, und ich fahre.«

Als die treffliche Wiedererlangerin Albertinos abgereist war, kam gegen fünf Uhr morgens mein Vater. »Also jetzt ist Schluß!« rief der tüchtige Mann. »Ist deine Mutter hier bei dir, oder ist sie beim Kind? Bist du hier in Mailand, oder bist du beim Kind? Ist deine Gattin bei deiner Mutter, oder ist sie mit dem Kind hier? Wo ist deine Mutter? Und wo bist du? Und wo bin ich?«

Ich schüttelte betrübt den Kopf. »Ich weiß es nicht«, antwortete ich. Der hervorragende Mann blieb lange gedankenvoll, dann entschloß er sich. »Wenn die Dinge so stehen«, sagte er Abschied nehmend, »ist es besser, ich fahre nach Verona. Und wohin fährst du?«

»Nach Bergamo«, sagte ich.

Ich reiste endlich einmal allein, kinderlos!

Ich hatte einen Fensterplatz gefunden. Als der Zug sich zu bewegen begann, zwängte sich eine junge hübsche Frau durch die Menge auf dem Bahnsteig und klopfte mit dem Finger an mein Fenster. Ich ließ das Fenster hinunter.

»Entschuldigen Sie, sind Sie der Herr Soundso?« fragte sie mich. Und ich antwortete, daß ich dieser sei.

»Fahren Sie auch nach Mailand?« fragte sie.

»Ja, gnädige Frau, ich fahre nach Mailand.«

»Ist in Ihrem Abteil ein Plätzchen frei?«

»Ja, gnädige Frau.«

»Glänzende Gelegenheit«, frohlockte die Frau. »Helfen Sie, bitte!«

Sie hielt mir ein Paket hinauf, ich ergriff es und legte es auf den Sitz. Der Zug war bereits angefahren, und es war logisch, daß die Frau, um einsteigen zu können, sich von ihrem Gepäck befreite.

Aber der Zug bewegte sich bereits, und die Frau stand immer noch ruhig auf dem Bahnsteig. Und sie lächelte und grüßte und schwenkte das Taschentuch.

Ich beugte mich aus dem Fenster, machte ihr ein Zeichen, sie solle sich beeilen.

»Nein«, rief sie, »ich bleibe hier!«

»Und das Paket?«

»Auf dem Bahnhof von Mailand werden Sie eine Person treffen, die beauftragt ist, es abzuholen. Ich telefoniere sofort nach Mailand. Machen Sie sich keine Sorgen. Äußerstenfalls geben Sie's in die Gepäckaufbewahrung.«

Ich zog mich zurück, sehr verärgert und von dem lebhaften Verlangen erfüllt, das Paket zum Fenster hinauszuwerfen. Aber ich wurde mir sofort der Unmöglichkeit einer so rebellischen Geste bewußt; die Unverschämte kannte mich ja, sie würde telefonieren und erklären, das Paket sei mir anvertraut worden. Ich konnte nicht Gefahr laufen, dann in den Zeitungen gedruckt zu sehen: »Bekannter Reaktionär entwendet anvertrautes Paket.« Die Journalisten lieben ja solche kleinen Skandale.

Glücklicherweise war das Abteil noch leer, und als Okkupanten hereinkamen, saß ich ruhig da und spielte mit großer Ruhe die Rolle des vornehm gelangweilten Reisenden.

Kurz darauf erschien ein Herr, der einen Platz suchte.

»Gehört dieses Paket Ihnen?« fragte er mich. Ich wendete mich um, um das Paket zu nehmen und ins Gepäcknetz zu legen; und nun vollzog sich das schauerlichste Schauspiel, das mir der Himmel jemals zu sehen bestimmt hat.

Das Füßchen eines Kindes kam aus einer Falte des Plaids, der das Paket umhüllte. Ich mußte an grausame Verbrechen im Lokalteil denken und wurde, glaube ich, weiß im Gesicht. Schon fühlte ich, daß mir der Atem ausging, als etwas geschah, das mir Perspektiven ganz anderer Art eröffnete.

Das Plaid löste sich, und es erschien der Eigentümer des Füßchens, völlig lebendig und lebhaft: ein Kind von vier oder fünf Jahren mit zwei schrecklich aufgerissenen Augen.

»Geh weg, du bist häßlich!« rief es dem Herrn zu, der dastand und darauf wartete, daß ich ihm den Platz frei machte.

Der Knabe trug um den Hals eine ordentliche Fahrkarte zweiter Klasse und eine Karte mit einem Namen und einer Adresse. Ein drittes, etwas größeres Stück Karton hing auch noch da, und darauf stand in schöner Handschrift geschrieben: »Gebrauchsanweisung.«

»Geh weg, Dummer!« schrie der Knabe.

Der Herr ging sehr indigniert hinaus. »Feine Art, die Kinder zu erziehen«, brummte er.

»Du bist der Onkel Checco«, teilte mir das Bübchen dann vertraulich mit. »Die Mama hat mir gesagt, ich soll schön ruhig bleiben, aber ich habe alles gesehen.«

Er umarmte mich, und dies ließ mich meine Ruhe wiedererlangen.

Ich sagte ihm, er solle brav sein, und der Knabe blieb eine gute Viertelstunde ruhig; dann aber sprang er plötzlich auf den Sitz und begann herumzuhüpfen wie eine Rothaut auf dem Kriegspfad.

»Ich habe Hunger! Ich habe Durst! Ich habe Bauchweh! Ich will ein Bonbon! Ich will eine kleine Pfeife! Ich will ein Papierflugzeug!« begann er zu schreien, wie besessen. Und die anderen hoben die Köpfe von ihren Zeitungen und blickten das Kind mit dem Ausdruck offenkundigen Mißfallens an.

»Brav sein, kleiner Schelm«, sagte die Dame, die mir gegenübersaß.

»Nein, du bist häßlich und hast einen falschen Zahn!« schrie das Kind und zeigte ihr die Zunge. Dann ging es immer wütender die anderen fünf Reisenden an, indem es kühne Urteile über die körperlichen und geistigen Gaben jedes einzelnen zum Ausdruck brachte. Ich versuchte, ihn zu begütigen. Als der Unverschämte merkte, daß die Dinge für ihn eine schlimme Wendung nahmen, warf er sich mir schluchzend in die Arme: »Bestes Papilein, ich sterbe! Bestes Papilein, ich sterbe!«

Die Dame gegenüber schüttelte den Kopf und flüsterte dem Gemahl etwas zu.

»Immer dasselbe«, antwortete der Gemahl.

»Wenn man gewisse Krankheiten hat, sollte man keine Kinder in die Welt setzen!« brummte die Dame.

Indessen las ich angsterfüllt die »Gebrauchsanweisung«: »Alle zwanzig Minuten ein Glas Milch, eine Orangenscheibe, ein Bonbon und ein Biskuit, äußerste Frist fünfundzwanzig Minuten. Nie widersprechen! In dringenden Fällen ein Märchen erzählen!« Im Paket befand sich alles Nötige. Ich fütterte ihn, er beruhigte sich, aber unglücklicherweise kam der Schaffner. Und da gab es eine Katastrophe, denn der Schaffner versuchte, die Karte zu lochen, die er um den Hals hatte, und daraus entwickelte sich eine ungemütliche Szene. Schließlich zog der Schaffner das Buch mit seinen Vorschriften aus der Tasche und las es aufmerksam.

»Nein«, sagte er im Fortgehen, »es gibt keinen Artikel, der die Beförderung gewisser Kinder verbietet! Aber man müßte das in die Vorschriften aufnehmen.«

In der Folge bat mich das Kind um meine Füllfeder. Und ich verweigerte sie ihm höflich, aber bestimmt.

»Wenn du sie mir nicht gibst, singe ich die ›Giovinezza‹«, zischte der Verbrecher bösartig. Ich gab ihm die Füllfeder, und es schien, als wollte er sich beruhigen.

Ich begann, Zeitung zu lesen, und fuhr erst auf, als ich die Stimme des Kindes hörte.

»Sie ist süß«, sagte das Kind und hielt mir die von seinen ruchlosen Zähnen zerknabberte Füllfeder unter die Nase. Sein Gesicht und sein Mund waren schwarz von Tinte. Es begann zu spucken, und die anderen mußten die Schirme aufspannen, um sich zu schützen.

»Man muß die Bahnpolizei rufen!« schrie einer.

Ich breitete die Arme aus, erzählte die ganze Geschichte, zeigte die am Hals des Knaben hängende Karte, zeigte meine Dokumente und stellte mich vor. Sie verstanden mich.

»Man muß ein Komitee zur Verteidigung der öffentlichen Unverletzlichkeit bilden«, schlug ein ansehnlicher Herr vor.

»Ich glaube nicht, daß es noch notwendig ist«, entgegnete ein anderer Herr. »Vorläufig genügt es, eine Genossenschaft zur Verwaltung des Kindes zu bilden; allein wird der Herr mit ihm nicht fertig.«

»Ich verpflichte mich, es bis Piacenza auf den Hintern zu schlagen«, bot sich die Dame an.

»Von Piacenza bis Lodi bearbeite ich es!« versicherte der Gatte der Dame.

Da sich der Knabe überlegenen Kräften gegenübersah, versuchte er es mit der Umgehungstaktik.

»Bestes Papilein . . .«

»Nichts Papilein!« dementierte ich entschieden.

»Onki . . .«

»Nichts Onki!« erwiderte ich. »Ich bin ein freier Bürger, der nichts mit dir zu schaffen hat!«

»Mann«, fragte der kleine Verbrecher. »Mann, erzählen Sie mir ein Märchen?«

Ich beriet mich mit den Genossenschaftern. Man konnte die Kompromißlösung, auch angesichts des jugendlichen Alters des Subjekts, annehmen.

»Ich werde dir ein Märchen erzählen«, sagte ich.

»Aber ein schönes!«

»Ein sehr schönes! Es war einmal ein Knabe, der hieß Puccettino«, begann ich.

»Ist nicht wahr«, sagte das Kind. »Er hieß Giacomo.«

»Na schön«, fuhr ich fort. »Es war einmal ein Knabe, der hieß Giacomo und wohnte in einem schönen Häuschen mitten in einem Garten.«

»Ist nicht wahr«, warf der kleine Unverschämte ein. »Er wohnte in einem großen Stadthaus, und eine Bombe fiel auf das Haus, und das Haus zerbrach ganz, und Giacomo fror, und er schlief auf dem Boden.«

»Ja«, fuhr ich fort, »er schlief auf dem Boden, aber eines Tages erschien in einem von Schmetterlingen gezogenen Wagen eine Fee mit goldenen Haaren . . .«

Der Knabe betrachtete mich mit offensichtlicher Verachtung.

»Ist nicht wahr!« rief er. »Feen sind nicht mehr üblich, und Schmetterlinge können keinen Wagen ziehen.«

Ich stimmte zu.

»Richtig«, antwortete ich. »Es kam keine Fee in einem von Schmetterlingen gezogenen Wagen, sondern ein Zauberer in einem Auto. Und da berührte er das Haus mit dem Zauberstab, und das Haus war so wie früher.«

Das Kind grinste amüsiert.

»Wenn es Zauberer mit dem Zauberstab gibt, warum haben sie dann den Wiederaufbauplan gemacht?«

»Weil es die Zauberer einmal gab und jetzt nicht mehr gibt«, erklärte ich.

Das Kind schüttelte den Kopf.

»Aber wenn es keine Zauberer gibt, warum hast du dann diese Geschichte mit dem Zauberer ausgekramt?«

Er näherte den unverschämten Mund meinem Ohr. »Wenn du mir nicht auch den Bleistift zum Zerbeißen gibst, sage ich, daß du ein Reaktionär bist, der den Wiederaufbau zu boykottieren versucht, indem er tendenziöse Nachrichten in Umlauf setzt.«

Ich gab dem ruchlosen Kind auch den Drehbleistift zum Zerbeißen.

Kaum war ich auf dem Bahnhof von Mailand ausgestiegen, als ich die junge Dame von Bologna sah.

»Verzeihen Sie«, sagte sie, »ich bin in den letzten Waggon eingestiegen. Wenn ich reise, muß ich das tun, sonst werfe ich ihn zum Fenster hinaus. Und das täte mir leid, denn er ist lebhaft, aber nicht böse. Ich hoffe, daß er Ihnen keine Unannehmlichkeiten verursacht hat.«

Ich antwortete ihr, daß es mir ein wahres Vergnügen gewesen sei.

Margherita sagte mit verhaltener Stimme: »Du könntest uns manchmal besuchen kommen; du hast ja ein Motorrad.«

»Sechzig Kubikzentimeter sind zuwenig angesichts der sechshundert Kilometer Hin- und Rückfahrt«, antwortete ich.

Margherita ist eine Frau, die vernünftig überlegt.

»Ein Zentimeter pro zehn Kilometer ist wirklich wenig«, gab sie zu. »Aber du mußt bedenken, daß es auf der Rückfahrt immer bergab geht. Garessio liegt hoch.«

»Ja, sechshundert Meter über dem Meeresspiegel!«

Margherita erschrak. »Sechshundert Meter über dem Meeresspiegel?« keuchte sie. »Das ist ja schrecklich! Warum hast du mir das nicht früher gesagt? Und wenn die Kinder hineinfallen?«

»Wohin?«

»Ins Meer! Bedenkst du nicht, wie schrecklich ein Sturz in sechshundert Meter Tiefe wäre?«

Ich beruhigte sie.

»Nicht auf einmal! Es sind sechshundert Meter nach und nach. Bis zum Meer sind es dreißig Kilometer.«

»Ein Kilometer auf zwei Kubikzentimeter«, bemerkte Margherita. »Das scheint mir ein vernünftiges Verhältnis zu sein. Was sagst du dazu?«

»Bei diesen Zeiten kann man nicht darüber klagen«, antwortete ich, bemüht, den Koffer zu schließen.

Margherita begann wieder, mit verhaltener Stimme zu sprechen.

»Das ist eine Nacht wie der Mantel des Todes«, seufzte sie. »Kein Windhauch weht. Man kommt sich vor, als stünde man dem Nichts gegenüber und ringe nach Atem.«

Auch ich seufzte. »Ich verstehe dich, Margherita. Aber wenn du, statt beim Wandschrank im Gang zu stehen, versuchen wolltest, dich ans Fenster zu stellen, bekämst du vielleicht einen weniger beängstigenden Eindruck.«

»Auch beim Fenster ist es Nacht«, seufzte sie. »Und nicht der leiseste Windhauch.«

Ich zog die Jalousie auf und öffnete die Fensterflügel. Der Morgen graute, die Luft war frisch und leicht. Margherita blieb einige Augenblicke schweigend.

»Wie sonderbar das Leben ist!« rief sie plötzlich. »Jetzt sind wir einander nahe – und morgen sind wir sechshundert Kilometer voneinander entfernt.«

»Dreihundert«, stellte ich richtig.

»Ich von dir dreihundert Kilometer und du von mir weitere dreihundert«, antwortete sie bekümmert. »Das sind sechshundert, Giovannino; deine fromme Lüge ist überflüssig. Die Entfernung ist unabwendbar wie der Tod.«

Sie wurde von Angst ergriffen.

»Jeden Tag, der vergehen wird, werde ich mich sechshundert Kilometer von dir entfernt fühlen, nach einem Monat also achtzehntausend! Es ist schrecklich.«

Ich sprach ihr mit Sanftmut zu: »Margherita, bedenke, daß die Kilometer bei der Rückkehr bergab gehen.«

»Ja, Giovannino, ich bedenke alles, aber die Entfernung bergab wird niemals genügen, um die Entfernung bergauf zu kompensieren. Könntest du nicht ein Motorrad ohne Kubikzentimeter nehmen?«

»Nein, Margherita, ein Motorrad ohne Kubikzentimeter ist ein gewöhnliches Fahrrad. Die Kubikzentimeter sind ungefähr das, was auf dem Gebiet der Elektrizität die Spannung ist.«

Margherita schüttelte den Kopf.

»Das ist alles sehr traurig!« rief sie. »Das Schicksal vereint uns, die Kubikzentimeter trennen uns. Hoffen wir auf De Gasperi.«

Sie begann wieder, in die Ferne zu blicken. Dann wandte sie sich um und ging zum Lichtschalter.

»Schau«, erklärte sie, indem sie das Licht aufdrehte, »wenn es finster ist, dreht man an diesem Schalter, und die Lampe wird hell. Dann, wenn man zu Bett geht, und wäre es auch Tag, dreht man noch einmal, und es erlischt. Wenn man es nicht löscht, dreht sich ein Rädchen im Zähler und man muß eine Unmenge Geld zahlen.«

Sie drehte den Gashahn auf.

»Schau«, erklärte sie, »wenn einer sich Kaffee oder etwas anderes wärmen will, dreht er an diesem Hahn und stellt den Topf auf, wie ich es jetzt mache.«

Sie setzte den Topf aufs Gas. Kurz darauf spürte man einen schrecklichen Gestank, und Margherita wurde besorgt.

»Man muß jemandem telefonieren!« rief sie. »Hier ist irgend etwas nicht in Ordnung!«

»Vielleicht kommt das daher, daß du das Gas angedreht, aber nicht angezündet hast«, bemerkte ich.

Da zündete Margherita das Gas an, und der Gestank hörte auf.

»Siehst du, so ist das Leben!« rief Margherita. »Wenn ich nicht gewesen wäre, wärest du an Gasvergiftung gestorben. Ich rate dir, den elektrischen Kocher zu benutzen, Giovannino. Das ist weniger gefährlich.«

Dann erklärte sie mir andere Dinge von größter Wichtigkeit: daß man den Wasserhahn zudrehen müsse, um Überschwemmungen zu vermeiden, daß die Porzellanteller zerbrechen, wenn man sie auf den Boden fallen läßt, und daß man, um die Badewanne mit Wasser zu füllen, zuerst den Stöpsel in das dafür bestimmte Loch stecken muß.

Sie blickte rund um sich, und aus ihrem Blick sprach die Angst, irgend etwas zu vergessen.

»Erinnere dich daran, mittags und abends zu essen. Für alle Fälle habe ich der Hausbesorgerin gesagt, sie solle dich daran erinnern, daß du Hunger hast. Denk daran, am Ende des Monats das Gehalt zu beheben. Ich habe dir auf dem Kalender ein Zeichen gemacht. Wenn jemand anruft, gibt es zwei Möglichkeiten: Wenn du zu Hause bist, antworte, wenn du nicht zu Hause bist, antworte nicht. Sollte eine Frau anrufen, antworte auf keinen Fall. Da es sich aber ergeben könnte, daß ich anrufe, lasse ich dir hier das Losungswort: ›Sie waren gesund.‹ Wenn ich dir sage: ›Sie waren gesund‹, bedeutet das, daß ich es bin, und dann antworte. Im Falle eines Brandes ist die Feuerwehr zu rufen. Ich glaube, ich habe dir alles gesagt.« Ich breitete die Arme aus.

»Partir c'est toujours mourir un peu«, seufzte Margherita. »Wer abreist, läßt auf allen Stationen ein Stück von sich selbst zurück, und schließlich kommt nicht er an, sondern ein anderer. Wir werden immer weniger wir. Bei jedem Schritt, den wir machen, bleibt ein Stück von uns zurück, während ein anderes ›wir‹ einen Schritt vorwärts macht. Und von diesem anderen ›wir‹, das wieder stehenbleibt, geht wieder ein anderes ›wir‹ aus, und nach einem Kilometer sind wir tausend ›wir‹. Und so ist es das ganze Leben lang, und man fragt sich besorgt: Wer wird das letzte ›wir‹ sein?«

Der Hühnerstall erwachte, und Carlotta lärmte, als habe sie ein Ei gelegt.

Eine Stunde später fuhren alle ab, und als ich gegen Abend hinunterging, trat die Hausbesorgerin auf mich zu. »Die gnädige Frau hat diese Notiz für sie hiergelassen«, sagte sie und überreichte mir einen Zettel.

»Lieber Giovannino, ich habe vergessen, Dir zu sagen, daß Du beim Verlassen des Hauses achtgeben sollst, weil zwischen der Glastür und der eigentlichen Haustür fünf Stufen sind (zum Hinuntersteigen beim Fortgehen und zum Hinaufsteigen beim Eintreten).«

Ich las den Zettel gehend, dachte nicht an die verdammten fünf Stufen und lag mit dem Gesicht auf der Erde.

»Kaum sind die Frauen fort, amüsieren sich die Männer!« brummte die Hausbesorgerin mit verächtlicher Miene. »Arme gnädige Frau!«

Albertino hatte geschrieben: »Lieber Papi, ich habe die Marguerite entblättert, um zu sehen, ob du kommst, und die Marguerite hat ja geantwortet, aber damit hat sie doch eine Lüge gesagt.«

Da beschloß ich, nach Garessio zu fahren.

Und ich kam tatsächlich hin. Denn wenn sich einer von einem Ort an einen anderen begeben will, darf er sich nicht darauf beschränken, den Entschluß zur Abreise zu fassen. Er muß vor allem beschließen, dort anzukommen. Das ist das Geheimnis. Wenn einer das verstanden hat, macht er sich keine Sorgen wegen der dazwischenliegenden dreihundert Kilometer, wegen der Steigungen, die er zu überwinden hat, und wegen der Tatsache, daß das Motorrad nur eine 64 ccm ist; denn auch der Kubikinhalt ist eine Frage des Glaubens.

Ich brach in der Nacht auf und kam an, als es noch nicht einmal acht Uhr des folgenden Tages war. Als ich in den Ort kam, begegnete ich einem Alten, der zwei Ochsen führte. Ich fragte ihn nach dem Haus, und er zeigte es mir sofort. »Wo die aus Mailand wohnt, mit dem Mann, der auf einem Motorrad kommen soll. Es ist dort, gleich hinter diesem Brunnen.«

Ich betrat eine verlassene Küche. Jenseits des Tisches sah man einen Besenstiel, der sich bewegte. Aber es handelte sich um keine Hexerei, wenn es auch diesen Eindruck machte; denn der Tisch verhinderte zu sehen, daß sich am unteren Ende des Besenstiels die noch im Hemd befindliche Carlotta anklammerte.

»Hallo! Man arbeitet!« rief ich jovial. Aber meine Überraschung schien Carlotta nicht übermäßig zu begeistern.

»Ich habe noch nicht Toilette gemacht«, antwortete sie beleidigt. »Man wird nie fertig in diesem Haus.«

Dann fügte sie hinzu: »Sie schläft immer.«

Als ich durch die Wohnung ging, kam ich in ein halbdunkles Zimmer, und hier fand ich Margherita in einem großen Bett schlafend. Ich rüttelte sie sanft, und Margherita fuhr auf.

»Nein!« rief sie und wickelte sich wieder in die Bettücher. »Nein! Heute nicht; heute weigere ich mich! Ich habe auch das Recht, mein Leben zu leben!«

Ich rüttelte sie nochmals, und Margherita steckte den Kopf unter das Kissen.

»Carlotta, laß mich!« schrie sie. »Laß mich in Ruhe, und denke daran, daß eines Tages dein Vater kommen wird und daß wir Abrechnung halten werden!«

»Ich bin Carlottas Vater«, erklärte ich vorsichtig.

Da setzte sich Margherita mit einem Ruck im Bett auf und öffnete die Augen.

In diesem Augenblick kam Carlotta herein, packte den Bettvorleger an einem Zipfel und zog ihn hinter sich zur Tür.

»Schau sie an!« sagte Margherita. »Schau sie nur an, wie sie ihre Mutter quält und möchte, daß sie sich im Morgengrauen erhebt, um ihr das Frühstück ans Bett zu bringen. Schau sie nur an, die ihre Mutter mit ihren Sarkasmen verfolgt und ihr das Leben vergiftet!« Carlotta war an die Tür gelangt, sie drehte sich langsam um und blickte Margherita verächtlich an. Dann zuckte sie die Schultern und ging mit dem Teppich hinaus. Man sah, daß sie sich nicht kompromittieren wollte.

»Sie ist schlimm und jähzornig«, seufzte Margherita. »Manchmal zweifle ich daran, daß sie meine Tochter ist.«

Dann kam Albertino mit einem Beefsteak in der Hand.

Er wollte wissen, welches die rechte und welches die verkehrte Seite eines Beefsteaks sei, um es zum Aufwärmen in die Pfanne geben zu können.

»Er ist mein einziger Trost«, seufzte Margherita bewegt. »Er ist gefühlvoll und denkt vernünftig wie ein Mann.« Sie fuhr ihm zärtlich übers Haar.

»Beim Beefsteak«, sagte sie lächelnd, »ist die rechte Seite diejenige, die oben ist; die Kehrseite ist die, die unten ist. So ist es übrigens bei allen Dingen, die eine obere und eine untere Seite haben. Die obere Seite ist oben, und die untere Seite ist unten, und zwar aufgrund der Schwerkraft.«

Albertino sagte, er habe verstanden, und trollte sich.

Margherita stand auf und ging, das Fenster zu öffnen. Und man sah die fernen Berge, bedeckt von Kastanienbäumen.

»Von vorn gesehen ist jede Aussicht schön«, seufzte Margherita. »Aber wie sieht die Aussicht aus, wenn man sie von der Seite sieht? Hast du dir diese Frage schon vorgelegt, Giovannino?«

»Nie, Margherita. Ich bin ein Tatsachenmensch und begnüge mich mit der äußeren Hülle der Dinge.«

»Im Grunde ist es besser, so zu sein«, bemerkte Margherita lächelnd. »Oft vergiftet es uns das Leben, wenn wir uns immer über alles Rechenschaft ablegen und den Grundstoff der Dinge entdecken wollen.«

Carlotta kam herein und legte mit wenig Anmut den Teppich an die Seite des Bettes zurück. Dann sagte sie verächtlich: »Zum Essen!«

Wir gingen zu Tisch und hatten ein ziemlich gemischtes Frühstück.

Zum Schluß gab es Obst; Margherita streckte den Arm nach einem Pfirsich aus, aber Carlotta zog rasch den Korb fort.

Albertino versuchte, zugunsten seiner Mutter einzuschreiten, aber Carlotta schüttelte den Kopf und verließ mit dem Korb den Raum.

»Sie ist sehr streng«, erklärte Albertino.

Margherita beschränkte sich darauf zu sagen: »Mit vier Jahren habe ich meine Mutter nicht so behandelt, die Kinder waren damals anders.«

Am Nachmittag blieben wir allein, und Carlotta vertraute sich mir an.

»Sie hat Strafe. Abends läßt sie mich allein und geht mit dem da spazieren.«

»Wer ist dieser ›dem da‹?«

»Albertino. Er ist verlogen wie sie. Sie gehen auch tanzen. Sie essen immer Süßigkeiten. Sie hat die Suppenschüssel zerbrochen. Sie ist schlimm.«

Carlotta zeigte mir an der Spitze ihres Fingers einen Punkt.

»Sie hat mich mit dem Messer gestochen«, erklärte sie seufzend.

Wir gingen in den Garten, um das Motorrad anzuschauen.

»Ist das das Motorrad?« fragte Albertino.

»Ja.«

»Er ist gekocht«, teilte mir Carlotta mit, nachdem sie den noch warmen Zylinder mit dem Finger berührt hatte.

Albertino ging um das Motorrad herum und betrachtete es schweigend.

»Auf den Fotografien im Album war ein Auto«, sagte er schließlich. »Es war schön.«

»Ja.«

»Warum hast du jetzt kein Auto und nur ein Motorrad?«

»Weil ich den Krieg verloren habe.«

»Und warum hast du Krieg gemacht?«

»Tja, ich war eben jung.«

»Man braucht keinen Krieg zu machen«, bemerkte Carlotta ernst.

Wir gingen spazieren, um den Mittag abzuwarten.

»Die Berge«, erklärte Albertino ernst, »sind nicht lang, sondern hoch. Der Unterschied zwischen dem Gebirge und der Ebene besteht darin, daß man im Gebirge von Höhe spricht, während man in der Ebene von Länge spricht.«

»Spricht man nicht von Weite?« warf ich ein.

Albertino behielt sich eine Ergänzung seiner Erklärungen vor. Und als wir heimkamen, interpellierte er in diesem Sinne seine Mutter.

»Ja«, antwortete Margherita, »man kann in der Ebene auch von

Weite sprechen, aber das ist ein sekundäres Element, da ja die Staßen alle der Länge nach und nicht der Breite nach angelegt sind; daher interessiert uns, die wir keine Landgüter besitzen, einfach die Entfernung, die nichts ist als eine in Kilometer eingeteilte Länge.«

Hierauf beehrte sie mich mit einer vertraulichen Information. »Ich versuche, ihm auf möglichst einfache und klare Art eine Vorstellung von den wesentlichen Dingen beizubringen. Ich bin eben dabei, ihn in die Geographie einzuführen. Ist es deines Erachtens an der Zeit, ihm zu sagen, daß die Erde rund ist?«

»Ich würde warten; Aufklärungen sind mit Vorsicht zu behandeln.«

»Du hast recht. Albertino ist ein Gefühlsmensch; wenn man ihm die nackte und rauhe Wirklichkeit des Lebens vor Augen führt, könnte man ihm schmerzhafte Enttäuschungen bereiten.«

Wir waren darüber einig, die Kugelgestalt der Erde zu vertuschen. Am folgenden Morgen stand ich gegen sechs auf und ging in den Garten hinunter, um das Motorrad reisefertig zu machen. Plötzlich erschien Carlotta im Hemd und brachte ein großes Servierbrett; auf dem Servierbrett war ein Biskuit, eine rohe Kartoffel, das Pfefferfaß, ein Bonbon und eine mit gezuckerten getrockneten Bohnen gefüllte Tasse.

»Das Frühstück«, sagte Carlotta.

Und während ich den Biskuit in den Pfeffer tunkte und aß, seufzte sie: »Und indessen schläft sie!«

Als ich auf der Straße war und den Motor anließ, streckte Carlotta die Arme aus und schluchzte: »Ich kann nicht mehr! Papi, nimm mich mit dir fort!«

Da schaltete ich den dritten Gang ein. Der Motor ging los, als hätte er einen Zylinder von 2000 ccm; denn er hatte begriffen, daß der Augenblick ernst war.

Margherita kehrte in aufeinanderfolgenden Wellen heim.

Zuerst kam ein Träger vom Hauptbahnhof mit einer Reisetasche und einem Bündel. Nachdem er die Reisetasche abgesetzt hatte, übergab er mir das Bündel und sagte: »Schauen Sie!«

Ich schaute und sah, daß das Bündel die in tiefen Schlaf versunkene Carlotta beinhaltete.

»Gehört es Ihnen?«

»Es gehört mir. Aber ich verstehe nicht . . .«

Er erklärte mir, daß sie eben auf dem Bahnhof angekommen sei, vorher war jedoch eine dringende Mitteilung angekommen, die besagte, daß eine mit zwei Kindern und einer Reisetasche von Genua abgereiste Dame in Voghera mit dem Knaben ausgestiegen sei, um etwas zu kaufen, und daß der Zug abgefahren sei, ehe die Dame wieder einsteigen konnte. Man hatte die Adresse des Mädchens und der Reisetasche angegeben und gebeten, beides dort zuzustellen.

»In drei Stunden, mit dem Autobus um achtzehn Uhr zwanzig, dürfte der Rest kommen«, schloß der Träger.

Ich gab ihm Geld.

»Hier, für das Mädchen und für die Reisetasche.«

Der Träger schüttelte den Kopf. »Für die Reisetasche, schön – aber für das Mädchen kann ich nichts annehmen. Das ist ein Werk sozialer Solidarität, keine Dienstleistung. Ich nehme das Geld nur für die Reisetasche.«

Er hatte ein edles Herz, und ich war bewegt. Als er fortgegangen war, wachte Carlotta auf und schaute um sich.

»Sie ist mit ihm ausgerissen und hat mich verlassen wie einen Hund«, seufzte sie schließlich.

Dann schien ihr das Bild des verlassenen Hundes offensichtlich doch nicht zu genügen, und sie verbesserte sich: »Sie hat mich verlassen wie eine Katze.«

Ich fragte sie, ob sie geweint habe, als sie sich mit ihren viereinhalb Jahren allein in einem Zug gesehen habe. Sie beschränkte sich darauf, die Schultern zu zucken. Ihr Gesicht war schandbar mit Schokolade verschmiert, die Taschen vollgepfropft mit Bonbons und Schokolade.

»Ich bin fast gestorben vor Hunger«, erklärte sie mir. »Da haben mir die Leute etwas zu essen gegeben. Ich war so mager!«

Sie zeigte mir den kleinen Finger der linken Hand. Dann wurde sie ernst.

»Alle haben gesagt, daß sie eine solche Rabenmutter noch nicht gesehen haben.«

Nach vier Stunden kam die zweite Welle: Albertino, der sich verzweifelt an eine große Henne klammerte, die Lärm machte und sich aufregte wie eine ganze Versammlung von Hühnern.

Ich erkannte Albertino zuerst gar nicht, denn er hatte den Mantelkragen aufgestellt, die schwarze Baskenmütze bis unter die Ohren gezogen und trug eine schwarze Motorradfahrerbrille. Ich bat um Aufklärungen.

»Wir sind bei einer Station ausgestiegen, weil Mama gehört hatte, daß dort die Hühner billig sind, und wir sind schnell hinausgegangen, um eines zu kaufen und nach Hause zu bringen, aber wir haben es lebendig gekauft, damit es nicht verdirbt. Und dann hat mir die Mama die schwarze Brille gekauft, weil die Henne schlimm war, damit sie mir nicht in die Augen picken kann. Dann ist der Zug vor uns mit der Reisetasche und Carlotta abgefahren, und die Mama hat nach Mailand telefonieren lassen. Dann sind wir mit dem nächsten Zug abgefahren, aber kaum hatten wir den Bahnhof verlassen, da ist mir die Henne ausgekommen, und ich bin ihr nachgelaufen und habe sie eingefangen. Aber es war sehr weit, und ich habe die Mama nicht mehr gefunden, und da habe ich mir den Weg zeigen lassen und bin nach Hause gekommen.«

Ich antwortete, es sei alles in Ordnung, befreite das unglückliche Huhn und setzte es in einen Korb.

Dann wartete ich auf die dritte Welle. Eine halbe Stunde später schrillte das Telefon, und ich hörte die sehr aufgeregte Stimme Margheritas: »Giovannino, die Nummer!«

»Die Nummer?«

»Ja, um Himmels willen, sag mir unsere Telefonnummer! Schnell!« Ich gab ihr die Nummer und kam nicht mehr dazu, sie irgend etwas zu fragen, denn sie hängte den Hörer wieder auf.

Nach einiger Zeit begann das Telefon wieder zu schrillen. Es war wieder Margherita.

»Giovannino«, schluchzte sie. »Albertino ist verschwunden.«

»Beruhige dich«, versicherte ich ihr, »er hat sich schon gefunden.«

»Auch die Henne?«

»Auch die Henne.«

»Auch die Reisetasche?«

»Auch die Reisetasche, auch das Mädchen, alles zusammen. Beruhige dich und antworte mir: Hast du eben angerufen und mich nach unserer Telefonnummer gefragt?«

»Ja, ich war so aufgeregt, daß ich mich nicht an sie erinnern konnte. Dann habe ich ins Telefonbuch geschaut und habe dich angerufen, um dich nach der Nummer zu fragen, weil ich dich ja schnell anrufen mußte. Und kaum hattest du mir die Nummer gesagt, habe ich natürlich gleich wieder aufgelegt. Kannst du dir nicht vorstellen, daß in tragischen Augenblicken die Minuten kostbar sind und daß man seine Zeit nicht mit Plaudern verlieren kann? Wir werden sprechen, wenn ich zu Hause sein werde, Giovannino. Wenn ich erst zu Hause bin, haben wir so viel Zeit, wie wir wollen, um uns zu unterhalten.«

Ich unterbrach sie sanft: »Von wo telefonierst du, Margherita?«

»Ich bin bei Frau Giuseppina.«

Nun muß man wissen, daß ich im vierten Stock wohne; wenn man auf dem vierten Stock meines Hauses ankommt, findet man rechts meine Tür und links jene der Frau Giuseppina.

»Margherita, sei ruhig und antworte mir: Warum bist du nicht hier hereingekommen, statt zu Frau Giuseppina zu gehen?«

Margherita seufzte.

»Du bist nie Mutter gewesen, Giovannino, und kannst nicht begreifen, was im Herzen einer Mutter vorgeht, wenn sie ihre Kinder nicht mehr findet. Zwanzig Minuten lang bin ich von einem Automaten zum anderen gerannt, und keiner war frei! Warum sollte ich zuerst zu dir kommen und nicht zu Frau Giuseppina gehen, die für mich eine Möglichkeit darstellte, dich anzurufen? Giovannino, in solchen Fällen muß sich die Frau für die Mutter opfern, und der Gatte muß hinter dem Vater zurückstehen!«

»Schön, Margherita. Aber wenn du weggehst, halte dir vor Augen, daß die Mutter deiner Kinder in der Wohnung gegenüber wohnt.«

»Das sind Dinge, die man nicht vergessen kann«, seufzte sie. »Der Mutterinstinkt ist stärker als alles andere auf der Welt.«

Das entsprach nicht der Wirklichkeit, denn das Stärkste auf der Welt war die Henne aus Voghera, die den Korb durch Schnabelhiebe zerstört hatte und den vereinten Kräften Albertinos und Carlottas erfolgreich die Stirn bot. Es sah aus wie die Schlacht bei Legnano.

Ich legte den Hörer wieder auf.

Nach etwa einer halben Stunde kam die vierte und letzte Welle von Margheritas Heimkehr.

Margherita trat ein. Man sah, daß ihre Seele erschöpft war.

»Hast du meinen Brief bekommen, in dem ich dir meine Heimkehr ankündigte?« fragte sie.

»Nein, Margherita. Bis jetzt sind angekommen: ein Gepäckträger, eine Reisetasche, eine Tochter, ein Sohn mit Motorradfahrerbrille, eine Henne, zwei Telefonanrufe. Und nun bist du angekommen. Dafür ist die Henne am Ausreißen.«

Tatsächlich war es der Henne gelungen, eine Fensterscheibe in meinem Arbeitszimmer zu zerschlagen und sich dem Zugriff der Gegner zu entziehen. Wir sahen, wie sie sich hinausstürzte und hinunterflog, wir hörten den betäubenden Lärm eines Lastzuges, der an unserem Haus vorbeifuhr, und traten ans Fenster. Und wir sahen die Henne mit gespreizten Beinen zuoberst auf die Ladung des Autos hingepflanzt. Während sie sich schnell entfernte, schaute sie uns stolz an.

»Auch sie wählte die Freiheit wie Scerbanenko«, bemerkte Margherita. »Kravtschenko«, sagte ich. »Scerbanenko ist ein Schriftsteller, mit dem ich befreundet bin.« – »Die Freundschaft zählt nicht in der

Diplomatie«, behauptete Margherita. »Wie steht es hier in Mailand mit Berlin?«

»Ein Teil der Leute glaubt, daß Rußland die Welt in einen Krieg stürzen wird, der andere Teil hingegen glaubt, daß Amerika die Welt in einen Krieg stürzen wird.«

»Um so besser«, bemerkte Margherita. »Mir scheint, hier waltet ein tröstliches Gleichgewicht der Kräfte. Die Kriege brechen nur aus, wenn die Waage sich ganz auf eine Seite neigt und der eine von den beiden sich bewaffnet und der andere nicht.«

Doch nun wurde die Stimme leise, und ihr Blick streifte durch unendliche Räume. »Der Brief, mit dem ich dir meine Rückkehr ankündigte, ist also nicht angekommen?« fragte sie.

»Nein, Margherita.«

»Du konntest also nichts von dem vorbereiten, worum ich dich bat?«

»Nein, Margherita. Worum batest du mich?«

»Ich weiß es nicht. Mein ›Ich‹ von Garessio ist ein anderes als mein ›Ich‹ von Mailand. Jeder von uns hat zwei Ichs in sich . . .«

Als sie soweit gekommen war, das Ich in den Plural zu setzen, empfand sie glücklicherweise Verlangen nach einer Zigarette. Und als sie in ihrem Täschchen kramte, ließ sie ein zugeklebtes Kuvert fallen, das ich aufhob und ihr hinhielt. »Angesichts der Tatsache, daß es ein frankiertes, geschlossenes Kuvert mit meiner Adresse ist, kommt mir der Gedanke, es könnte der Brief sein, den du einzuwerfen vergessen hast.«

Margherita schaute den Brief an. Er war es.

»Öffnen wir ihn; so können wir erfahren, worum mich dein Ich von Garessio gebeten hat.«

Margherita schüttelte den Kopf, zerriß den Brief in Fetzen und warf die Fetzen müde zum Fenster hinaus. Der Wind wirbelte sie in die graue Luft des Herbstabends.

»Er ist nicht mehr von Bedeutung«, seufzte sie.

In einem Winkel kauerte Albertino, noch immer eingemummt, die Baskenmütze bis zu den Ohren und die Motorradfahrerbrille vor den Augen, und las gierig das letzte Abenteuer von Gim Toro. Margherita rauchte, an ein Fensterkreuz gelehnt, und blickte in den Herbstabend hinaus. An das andere Fensterkreuz gelehnt, verfolgte ich das Flattern des garessinischen Ichs von Margherita. Carlotta kam herein und betrachtete mit Mißfallen dieses Bild des Jammers.

»Es wäre besser gewesen, ich wäre weitergefahren«, sagte sie mit einer Stimme voller Sarkasmus.

Das Mailänder Ich meiner vierten Welle sah mich wie aus weiten Fernen an, und ihre großen schwarzen Augen sagten mit bitterem Lächeln: »Giovannino, Giovannino ...«

Margherita wird philosophisch

Margherita erschien plötzlich um neun Uhr abends. Sie war von einer kleinen Reise zurückgekehrt.

»Später«, sagte sie und ging mit Kindern und Reisetaschen zu Bett. Um Mitternacht, als ich an der Schreibmaschine arbeitete, tat Margherita ihre zweite Erscheinung. Sie kam mit halbgeschlossenen Augen herein und tappte im Halbschatten herum, denn es brannte nur meine Tischlampe. Ich schaute ihr eine Weile zu, dann fragte ich sie, was sie suche.

»Mein Gott! Ein Mann im Badezimmer!« schrie Margherita, die Augen weit aufreißend.

»Reg dich nicht auf, ich bin es«, beruhigte ich sie.

»Du? Und warum setzt du dich nachts zum Maschinenschreiben ins Badezimmer?«

Ich zündete die kugelförmige Deckenlampe an.

»Hier ist nicht das Badezimmer«, erklärte ich mit Sanftmut, »das ist mein Arbeitszimmer. Das Badezimmer ist nebenan.«

»Wie du willst, Giovannino«, seufzte Margherita. »Du hast zu befehlen, und ich muß mich fügen und demütig mein Haupt neigen, wenn du Veränderungen vorzunehmen beschließt. Gibt es da noch andere Neuerungen außer der mit deinem Arbeitszimmer im Badezimmer? Hast du dir endlich den Wunsch erfüllt, deine famosen Bäume im Garten zu pflanzen und dadurch der Wohnung das Licht zu nehmen?«

Ich schüttelte den Kopf. »Margherita, du hast dich im Garten geirrt«, erklärte ich. »Der, der die Bäume pflanzen will, ist der Gatte der Frau in der kleinen Villa an der Ecke. Ich habe keinen Garten, ich wohne zusammen mit dir im vierten Stock eines Mietshauses.«

Margherita setzte sich in den Lehnstuhl vor meinem Tisch, zündete sich eine Zigarette an und sah dem aufsteigenden Rauch nach. »Vielleicht«, sagte sie mit einer Stimme wie aus weiter Ferne. »Aber du kannst ruhig einen ganzen Eichenwald vor den Fenstern anpflanzen. Du kannst mir das Sonnenlicht nehmen. Denn das, was zählt, was das Leben erleuchtet, ist das innere Licht.«

Diese edle und tiefe Betrachtung hatte sie anscheinend sehr ermüdet. Sie warf die Zigarette weg und vergrub den Kopf in die Hände. Sie blieb lange schweigend sitzen, während ich auf die Tasten klopfte. Als sie den Kopf wieder erhob, hatte sie die Augen voll Tränen.

»Was hast du, Margherita?«

»Ich weiß nicht«, antwortete sie mit verhaltener Stimme, »ich leide so sehr. Ich hätte Lust zu heulen, aber ich finde mit Mühe die Kraft zum Atmen. Ich fühle, daß ich sterbe.«

Ihre Stirn war eiskalt von Schweiß; sie schien wirklich sehr zu leiden. Sie ließ den Kopf auf die Rückenlehne des Lehnstuhles sinken, dann streckte sie einen Arm aus und fuchtelte mit der Hand in der Luft herum. »Meine Kinder . . .«, flüsterte sie mühsam. »Wo sind meine Kinder? Sie waren hier, im Bett neben mir, und ich fühlte ihre Wärme.«

»Du bist nicht in deinem Bett, Margherita, du bist jetzt in meinem Lehnstuhl.«

»Warum habe ich sie verlassen?« schluchzte sie verzweifelt.

»Ich weiß es nicht, Margherita. Du bist plötzlich in mein Arbeitszimmer gekommen, weil du glaubtest, es sei das Badezimmer.«

Margherita sperrte die Augen auf, erhob sich schnell und entschwand. Kurz darauf erschien sie in der Tür.

»Muß ich denn wirklich an alles denken?« fragte sie vorwurfsvoll. »Warum nimmt sich niemand die Mühe, mich zu erinnern, wenn ich etwas vergesse?«

Ich versuchte, ihr zu erklären, daß es leider gewisse Dinge gebe, die aus technischen Rücksichten streng persönlich seien; niemand könne in dieser Hinsicht auf irgend jemandes Unterstützung rechnen, niemand.

Sie schüttelte den Kopf und lächelte traurig.

»Wir sprechen zwei verschiedene Sprachen«, antwortete sie. »Und deshalb fehlt uns jenes Verständnis, das einzig und allein eine intime Gemeinschaft ermöglicht. Vielleicht hattest du vorhin recht: Ich habe mich im Gatten geirrt. Und du hast dich vielleicht in der Gattin geirrt. Und so haben wir uns in der Ehe geirrt und in allem übrigen.«

»Nein, Margherita«, protestierte ich. »Die Sache ist viel einfacher. Du hast dich in der Tür geirrt und bist in mein Arbeitszimmer gekommen statt ins Badezimmer.«

»Auch die Türen sind ein Teil der Ehe«, erwiderte Margherita. »Die Türen sind ein entscheidender Teil der Familie wie die Kinder.« Sie blieb einige Augenblicke lang nachdenklich, dann blickte sie mich an.

»Vielleicht haben wir uns auch in den Kindern geirrt«, sagte sie ernst. »Und so wirkt der Irrtum auch in die Zukunft fort.«

Ich erinnerte sie daran, daß sie von der langen Reise schläfrig und müde sei, und sie war mir dafür sehr dankbar. Aber bevor sie ging, machte sie mich noch huldvoll zum Mitwisser einer sehr verständigen Betrachtung: »Giovannino, täuschen wir uns nicht: jeder wird geboren, jeder lebt, und jeder stirbt auf eigene Rechnung. Der Rest ist Literatur.«

Sie entschwand. Dann erschien sie wieder, sehr verwirrt.

»Warum hast du die Küche mit dem Schlafzimmer vertauscht?«

»Ich habe nichts umgestellt, Margherita, du hast dich wieder in der Tür geirrt.«

Sie ging kopfschüttelnd fort.

»Vielleicht sind auch wir die Opfer eines tragischen Irrtums«, seufzte sie in der Tür. »Vielleicht haben wir uns in Vater und Mutter geirrt und sind deshalb die Kinder des Irrtums.«

Im Hause kehrte wieder Ruhe ein. Eine Viertelstunde später hörte ich leise Schritte auf dem Gang, und da stand auch schon Carlotta im Hemd. Sie setzte sich auf den Lehnstuhl.

»War sie hier?« fragte sie. Und ich gestand ihr, daß ihre Mutter mir tatsächlich die Ehre eines Besuches erwiesen habe.

»Ist sie gekommen, um schlecht von mir zu sprechen?« erkundigte sich Carlotta.

»Nein.«

Sie schien nicht sehr überzeugt.

»Sie hat sich einen Blechzahn einsetzen lassen.«

»Wer?«

»Sie, die Alte. Auf der Fahrt hat sie die kleine Reisetasche mit den Kämmen und Bürsten verloren, da hat sie eine neue, gleiche gekauft. Dann hat sie gesagt, wenn ich spioniere, haut sie mich.« Sie zog aus ihrem Pyjamatäschchen ein Blatt voll Bleistiftgekritzel. »Da steht alles drauf.«

Ich tat, als würde ich lesen, und gab zu, daß die Sache sehr ernst sei. Carlotta erzählte mir ausführlich von all dem Unheil, das ihre Mutter während meines Alleinseins angerichtet hatte. Dann ging sie. Aber als ich am nächsten Vormittag vom Büro nach Hause kam und in mein Arbeitszimmer trat, um die Post durchzublättern, entdeckte ich plötzlich Carlotta in einem Winkel der Bibliothek. Sie war vollständig angezogen, mit Hut und Mantel; über den Mantel hatte sie die Regenhaut angezogen.

»Ich bin durchgebrannt«, erklärte sie mit leiser Stimme. »Wir haben wieder gestritten. Sie hat mich schlecht behandelt.«

»Was ist geschehen?«

»Ich habe dir einen Brief geschrieben, und da ist sie gebrochen.«

»Wer ist gebrochen?«

Sie machte mir ein Zeichen, ich solle näher kommen und mich bükken, und sie näherte ihren Mund meinem Ohr. »Die Spitze der schwarzen Feder mit der Kappe«, sagte sie sehr vorsichtig. »Und da ist sie auf mich losgegangen wie ein Löwe.«

»Tja«, warf ich ein. »Du hast also die neue Füllfeder zerbrochen.«

»Aber die Feder gehört doch gar nicht ihr. Die Feder gehört dir. Sie hat nichts damit zu tun. Das ist unsere Sache.«

»Auch das ist wahr«, stellte ich fest. »Und was machst du jetzt?«

»Ich bin durchgebrannt und kehre nie mehr zurück.«

Sie hatte eine Reisetasche bei sich.

»Ich habe alle meine Sachen bei mir«, seufzte sie, öffnete die Reisetasche und zeigte mir einen Tiegel. »Auch den Topf zum Suppekochen. Ich habe auch etwas für die Reise mitgenommen«, fügte sie hinzu und öffnete die enorme Zuckertüte. »Willst du?«

Ich dankte, und Carlotta begann, den Zucker zu essen. Und als sie so auf dem Boden neben ihrer Reisetasche saß, sah sie aus wie eine Emigrantin. Die Tatsache, daß ein so kleines Mädchen durchbrennt, ist immer besorgniserregend.

»Es ist eine häßliche Geschichte«, sagte ich ernst. »Du mußt bedenken, daß deine Mutter sehr darunter leiden wird.«

Sie zuckte die Schultern.

»Sie hat auch mich sehr leiden lassen. Und überhaupt ist alles aus mit ihr.«

Sie fuhr fort, Zucker zu essen, dann schaute sie mich an. »Geh doch hören, was sie sagt, weil ich durchgebrannt bin«, flüsterte sie mir zu. Ich holte ein Taschentuch aus dem Schlafzimmer und kam zurück.

»Sie ist sehr niedergeschlagen«, meldete ich.

»Hat sie dich gefragt, wo ich bin?«

»Nein, aber man sieht, daß sie geweint hat.«

Sie tauchte das Gesicht wieder in die Zuckertüte.

»Das freut mich; so lernt sie's.«

Nach etwa zehn Minuten bat sie mich, noch einen Blick in die Küche zu werfen, aber ohne mich dabei sehen zu lassen. Und ich ging und machte einen kleinen Spaziergang bis zum Gangende.

»Na?«

»Es ist wirklich ein Jammer. Sie leidet sehr.«

»Hat sie Fieber?«

»Gewiß«, antwortete ich. »Ein Höllenfieber.«

Carlotta leckte eine nicht unbeträchtliche Weile Zucker, dann erhob sie wieder den Kopf.

»Glaubst du, wird sie sterben?«

»Ich fürchte ja. Sie ist sehr abgemagert. Meiner Meinung nach müßtest du zurückkehren.«

Nun war der Zucker zu Ende. Carlotta warf die Tüte weg; sie schwankte, und man begriff sehr gut, daß sie die Beute eines schrecklichen inneren Kampfes war. Dann erhob sie sich, nahm ihre Reisetasche und entfernte sich langsam. An der Tür wendete sie sich um. »Na schön«, sagte sie ernst. »Aber ich tue es um deinetwillen.«

Freunde, was bedeutet schon der Verlust einer neuen Füllfeder und eines halben Kilos Zucker angesichts einer so noblen Geste? Sie ging festen Schrittes dem stündlichen Martyrium entgegen, und ich folgte ihr mit dem Blick; ehe sie hinten im Gang um die Ecke bog, wendete sie sich noch einmal um und grüßte mich mit einem Winken der Hand und ähnelte ein wenig dem heldenhaften Knaben in dem berühmten Jugendbuch, der von den Apenninen bis zu den Anden ging, um seine Mutter zu retten.

Margherita hob den Blick von der Zeitung und sah mich mit besorgter Miene an.

»Dieser Präsident Einaudi«, sagte sie, »wird doch wohl nicht einer von jenen sein, die plötzlich die Leute in Waggons verfrachten und nach Sibirien deportieren läßt?«

Ich antwortete, daß diese Vermutung mit Gewißheit auszuschließen sei, und Margherita nahm die Lektüre der Zeitung wieder auf.

Aber gleich darauf hob sie wieder den Kopf. »Giovannino«, erkundigte sie sich ernst, »glaubst du, daß die Sache mit dem Anlasser eine alarmierende Entwicklung nehmen könnte?«

»Mit dem Anlasser?«

»Ja; schon seit einigen Tagen gehen die Leute wegen der Sache mit dem Anlasser besorgt herum. Auch Herr Luigi hat heute früh mit dem Verwalter darüber gesprochen.«

Ich erklärte ihr, daß die Geschichte mit dem Anlasser sie nicht im mindesten beunruhigen dürfe, da der Anlasser keine Angelegenheit politischen Charakters sei, sondern einfach ein Mechanismus, der dazu dient, die Elektrizität in die Explosionsmotoren zu leiten.

»Ich verstehe«, entgegnete Margherita, »die berühmte Verstaatlichung der Elektroindustrie taucht wieder auf.«

Ich beschränkte mich darauf, »Blödsinn!« zu sagen.

Margherita stand auf, um mir den Kaffee zu machen, aber sie versuchte vergebens, den Gasherd anzuzünden. Und nach dem vierten Zündholz schaute sie mich streng an.

»Du sagst ›Blödsinn‹!« rief sie. »Aber schau her! Wir lachen über die Agitation und die Sabotageakte, aber sie kennen sich nicht aus vor lauter Verstaatlichung, diese Herren von den E-Werken. Es ist unnütz, mir die Wahrheit zu verbergen, Giovannino; ich kenne mich aus in der Politik. Ich wußte ja, daß die Geschichte mit dem Anlasser etwas Ernstes ist! Aber es wäre gut, diesen Leuten zu erklären, daß es so nicht geht. Man müßte energisch einschreiten!«

Margherita war sehr erregt; ich versuchte, sie zu beruhigen, indem ich ihr mit Sanftmut zuredete. »Ich verstehe dich, Margherita«, sagte ich. »Aber bevor du es zu einem Zusammenstoß mit den Arbeitermassen kommen läßt, solltest du versuchen, den oberen Hahn aufzumachen.«

Margherita drehte den Hahn beim Zähler auf. Das Gas brannte.

»Das Geheimnis ist immer dasselbe«, bemerkte Margherita befriedigt. »Erhebt die Stimmen und laßt euch hören, wenn ihr nicht wollt, daß diese Leute euch mit den Füßen auf den Kopf steigen.« In diesem Augenblick erschien Carlotta, verkündete: »Fünfunddreißig Uhr!« und verschwand wieder.

Margherita schaute auf den Kalender, der neben dem Gasherd hing. »Die Stunden«, seufzte sie, »sind die Asche der Zeit. Und jedes Teilchen dieser Asche ist ein Stückchen von uns, das davongeht. Jedes menschliche Wesen wird vollständig geboren, mit seiner ganzen Zeit, nicht eine Minute weniger, denn die Natur ist gerecht, und alle Menschen sind für sie gleich, und die Natur gibt jedem von ihnen, was ihm zukommt, seine hundert Jahre Leben.«

Margherita öffnete die Zigarettendose.

»Schau, Giovannino«, erläuterte sie, »nicht zwei Zigaretten, sondern zwei Milliarden Zigaretten sind in dieser Dose. Und jede Zigarette stellt ein menschliches Wesen dar, und eine Zigarette ist wie die andere, und die Menge des Tabaks stellt die Menge der jedem menschlichen Wesen zugemessenen Zeit dar. Identisch für alle. Schau, Giovannino: das Schicksal nimmt nun eine von diesen Zigaretten und zündet sie an; so beginnt ein Leben, seine Stunden und Minuten zu verbrennen, und die Stunden und Minuten sind die Asche der Zeit. Wie lange wird es dauern? Das hängt vom Schicksal ab; das Schicksal kann sie nach zwei Zügen wegwerfen, kann sie wegwerfen, wenn die

Zigarette zur Hälfte verbrannt ist, kann sie erst wegwerfen, wenn die Zigarette beim letzten Tabakkrümelchen angekommen ist. Jeder von uns ist eine angezündete Zigarette zwischen den Lippen des Schicksals. Wie wird unser Stummel sein? Das ist die beängstigende Frage, die sich jeder vorlegen muß.«

Carlotta erschien abermals. »Vierzig Uhr!« verkündete sie.

Margherita machte eine ungeduldige, hastige Bewegung.

»Mein Gott, wie diese verdammte Zeit verfliegt!« rief sie. Und mit einer wütenden Geste warf sie die Zigarette, die sie eben angezündet hatte, weg. Aber dann sprang sie sogleich auf und holte sie wieder und steckte sie wieder zwischen die Lippen. »Giovannino!« rief sie. »Denkst du nicht, daß ich dein Schicksal sein könnte und daß das die Zigarette deines Lebens sein könnte?«

Ich stäubte mit dem Finger die Asche von der Zigarette, da auch ich mir eine angezündet hatte.

»Und du, Margherita, denkst du nicht, daß ich dein Schicksal sein und daß das die Zigarette deines Lebens sein könnte?«

Margherita seufzte schmerzlich.

»Es ist schrecklich«, stöhnte sie.

Nun war ich am Ende der Zigarette angekommen und legte den Stummel in den Aschenbecher.

»Giovannino!« rief Margherita und sah den Stummel ängstlich an. Ich nahm den Stummel wieder und begann weiterzurauchen. Wir rauchten schweigend; als die Stummel nur noch sechs Millimeter lang waren, spießten wir sie auf Stecknadeln und fuhren fort zu rauchen. Auf einmal war das Papier meines Stummels zu Ende, und ich ließ die Glut zu Boden fallen. Margherita machte hingegen noch drei Züge, und als auch die Glut ihres Schicksalsstummels zur Erde fiel, lächelte Margherita bitter.

»Die Männer...«, sagte sie sarkastisch. »Wir Frauen sind anders.«

»Ihr Frauen habt keinen Schnurrbart«, entschuldigte ich mich. »Er war knapp daran, Feuer zu fangen...«

»Neunundfünfzig Uhr!« verkündete Carlotta.

»Die Stunden sind die Asche der Zeit«, sagte Margherita leise. »Eines Tages wird das Schicksal, das meine Zigarette raucht, den Stummel wegwerfen, der im Kot erlöschen wird. Hoffen wir, daß mein Schicksal keinen Schnurrbart hat...«

Hier müssen wir Margherita verlassen und uns ein wenig mit Carlotta beschäftigen, die sich im Augenblick nicht für schicksalsschwere

Zigaretten, aber immerhin auch für Probleme interessiert, die mit dem unerbittlichen Hinströmen der Zeit in Zusammenhang stehen.

Eines Tages war Albertino nämlich sehr erregt aus der Schule heimgekommen, hatte die Schultasche auf den Fußboden des Vorzimmers geschleudert und war ganz verwirrt ins Zimmer gestürzt. Carlotta folgte ihm, und der Widerhall einer lautstarken Diskussion drang an mein Ohr. Hierauf wurde alles still; einige Minuten später erschien Albertino an der Tür meines Arbeitszimmers und teilte mir keuchend mit: »Zwölf Uhr siebenunddreißig Minuten!«

Dann erschien Carlotta und schrie: »Siebenunddreißig Uhr!«

Ich freute mich über die interessante Mitteilung.

Kurz darauf hatte ich das Vergnügen, Albertino wiederzusehen, der mir sagte, es sei zwölf Uhr achtunddreißig Minuten.

»Achtunddreißig Uhr!« teilte Carlotta mir eine Sekunde später mit. Ich bin überzeugt, daß in jeder Schule ein ausgezeichnetes »Informationszentrum für Delikte« besteht. Gäbe es das nicht, so würde Albertino beispielsweise nichts von der Existenz und Verwendung jener teuflischen Flüssigkeit wissen, die, über einen Sesselsitz gegossen, den unglücklichen Familienvater beinahe anfrieren läßt, wenn er sich ohne jeden Argwohn zu Tische setzt, oder von jener Schweinerei in Pulverform, die, in die Hemden eines unglücklichen Familienvaters gestreut, diesem ein wütendes Bedürfnis verursacht, sich mit einer Feile oder etwas Ähnlichem den Rücken zu kratzen. Wenn es dieses »Informationszentrum für Delikte« nicht gäbe, hätte Albertino nicht gelernt, daß es jetzt genügt, am Telefon die Nummer 060 zu wählen, um von einer Schallplatte freundlich die genaue Zeit mitgeteilt zu bekommen, eine Nummer, die teuflisch leicht zu merken ist, auch für Analphabeten, die sie mit ihrem kleinen, aber gierigen, dreieinhalb Zentimeter langen Finger bequem wählen können, wenn sie auf einen Sessel steigen. So sind sie dann imstande, dem Vater die genaue Zeit mitzuteilen, die aus technischen Erfordernissen auf die Minuten allein reduziert wurde.

»Zweiundvierzig Uhr.«

Carlotta ist zähe. Sie besitzt die Charakterfestigkeit einer Vierzigjährigen. Um elf Uhr zweiunddreißig Minuten abends schied Albertino aus dem Rennen aus und endete erbärmlich im Bett. Drei Minuten später erschien, frisch wie eine Rose, Carlotta in der Küche und verkündete: »Fünfunddreißig Uhr!«

Der Rest ist bekannt. Wir können also wieder bei neunundfünfzig Uhr anknüpfen und bei dem sarkastischen Satz Margheritas: »Hoffen wir, daß mein Schicksal keinen Schnurrbart hat . . .« Es war praktisch vierundzwanzig Uhr; Carlotta wurde von Margherita erwischt und ins Bett gejagt. Hierbei gab es eine heftige Diskussion zwischen den beiden Frauen, und schließlich kehrte Margherita siegreich, aber verärgert zurück. »In diesem Haus erfährt man doch nie, wie spät es ist«, teilte sie mir mit. Und ich gestehe es, ich wünschte für einen Augenblick, das Schicksal zu sein, um die Zigarette Margheritas zum Fenster hinauszuwerfen.

»Null sechzig!« antwortete ich mit barscher Stimme. Es entspann sich die zu erwartende Diskussion, die auf der banalen Identität von 0,60 und 1 Uhr beruhte. Dann wurde das Mißverständnis aufgeklärt, wie Margherita die Nummer wählte und der Schallplatte erklärte, daß bei ihr alle Uhren stünden, und ob man ihr gefälligst sagen könne, wie spät es sei. Dann hörte ich sie beleidigt rufen: »Ja, ja, ich verstehe, natürlich!« Dann hörte ich sie sagen: »Vielen Dank und gute Nacht!« Dann hörte ich sie rufen: »Ungezogenes Weib, könnte wenigstens zurückgrüßen!« Dann konnte ich mich endlich an die Maschine setzen, um meine Arbeit zu verrichten.

Ich weiß nicht, wieviel Zeit verging; aber plötzlich hörte ich die Tür knarren.

»Siebenundvierzig Uhr«, teilte mir Carlotta im langen Hemd sehr vorsichtig mit.

Ich drückte ihr meine Dankbarkeit aus.

»Während sie schläft, muß ich daran denken«, erklärte sie mir naiv. Ich sagte ihr, ich sei bewegt von ihrer Selbstverleugnung; doch riet ich ihr, Energie für die Zukunft zu sparen.

»Es gibt ja auch morgen noch so viele Stunden«, erklärte ich ihr.

»Aber die jetzt sind viel schöner, weil die anderen Leute schlafen und sie nicht abnützen«, erklärte Carlotta. Sie fügte noch einige Verdächtigungen bezüglich der Ernsthaftigkeit ihrer Mutter hinzu, dann ging sie wieder ins Bett.

Ich nahm meine Arbeit auf und brachte einiges fertig.

Plötzlich hörte ich die Tür wieder knarren.

»Drei Uhr«, sagte Carlotta.

Ich schenkte ihr einen Rotstift, und sie ging.

Im Morgengrauen hörte ich zu arbeiten auf und begab mich ins Badezimmer, um mir das Gesicht zu waschen, denn es war Zeit, aufzustehen; da fand ich Carlotta auf zwei Kissen schlafend, die unter dem Telefon auf dem Boden lagen.

Venedig ist das, was es ist, und jeder kennt die Stadt, weil es genügt, einen Reiseführer anzuschauen. Andererseits ist auch Margherita das, was sie ist, aber darüber steht noch nichts im Baedeker, und so muß ich die venezianische Geschichte mit Margherita beginnen.

Margherita hatte sich in meinem Arbeitszimmer zum Nähen neben das Radio gesetzt; ich döste auf der Couch. Plötzlich kam Albertino herein. Er hatte das Meßband seiner Mutter in den Händen, maß mich sorgfältig von Kopf bis zu den Füßen und lief fort. Kurz darauf kam er wieder, maß meine Schultern und verschwand. Offenbar war er aber nicht präzise genug gewesen, denn er kehrte alsbald mit einem Bleistift wieder. Er kontrollierte das Maß der Schultern und notierte es. Dann zählte er meine Hände, dann den Schnurrbart. Dann zählte er meine Ohren, dann die Augen und machte dazu Eintragungen in seinem Büchlein.

Er schien mir sehr verdrießlich über die Tatsache, daß die Summe so oft zwei ergab, und war sichtlich erleichtert, als er feststellte, daß ich eine einzige Nase, einen einzigen Mund und drei Falten auf der Stirn hatte. Ich stellte mich die ganze Zeit schlafend; als er an mir nichts Interessantes mehr zu finden schien, zählte er, wieviel ich und Margherita ergäben, und schrieb: 2. Dann betrachtete er Margherita aufmerksam, maß sie von Kopf bis zum Fußboden und verschwand wieder. Nach zehn Minuten stand Margherita auf und ging hinaus. Kurz darauf erschien sie mit einem Blatt in der Hand und hielt es mir hin, ohne ein Wort zu sprechen.

Ich las: »Aufgabe: Beschreibt eure Eltern. Ausführung: Meine Eltern sind 2, umd mein Vater ist 1,70 m groß, aber er liegt ausgestreckt, während die Mama mit ihren arbeitsamen Händen näht und sitzend 1,30 m mißt. Mein Vater hat 1 Mund, 2 Ohren, 2 Augen und drei Falten auf der Stirn. Er hat 1 Nase und 2 Nasenlöcher, mit denen er sich schneuzt, unter den 2 Nasenlöchern hat er 2 Schnurrbartenden, jedes 7 cm lang. Ich liebe meine Eltern einschließlich Papi.«

Margherita blickte mich verzweifelt an, und ich, der ich das Glück hatte, 1 Nase, ausgestattet mit 2 Nasenlöchern, zu besitzen, schneuzte mich, um mir Haltung zu geben. Dann suchte ich Margherita zu trösten, indem ich sie auf das liebenswürdige Detail der »arbeitsamen Hände« aufmerksam machte.

Margherita schüttelte den Kopf. »Ich habe nie gewußt, wieviel mein liegender Vater und meine sitzende Mutter maß«, seufzte sie. »Und wenn ich das Aussehen meines Vaters beschreiben sollte, dachte ich an alles, nur nicht an das Maß seines Schnurrbartes. Die Kinder schauen uns mit den kalten Augen des Landvermessers an.«

»Albertino ist klein, Margherita; wenn er groß ist, wird er sich ändern.«

»Wenn er groß ist, wird er viel mehr wissen und wird schreiben können: ›Mein Vater hat ein Bruttogewicht von soundsoviel Kilogramm, und meine Mutter hat eine Gesamtoberfläche von soundsoviel Quadratzentimetern.‹ Es ist die neue Welt der Materie, die gegen die alte Welt des Geistes aufsteht. Wenn wir sterben, werden unsere Kinder feststellen: ›Der Sarg meiner Mutter hat einen Rauminhalt von soundsoviel Kubikmetern.‹ Oder gar: ›Die lichte Weite des Grabes meines Vaters beträgt soundso viele Meter.‹«

Ich unterbrach sie. »Nein, Margherita! Unter lichter Weite versteht man einfach den Durchmesser des Zylinders, in dem der Kolben läuft.«

»Verdammte Maschinen!« rief Margherita. »Verdammte Maschinen, die auch schon den Frieden des Todes stören. Es ist die Fiat, es ist die Montecatini, es ist die Breda, die Snia Ciscosa, die Ilva, die Falk, die Marelli, die die Gottesfurcht und das Gefühl in ihrem verfluchten Räderwerk zermalmt haben. Es ist die Olivetti, Giovannino, die dich zum Schreiben anregt; auch die süßesten Worte, die dein Herz unter Schmerzen gebiert, werden, ehe sie auf dem Papier erscheinen, durch das Stahlgetriebe gejagt. Sie werden zertrümmert, zermahlen, zersetzt, umgeschmolzen und mit Hammerschlägen gegen das Papier geklebt, so wie man einen Nagel in die Wand schlägt.«

Wenn Margheritas Philosophie einmal losgelassen ist, muß man sie laufenlassen.

Margherita sprach laut. In diesem Augenblick wurde die Tür aufgerissen, und es erschien Carlotta im rosa Pyjama.

»Hier kann man nicht schlafen!« sagte sie finster.

»Auch hier nicht«, antwortete Margherita, »aber aus anderen Gründen!«

»Ich muß morgen früh arbeiten und das grüne Taschentuch waschen«, entgegnete Carlotta und trug die geringe Last ihrer Jahre wieder ins Bett.

Da sagte Margherita, man müsse sich verteidigen, man müsse etwas dagegen tun. Und so beschlossen wir, nach Venedig zu fahren.

Venedig ist das, was es ist, und jeder kennt die Stadt, deshalb lohnt es sich nicht, Venedig zu beschreiben. Die Häuser mitten im Wasser sind immer dieselben, die Jahrhunderte haben sie respektiert, haben sie einander mit der größten Rücksichtnahme übergeben und waren streng darauf bedacht, ja nichts anzurühren; aber jetzt haben Leute auf den weißen Marmor der Palazzi mit schwarzem Firnis eine ganze Menge von Sicheln, Hämmern und Sternen gemalt, und das erinnert an gewisse Besucher von Gemäldegalerien, die das Messer ziehen, wenn der Wächter den Blick abwendet, und ein Gemälde von Velasquez zerschneiden.

Das wäre die politische Seite; die andere Seite, die fremdenverkehrstechnische, hat einen schmerzlichen Aspekt: das Problem der Ansichtskarten.

Margherita hatte sechsunddreißig Ansichtskarten zu versenden, aber es gelang ihr nur, vierunddreißig anzubringen, denn sie war nicht imstande, die fünfunddreißigste und sechsunddreißigste Adresse zusammenzukratzen. Schließlich hatte Margherita eine Idee. »Man denkt immer an die anderen und nie an sich selbst«, sagte sie. »Warum nicht auch an uns selbst eine Karte schicken? Du schickst eine an mich, ich schicke eine an dich. Wenn wir heimkommen, bekommt jeder seine Karte. Es macht immer Freude, wenn man sieht, daß sich irgend jemand unserer erinnert.«

So schrieb ich eine Karte an Margherita. Margherita schrieb eine Karte an mich. Dann warfen wir sie ein und beschäftigten uns weiter mit Venedig. Und es lohnte wirklich der Mühe, denn es war ein sehr schöner Tag.

»Venedig«, bemerkte Margherita, »ist eine Stadt, die wir alle kennen, ohne sie jemals gesehen zu haben; und wenn wir sie gesehen und wieder gesehen haben, wissen wir nicht, wie sie ist. Es ist mit einem Wort eine Stadt, wo einer immer gewesen ist, auch wenn er nie dort gewesen ist, und wo einer immer zum erstenmal ankommt, auch wenn er zum hundertstenmal hinkommt.«

Ich antwortete ihr, das komme vielleicht daher, daß jeder von uns jeden Tag Ansichtskarten von Venedig bekommt und, wenn er nach Venedig fährt, den größten Teil seiner Zeit damit verbringt, Ansichtskarten an seine Bekannten zu schreiben.

Es war Nacht geworden, als wir in den kleinen Dampfer stiegen, der uns zum Bahnhof bringen sollte, die Lagune blitzte von Lichtern. »Venedig«, seufzte Margherita, »wir fahren fort, aber nicht ganz, denn irgend etwas von uns bleibt zurück.«

Carlotta fragte dann, wie sich »die da« aufgeführt habe und ob sie mich zu vielen Geldausgaben verleitet habe.

»Halb und halb«, antwortete ich; da zog Carlotta unter dem Kissen ein Knäuel mit drei Lire hervor.

»Ich habe ein Autorad verkauft«, erklärte sie und hielt mir die drei Lire hin. Und sie seufzte, wie um auszudrücken, daß angesichts einer derart gewissenlosen Mutter die Tochter sich opfern müsse, um dem Vater zu helfen. Und das bewegte mich doch sehr, wenn ich davon absehe, daß das Auto Albertino gehörte.

Und es verging ein Tag, und ich bekam eine Karte aus Venedig, und ich begriff nicht gleich, wer sie mir geschickt hatte.

»Ich bin es, die auch in der Ferne an dich denkt«, erklärte Margherita, und da erinnerte ich mich.

»Und du, Margherita?« fragte ich.

»Noch nichts«, seufzte sie.

Als ich am nächsten Tag zum Essen heimkam, fand ich Margherita sehr betrübt.

»Es ist noch nichts gekommen«, erklärte sie.

»Das verstehe ich nicht!« rief ich. »Wir haben die Karten doch zusammen eingeworfen.«

»Nicht von Bedeutung«, antwortete Margherita. »Es ist nicht von Bedeutung . . .«

Es verging noch ein Tag. Am Abend war Margherita vollkommen untröstlich.

»Nichts von Venedig?«

»Noch nichts.«

Es war Mittwoch; Donnerstag und Freitag war ich unterwegs. Ich kam am Samstag früh zurück und begriff sofort, daß »das von Venedig« noch nicht aufgetaucht war.

Margherita hatte sich in ein düsteres Schweigen gehüllt, und ich versuchte, sie zu trösten.

»Man muß Geduld haben«, sagte ich. »Es ist nun einmal so bei der Post.«

»Es ist nun einmal so bei den Menschen!« entgegnete Margherita.

Es verging der Montag, der Dienstag.

»Heute nacht habe ich geträumt, du wärest tot«, sagte Margherita am Mittwoch früh sehr erregt. »Sie hatten dich in der Lagune aufgefischt, und du hattest in der Tasche die Karte, die du vergessen hattest, einzuwerfen.«

»Siehst du, Margherita!« rief ich. »Ich bin keiner von denen, bei ›denen es nun einmal so ist‹, wie du mich angeklagt hast.«

Margherita war ganz verstört, und auch ich fühlte mein Blut zu Eis gerinnen.

»Giovannino!« rief Margherita ängstlich. »Glaubst du nicht, daß dies kein Traum, sondern Wirklichkeit ist, und daß du wirklich tot in der Lagune schwimmst?«

»Ja, Margherita, das kann sein. Aber ich bin doch andererseits lebendig hier, mit Fleisch und Knochen!« sagte ich.

»Verstehst du nicht, daß in gewissen Fällen die Realität und die Materie nicht mehr zählen, daß nur mehr die Vermutung gilt? Bist du auch so wie Albertino, für den die Persönlichkeit seines Vaters durch sein Gewicht und seinen Rauminhalt gegeben ist? Giovannino, denkst du nicht, daß ich, wenn du auch lebendig hier bist mit all deinen Zentimetern und Grammen, gleichwohl eine Witwe sein könnte?«

Margherita ist kein Wesen, das logisch denkt, und gerade dadurch gelangt sie zu solchen Wahrheiten höherer Ordnung, zu denen man mit logischem Denken unmöglich kommen kann, weil das logische Denken Mathematik ist, die Wahrheiten höherer Ordnung aber übernatürlichen Charakters sind. Und plötzlich versteht man nicht mehr das geringste.

Ich ging hinaus und kam mir vor wie mein eigener Leichnam. Spät abends kam ich zurück.

»Nichts«, sagte Margherita.

Es verging eine Nacht voller Alpträume.

Am Morgen lasen wir aufmerksam die Zeitungen und zitterten davor, die Todesnachricht zu finden. Dann lasen wir die Nachmittagsblätter.

»Vielleicht wäre es gut, den ›Gazzettino di Venezia‹ zu abonnieren«, bemerkte Margherita. »Da steht alles drin, was in Venedig passiert.«

»Ich bin bekannt genug«, antwortete ich; »wenn sie mich ertrunken auffänden, würden alle Zeitungen die Nachricht veröffentlichen, sogar die von der äußersten Linken.«

»Das beruhigt mich ein bißchen«, sagte Margherita.

Später ging Margherita hinunter, um einen Blick in den Briefkasten zu werfen. Kurz darauf kam sie in mein Arbeitszimmer.

»Sie ist angekommen!« keuchte sie, meine Karte schwenkend.

Eine einfache Fehlleitung, ein langer Irrweg.

Wir sahen die Karte lange an.

»Es ist, als wärst du aus Sibirien zurückgekehrt«, seufzte Margherita.

»Endlich ist auch das zu Ende«, seufzte ich.

»Das Leben geht weiter«, schloß Margherita.

Man hörte Lärm in der Küche. Wir liefen hinaus. Albertino, das Metermaß in der Hand, versuchte vergeblich, Carlotta abzumessen.

»Ich habe als Aufgabe die Beschreibung meiner Schwester«, erklärte er.

»Die Eltern und die Geschwister darf man weder wägen noch messen!« rief Margherita.

Und so wurde der Aufsatz Albertinos etwas ganz Erbarmungswürdiges: »Mein Schwesterchen ist 1 Mädchen und hat 2 Augen, 2 Beine, 2 Ohren, 2 Arme, 1 Kopf, 1 Mund, 1 Nase und 2 Nasenlöcher, mit denen sie sich schneuzt. Ich habe mein Schwesterchen gern, aber es wäre mir lieber, wenn es 1 Brüderchen wäre.«

Man wird alt

Wieder vergeht ein Jahr. Man wird alt, und am schwülen Nachmittag des Lebens ist es erfreulich, die Frische der Jugend wiederzufinden und ein Bad in den Erinnerungen zu nehmen. Zum Beispiel an die erste Liebe zurückzudenken.

Heute bin ich dick, längst kein Knabe mehr, sondern Vater eines Knaben, der für drei zählt. Einst war ich flink wie ein Reh, sorglos und unschuldig.

Es war Juli, und ich ging auf einem Bergweg spazieren. So kam ich in ein grünes Tal, das bis an den Rand mit Schweigen angefüllt war. Und die Frau erschien mir plötzlich wie in einem Gedicht: zu Fuß, weiß gekleidet, mit großen Volants am Rock und einem leuchtendweißen Sonnenschirm, der ihr Gesicht ein wenig beschattete. Sie war groß und üppig. Sie blieb vor mir stehen und fragte mich mit süßer und schmachtender Stimme nach dem Weg ins Dorf. Ich antwortete ihr, daß auch ich dorthin ginge, und bot ihr meine Begleitung an.

Unterwegs wunderte sich die Dame mit viel Anmut, daß ich bei meiner Jugend so einsam durch diese melancholische Gegend streife. Ich bewegte mich nicht sehr unbefangen in meinen langen Hosen; dafür aß ich unbefangen ein halbes Kilo Castagnaccia zum Frühstück und ein Waschbecken voll Suppe zweimal am Tag. Ich liebte Johannisbrot und getrocknete Kastanien.

»Ich hasse den Lärm«, seufzte ich. »Die Einsamkeit fördert meine Gedanken.«

Das süße und majestätische Geschöpf fragte beunruhigt: »Denken Sie viel?«

Ich ging gesenkten Kopfes dahin, die ausgegangene Zigarette klebte mir in einem Mundwinkel, und mit einem Stock, den ich kurz vorher abgebrochen hatte, köpfte ich die Ranunkeln und schlug die Nadeln von den Wacholderbüschen, die längs des schmalen Weges standen. Eine Haarlocke hing mir in die Stirn.

»Vielleicht zuviel«, antwortete ich bitter und senkte den Kopf noch tiefer. Und ich erinnere mich, daß ich gerade in diesem Augenblick mit dem Kopf gegen einen verdammten Ast stieß, der hinterlistig über den Weg hing und den ich, vollgepfropft von Skeptizismus, nicht sehen konnte.

»Sind Sie unglücklich?« fragte die Dame mitfühlend, während ich fühlte, wie mir auf der Stirn eine nicht unbeträchtliche Beule wuchs. Ich versetzte einem Bäumchen einen gewaltigen Hieb, aber ich verfehlte es, und der Stock traf mich mit Wucht am Knöchel des rechten Fußes.

»Selbst wenn das Glück auf dieser wunderlichen Welt existiert«, erklärte ich mit ruhiger Stimme, während ich vor Schmerz am liebsten geschrien hätte, »kann ich als unglücklich betrachtet werden.«

»Sie müssen viel geliebt und viel gelitten haben«, seufzte die Dame.

»Vielleicht«, antwortete ich.

Die Dame stellte fest, daß ich geheimnisvoll sei und anders spräche als die anderen Männer.

Ich verließ die Dame kurz vor dem Dorf am Gitter einer schönen Villa.

»Danke, mein Herr...«, sagte sie lächelnd. Und ein Seufzer schwellte ihre wunderbare und mächtige Brust, die sich für einen Augenblick so hob, daß sie das anbetungswürdige Gesicht zur Hälfte verdeckte.

Der Stockhieb gegen den Knöchel war furchtbar gewesen; ich konnte nur mit Anstrengung gehen, aber ich fühlte mich leicht wie ein Schmetterling. Ich war jung, war Giovannino, nur Giovannino, flink wie ein Reh, und eine Frau hatte für mich geseufzt.

Am nächsten Tag trieb ich mich lange in der Nähe der Villa herum. Die Dame war nicht zu sehen, aber ich faßte Mut und kam bis zum Gitter. Der Gärtner, ein Männchen mit großem Schnurrbart, schlecht auf den Füßen, gebückt und mit einem großen Strohhut auf dem Kopf, reinigte gerade die Beete.

Ich rief ihn leise an und hielt ihm zwei Lire hin. Ich fragte ihn errötend, ob die Dame ausgegangen sei.

»Nein, leider nicht«, flüsterte das Männchen. »Sie muß heute den Teufel im Haar haben. Es ist schon das zweitemal, daß sie mich dieses Beet reinigen läßt.«

Ich ging mit verwirrtem Herzen fort; eine Frau litt an mir. Damals war ich jung und ehrlich. Ich begann unverzüglich, gleichfalls zu leiden. Ich trieb mich weiterhin um die Villa herum, aber ich sah die Dame nicht, und diese Nacht wollte kein Ende nehmen.

Am Morgen ging ich gleich wieder zur Villa, und das freundliche Schicksal wollte es, daß ich sofort den Gärtner wieder sah; er war dabei, einen großen Hund im Graben neben dem Gartenzaun zu waschen. Dann und wann gab ihm das Tier einen heftigen Stoß, so daß er mit den Füßen nach oben hinfiel. Der gute Gott der Verliebten arbeitete für mich; ich ging heran, packte das Vieh am Halsband und hielt es mit starker Hand fest.

Das Männchen war mir sehr dankbar und konnte nun das Tier in aller Ruhe säubern. Zum Schluß schaute er sich vorsichtig um, dann sah er mich mit einem flehenden Blick an.

Der Hund hatte einen Maulkorb: Ich nahm seinen Kopf zwischen meine Beine und hielt ihm mit Hilfe meines Taschentuches das Maul zu.

»Los«, sagte ich.

Das Männchen trat einen Schritt zurück und landete einen wohlgezielten gewaltigen Fußtritt auf dem Hinterteil des verdammten Viehs. Ich war damals jung und kräftig, außerdem war ich verliebt und hätte selbst einen Löwen am Brüllen gehindert. Vier oder fünf Minuten hielt ich den Hund fest; dann, als ich meinte, er habe sich beruhigt, ließ ich ihn los.

»Danke«, sagte der Gärtner, »Sie haben mir das Leben um zwei Jahre verlängert.«

Ich fragte, ob die gnädige Frau ausgegangen sei, und das Männchen flüsterte mir zu, sie sei vor einer halben Stunde ausgegangen.

Nun hatte ich einen Verbündeten.

Ich setzte mich unter einen Baum in der Allee, die zur Villa führte, und begann, mit Bleistift in meinem Notizbuch herumzukritzeln. Ich hatte die Zigarette im äußersten Winkel der bitter zusammengekniffenen Lippen kleben, die Haare hingen mir wirr in die Stirn. Ich war ein Verlorener.

Plötzlich sah ich die Dame vor mir. Sie war in Blau gekleidet, sie lächelte mir von der Höhe ihres bewundernswerten Busens zu und fragte mich, was ich da mache.

»Ich werfe einige rasche Notizen in mein intimes Tagebuch«, erklärte ich, nachdem ich mich erhoben und mit einer nervösen Bewegung die Zigarette weggeworfen hatte.

»Sie haben ein intimes Tagebuch? Warum lassen Sie es mich nicht lesen?«

»Dummheiten, gnädige Frau, flüchtige Eindrücke einer unglücklichen Seele«, sagte ich traurig. Da sie jedoch mit süßer Gewalt darauf bestand, versprach ich, ihr am nächsten Tag mein intimes Tagebuch zu bringen. »Ich werde in der Abenddämmerung hiersein«, schloß ich.

Wie ein Verdammter arbeitete ich den ganzen Tag, die ganze Nacht und bis zur Abenddämmerung des folgenden Tages. Es ist nicht leicht, so von heute auf morgen ein intimes Tagebuch entstehen zu lassen. Ich schrieb ein ganzes Heft voll, zerknüllte es ein wenig und setzte mich darauf, um ihm den Anschein eines gewissen Alters zu geben. Am Abend übergab ich es der Dame.

Sie war schwarz gekleidet, und das ungewisse Licht umschleierte sie geheimnisvoll.

»Warum sind diese letzten Seiten mit einer Nadel zusammengeheftet?« fragte sie mich schmachtend.

»Es wäre mir lieber, wenn Sie sie nicht lesen wollten«, erklärte ich ihr und senkte befangen den Kopf. »Es handelt sich um allzu intime Dinge.«

Zehn Seiten handelten von der Dame. Sie begannen mit den ersten Versen des süßen Gedichtes: »Zwischen dem zweifachen Band – aus Ginsterbüschen gewoben – senkst von Gipfeln droben – Straße, du dich ins Land . . .« Da war die Begegnung, da waren meine Träume, eine auszugsweise Schilderung ihrer Schönheit, lyrische Abschnitte voll von Liebe, Sehnsüchte nach langen Küssen und schmachtenden Zärtlichkeiten. Das Ganze endete poetisch, wie es begonnen: »Gräfin, was ist unser Leben? – Ein Schatten, ein flüchtiger Traum – Es endet, begann es doch kaum – Laß Lieb' ihm Unsterblichkeit geben!«

»Gute Nacht, mein Herr«, hauchte das holde Geschöpf, seine weiße Hand wurde mir hingestreckt, und der Busen hob sich, daß er fast den anbetungswürdigen Mund erreichte. »Gute Nacht, Herrin«, flüsterte ich schmachtend und küßte die weiße Hand.

Am nächsten Morgen kam ich zur Villa. Der Gärtner wusch hinter dem Haus Hemden in einem Bottich. »Haben Sie den Beruf gewechselt?« fragte ich scherzend und bot ihm eine Zigarre an.

»Man muß sich's einrichten«, antwortete das Männchen.

Wir sprachen von dem und jenem; mich aber drängte es, etwas über die Dame zu erfahren. »Ist sie ausgegangen?« fragte ich gesprächsweise. Der Gärtner schüttelte den Kopf, dann verstummte er für eine Weile. Endlich blickte er sich um und flüsterte mir geheimnisvoll zu: »Sie muß verliebt sein.«

»Verliebt?«

Das Männchen nickte mit dem Kopf.

»Den ganzen Tag blättert sie in einem vollgeschriebenen Heft und fragt immer eine gewisse Gräfin, was unser Leben sei, und sagt dann, es sei ein Schatten und ein flüchtiger Traum, und schließt damit, daß nur an der Liebe etwas dran sei. Ist es von Ihnen?«

Ich zuckte gleichgültig die Schultern. Dann fragte ich gleichgültig: »Was für ein Mensch ist sie?«

Das Männchen breitete die Arme aus und rief: »Frauen, Frauen! Wenn Sie wollen, daß ich Ihnen die Wahrheit sage: Für mich sind die Frauen alle gleich.«

»Ich verstehe, ich verstehe«, sagte ich. »Wissen Sie, ob sie ausgeht?«

Er wußte es nicht.

Eine glückliche Eingebung riet mir, mich gegen Abend am Fuß des Alleebaumes niederzulassen; die Dame erschien alsbald in einem amarantfarbenen Kleid und hielt mir das intime Tagebuch hin.

»Laß Lieb' ihm Unsterblichkeit geben«, seufzte sie, und ihre Augen füllten sich mit Tränen. Der Himmel war ganz in Feuer getaucht.

»Ich bin so unglücklich«, schluchzte die Dame. »Ihre Worte haben mich in Verwirrung gestürzt ... Sie haben mich aufgewühlt, mein Herr!«

»Sie können nicht so leiden wie ich«, sagte ich mit einem verzweifelten Lächeln.

»Schweigen Sie, schweigen Sie, um Gottes willen!«

Ich gab dem Baum einen Fußtritt und zerwühlte mir die Haare über der Stirn.

»Verdammte Welt!« rief ich wütend aus.

Die Dame blickte mit Tränen in den Augen gen Himmel.

»Weit weggehen, wo nur die Sterne mich sehen können ... Weit weg von diesen trägen und bösartigen Leuten ... Leben! Mein Leben leben!« rief sie verzweifelt. »Gute Nacht, Herr Giovannino ...«

»Gute Nacht, Herrin ... Morgen abend?«

»Wer weiß ...«

Ich blickte ihr lange nach.

Später traf ich im Dorf den Gärtner mit einem Sack Kartoffeln auf dem Rücken; ich veranlaßte ihn, sich mit mir in eine Kneipe zu setzen, und gab ihm zu trinken. Ich wollte alles über die Dame wissen, die mit solcher Gewalt in mein Leben eingedrungen war. Ich begleitete ihn nach Hause, und wir plauderten viel.

»Was für ein Mensch ist sie?« fragte ich ihn endlich.

Der Mann blieb stehen.

»Ein böser!« sagte er finster. »Wenn ich sie ein einziges Mal so behandeln könnte wie ihren verdammten Köter, würde ich mich wie neugeboren fühlen. Nichts ist ihr recht, alles läßt sie zwanzigmal machen, sie ist reich und geizig wie eine böse Hexe, Gottes Donner über sie!«

Nun waren wir vor der Villa angekommen: Ein Fenster war noch erleuchtet, und irgend jemand spielte Klavier.

»Man sieht ihren Gatten nie«, sagte ich. »Ist sie vielleicht Witwe?«

»Nein, leider nicht!« seufzte das Männchen.

»Wer ist ihr Mann?« fragte ich gleichgültig.

»Ich«, murmelte das Männchen, als wollte er sich entschuldigen.

Ich ging eilends fort, während Chopin-Noten durch die Nachtluft flatterten.

Margherita sagte, man müsse die Freiheit ausnützen, solange die Kinder noch auf dem Lande seien.

»Heute abend will ich mich amüsieren, und zwar allein«, beschloß sie. »Ich gehe tanzen.«

Ich machte sie auf die Ungenauigkeit ihrer Ausdrucksweise aufmerksam: Um sich tanzend zu amüsieren, müsse man mindestens zu zweit sein, außer man wolle sich als Solotänzer produzieren, was aber für eine Familienmutter wenig ratsam sei. Margherita erklärte mir hierauf, »allein sein« bedeute: ohne mich. »Worauf es ankommt, ist, daß du nicht bei mir bist, Giovannino. Ich bin es überdrüssig, ohne einen Augenblick der Erholung immer dein Gesicht zu sehen. Es ist ein Alpdruck für mich geworden, dein Gesicht, ein wahres Damokles-Gesicht.«

»Gute Unterhaltung«, sagte ich. »Ich werde ins Kino gehen.«

»Wie du willst«, antwortete Margherita. »Aber zuerst wirst du mich zum Tanzen begleiten. Ich fürchte mich, in der Nacht allein zu gehen. Und dann kommst du mich abholen. Es wäre zwar nicht nötig, denn ich finde Kavaliere genug, die mich nach Hause begleiten. Aber ich vertraue mich nicht jedem an; es könnten ja verkleidete Räuber sein.«

Am Abend begleitete ich sie hin und tat, als ginge ich wieder fort. Doch statt dessen ging ich auch hinein, hielt mich unauffällig im Hintergrund und entdeckte einen Tisch, der durch eine große grüne Pflanze verdeckt und von Margheritas Tisch weit entfernt war. Wenn ich einen Zweig nur um ein paar Zentimeter wegbog, konnte ich Margherita genauestens sehen, ohne von ihr gesehen zu werden. Nach drei Tänzen war Margherita immer noch allein, und um halb elf hatte sich noch niemand ihrem Tisch genähert, obwohl er sehr gut sichtbar war.

Ein schwatzhafter Bursche kam und setzte sich neben mich. »Fade Angelegenheit«, sagte er lachend zu mir. »Alle Frauen sind in Begleitung; einer, der ohne Mädchen zum Tanzen kommt, kann nichts ausrichten.«

»Mir scheint, Sie übertreiben«, sagte ich; »nicht alle sind in Begleitung. Es sind auch alleinstehende Frauen hier.«

Aufmerksam beobachtete der Bursche die wenigen Damen, die allein waren.

»Die da muß eine vollkommene Gans sein«, teilte er mir mit. »Schauen Sie, ein typischer Stockfisch! Die klassische, säuerliche, trokkene, eckige alte Jungfer; und sie tanzt bestimmt, als ob sie die Beine in Gips hätte. Schauen Sie, ob ich recht habe!«

»Die blonde Dicke im grünen Kleid?« fragte ich.

»Nein, die da links mit dem gelben Kleid und dem Täschchen auf den Knien. Haben Sie sie gesehen?«

Ich hatte sie gesehen, und es handelte sich natürlich um Margherita, die tatsächlich den Eindruck eines getrockneten Stockfisches machte, der die Mondäne spielen will.

»Uff«, grinste der Bursche. »Schauen Sie unter den Tisch! Sie hat die rechte Hinterflosse aus dem Schuh gezogen. Die hat Frostbeulen. Armes Huhn von einer Jungfer!«

»Aber«, erwärmte ich mich, »mir scheint sie alles in allem nicht übel. Ich an Ihrer Stelle würde es versuchen. Schließlich handelt es sich ja nur um einen Tanz. Wenn es nicht geht, grüßen Sie und kommen zurück.«

»Solche Experimente machen mir keinen Spaß«, antwortete er. Nachdem er aber mit mir über drei oder vier andere alleinstehende Frauen diskutiert hatte, faßte er einen Entschluß.

»Ich versuche es mit dem gelben Vogel dort in der Ecke. Wenn Sie mich in einer heiklen Lage sehen, rufen Sie das Überfallkommando; verlassen Sie mich nicht!«

Der junge Mann kehrte nicht zurück. Ich sah ihn am Tisch der gelben Dame, und die gelbe Dame redete und redete und gestikulierte, und der Bursche schwieg und schwieg und beschränkte sich darauf, mit dem Kopf zu nicken und mir gelegentlich angsterfüllte Blicke zuzuwerfen.

Es war dreiviertel zwölf, und mein armer Stockfisch mit dem ausgezogenen Schuh saß noch immer dort an seinem Tisch, und eine plötzliche Trauer sprang mich an, denn hinter Margherita stand das unvergleichliche Phantom meiner Jugend.

Während die Leute tanzten, ging ich vorsichtig den Saal entlang und stand dann plötzlich, als sei ich eben angekommen, hinter Margherita.

»Ich bin gerade zum letzten Tanz zurechtgekommen«, sagte ich. »Oder hast du schon eine Vormerkung.«

Margherita stand auf, ohne ein Wort zu sprechen, und schlüpfte dabei ganz unbefangen in ihren Schuh.

»Natürlich hast du dir, wie gewöhnlich, keinen Tanz entgehen lassen«, sagte ich. »Stimmt's?«

»Wenn dir morgen die Füße weh tun, lache ich«, fügte ich mit gespielter Rücksichtslosigkeit hinzu.

»Man lebt nur einmal«, antwortete lächelnd mein armer Stockfisch. Letzter Tanz: Walzer von Strauß, Wiedereroberung der Vierzigjährigen. Ich drehte mich wie ein Husar in einem historischen Film. Und Margherita war leicht wie das Phantom meiner Jugend.

Giovannino wird philosophisch

In meinen sechshundertzehn Kubikmetern von Mailand ist alles still. Die Kinder schlafen und träumen drüben in dem Zimmer, das für die Ruhe der Familie reserviert ist. Die an das große Bett herangerückten Kinderbetten erinnern an die Rettungsboote eines Schiffes, das in einem Meer von Finsternis schwimmt. Margherita näht irgend etwas. Ich sehe zu, wie Margherita irgend etwas näht. »Margherita, ich finde, das ganze Leben ist im Grunde wie ein großes Rad. Der Mensch wird geboren und findet sich an einem großen, unbeweglichen Volant. Zuerst kann er die schwere Masse nicht bewegen, aber er wächst an Jahren und Kräften, und unter dem Antrieb der immer stärker werdenden Arme gerät der Volant allmählich in Bewegung. Das Rad beginnt sich zu drehen, schneller und schneller und immer schneller. Und auf einmal bemerkt der Mensch, daß er nicht mehr anhalten kann, denn jetzt zieht das Rad ihn mit. Er muß sich drehen und drehen, solange das Rad will. Margherita, ich glaube, so ist das Leben.«

»Du denkst an sonderbare Dinge, Giovannino«, sagt Margherita, ohne die Augen von der Arbeit zu heben. »Du arbeitest den ganzen Tag, und abends ist dein Hirn müde. Du solltest nicht an große Räder und unbewegliche Volants denken; es strengt dich zu sehr an. Denk an leichtere Dinge, denke an dein neues Fahrrad aus Aluminiumlegierung, zehn Kilo, tausenddreihundert Lire, wann hast du je so ein großartiges und leistungsfähiges Fahrrad gehabt?!«

»Margherita, wie lange ist es her, daß wir zur Entdeckung von Mailand aufgebrochen sind? Margherita, findest du nicht, daß sich nun alles mit äußerster Monotonie wiederholt? Denkst du nie daran?«

»Nein, Giovannino«, antwortete Margherita. »Ich denke nie daran.«

»Man müßte die Kraft haben, wieder von vorne anzufangen, Margherita. Alles zurücklassen, wieder abfahren, wie wir gekommen sind, mit vier Reisetaschen und ein paar Lire in der Tasche. In eine andere Stadt gehen und von vorne anfangen.«

»Und die Kinder zurücklassen!« lacht Margherita, ohne den Blick von ihrer Arbeit zu erheben. »Sollen wir sie der Hausbesorgerin schenken?«

Alles ist ruhig in meinen sechshundertzehn Kubikmetern von Mailand.

»Ich glaube, das Leben ist wie ein großes Rad«, sagt Margherita leise. »Wenn dieses Rad sich in Bewegung gesetzt hat, kann man es nicht mehr anhalten oder in eine andere Richtung laufen lassen.«

Ich öffne ein Buch und schaue die Worte an, ohne ihren Sinn zu erfassen. Margherita hat ihre Arbeit beendet. Sie steht auf, legt Nadel und Zwirn ins Körbchen zurück, geht zu Bett.

»Beklage dich nicht, Giovannino«, sagt sie an der Tür. »Du hast ein kleines Leben, das ganz dir gehört, mit so vielen Dingen, die ganz dir gehören. Gute Nacht, Giovannino.«

Ich habe also so viele Dinge. Ich will heute abend, in meinem Lehnstuhl sitzend, über sie alle Musterung abhalten.

Ich habe einen Schatten. Einen Schatten, der mir überallhin folgt, der immer bei mir bleibt, auch wenn es undurchdringlich finster ist; denn es genügt, daß ich ein Streichholz anzünde, um ihn wieder neben mir zu sehen.

Die Leute in dieser ungewöhnlichen Stadt treten ihn mit Füßen; aber im Sommer führe ich ihn auf dem verlassenen Platz spazieren, damit er sich in seiner ganzen Länge auf dem Pflaster ausstrecken, damit er sich ausruhen kann. Ich hüte ihn auch, denn es kann leicht geschehen, daß mein Schatten sich mit irgendeinem anderen vermischt, aber ich habe Vertrauen zu ihm, wenn auch ich ihn tagelang nicht sehe.

Ein einziges Mal hat er mich verlassen, und ich habe mich plötzlich ohne Schatten gesehen; aber dann ist er gleich wiedergekommen. Es war im Sommer, und der kochendheiße Asphalt hatte ihn ankleben lassen. Aber auch mein Schatten muß mich verlassen. Die Schatten folgen ihren Herren nicht in die Ewigkeit, sie kommen mit in den Sarg und verwesen mit.

Am Ende bleibt ein Körnchen Staub zurück und der Schatten von einem Körnchen Staub. Dann ist alles aus.

Die Seelen fliegen allein davon. Ohne Schatten.

Ich habe einen Schutzengel namens Giacinto. Er ist es noch immer, ich habe ihn damals doch nicht entlassen. Er hat versprochen, sich anständig zu benehmen. Er hat mich im Grunde gern; und gelegentlich erzählt er mir, da wir ja jetzt wieder Freunde geworden sind, allerlei Episoden aus meiner Kindheit.

»Einmal«, erzählte mir Giacinto, »Sie waren drei Tage alt und konnten meine Ratschläge noch nicht verstehen, einmal waren Sie im Begriff, aus dem Bett zu fallen. Ein Millimeter, und Sie wären herausgestürzt. Niemand war im Zimmer, und ich war, was ich eben bin: Luft. Wie sollte ich Sie aufhalten? Da habe ich den lieben Gott gebeten: Lieber Gott, gib meinen Händen für eine Sekunde Fleisch und Bein – ich verzichte auf die Unsterblichkeit. Und der liebe Gott gab meinen Luft-Händen für eine Sekunde Fleisch und Bein, und ich habe Sie gerettet. Wenn Sie sterben werden, werde auch ich sterben, Herr.«

Giacinto wird also mit mir sterben. Wie mein Schatten. Ich werde also auch ohne Giacinto in die Ewigkeit aufsteigen.

Ich habe Kinder. Aber auch sie werden mich verlassen! Die Väter steigen allein in den Himmel auf, sie bitten den lieben Gott, daß keines ihrer Kinder sie begleite. Sie hoffen vielmehr, daß bei der Geburt ihrer Kinder durch einen plötzlichen Fortschritt ein neues Gesetz in Kraft tritt, das den Menschen die Unsterblichkeit sichert. Ich habe eine alte Frau Flaminia, ich habe einen alten Herrn Luigi, ich habe einen Bruder, der noch immer nicht seinen idealen Beruf gefunden hat, ich habe eine Schwester, die ein großartiges Speisezimmer gekauft hat.

Auch sie werden mich verlassen. Jeder wird auf eigene Faust zum Himmel aufsteigen. Die Seelen können nicht in Gesellschaft reisen, auch wenn sie bei noch so vielen Vereinen oder Parteien eingeschrieben sind.

Ich habe sechshundertzehn Kubikmeter in Mailand, mit allerlei Dingen drin, auf die man sich setzen, auf denen man sich ausstrecken kann, Dinge zum Essen, zum Arbeiten.

Auch sie werden mich verlassen. Die Kubikmeter von Mailand werden für einen gewissen Betrag vermietet und gehören in alle Ewigkeit dieser ungewöhnlichen Stadt.

Meine Dinge werden eines Tages, wer weiß wann, von Leuten mit langen Schnurrbärten auf einen Wagen geladen werden. Und meine Seele wird in die Höhe segeln, in den Himmel über der Calatafimistraße, in den Himmel über dem Markt von Senigallia. Und mitten in den Trümmern von tausend Schiffbrüchen wird sie ihre Trümmer suchen. »Das ist ja mein Lehnstuhl«, wird sie sagen. »Das ist ja der Rahmen mit der uralten Gruppenaufnahme. Das war ich, ich erkenne mich wieder, das war mein Herr Direktor, das ist der Sohn des Hausherrn . . .«

Dann werde ich meinen Tisch sehen, ich werde hingehen und ihn aus der Nähe betrachten. »Da, ich hab's ja gesagt, der Tischler hat mich betrogen. Jetzt, wenn der Tisch ganz aus dem Leim gegangen ist, merkt man, was für schlechtes Holz er für die Einfassung verwendet hat.«

Vielleicht werde ich auch meine Hosen voller Flecken und Flicken sehen. Meine Schreibmaschine, meinen Fotoapparat, mein Grammophon.

Vielleicht werde ich etlichen Radfahrern nachsetzen müssen, um den zu finden, der auf meinem großartigen leichten Fahrrad radelt. Ich habe so viele Dinge, sagt Margherita. Aber diese Dinge werden mich verlassen. Alle. Auch meine Stimme. Auch meine Stimme wird erlöschen, zugleich mit Giacinto und meinem Schatten.

Ich habe so viele Dinge, eine ganze kleine Welt. Ich habe auch Margherita.

Aber ich will nicht, daß sie mir folgt. Sie muß hierbleiben. Sie muß tausend Jahre leben, denn irgend jemand muß doch auf der Erde an mich denken.

Die Kinder denken nicht an die Väter. Die Kinder denken an die Väter nur als an strenge Herren mit Schnurrbart, die nicht wollten, daß die Söhne rauchen, die nicht wollten, daß die Söhne Geld ausgeben, spät heimkommen, mit Mädchen herumziehen, die wegen einer schlechten Note brüllten.

Die Söhne wissen nicht, daß auch die Väter jung gewesen sind und mit einem heulenden kleinen Bündel auf dem Arm vor dem Radio getanzt haben, um das heulende Bündel zum Lachen zu bringen.

Ich habe so viele Dinge in diesen sechshundertzehn Kubikmetern von Mailand. Aber alle werden mich eines Tages verlassen. Meine Erinnerungen werden mich jedoch nicht verlassen. Und das macht mich noch betrübter.

Alles ist ruhig in meinen sechshundertzehn Kubikmetern von Mailand. Meine Kinder schlafen. Die Schreibmaschine schweigt. Nur die Uhr schweigt nicht; sie ist zu Späßen aufgelegt und erinnert die Ewigkeit daran, daß sie aus Minuten und Sekunden besteht. Frau Flaminia schläft in einem fernen Haus und träumt davon, daß auch ich ein schönes Speisezimmer gekauft habe wie meine Schester. Meine Schwester schläft in ihrem Haus und träumt davon, daß ich ein weniger schönes Speisezimmer gekauft habe als sie. Herr Luigi schläft und träumt einen seiner Vorkriegsträume, Träume, die man heute nicht mehr erzeugt und nie wieder erzeugen wird.

Mein Bruder schläft und träumt, daß er einen Beruf gefunden hat, einen außerordentlichen, gewaltigen Beruf, den Beruf, welchen er seit vielen Jahren vergeblich sucht.

Margherita schläft und träumt, daß ich das Licht in der Küche nicht abgedreht habe.

Es ist der geeignete Augenblick, diesen Brief zu schreiben.

Wir werden ihn mit der Feder schreiben, um keinen Lärm zu machen.

»Gnädige Frau,

Sie erinnern sich gewiß nicht daran, aber wir haben einander vor einigen Jahren auf den Gütern von Rivalto kennengelernt.

Ich erinnere mich genau: Es war ein Julitag, ich saß im Schatten eines Maulbeerbaumes und schaute beim Ernten des goldgelben Getreides zu.

Zwanzig Frauen arbeiteten, bis zum Erdboden gebeugt, mit der Sichel; aber ich bemerkte unter ihnen vor allem eine magere Alte in dunklen Kleidern, das Tuch unter dem Kinn geknotet. Ich bemerkte sie, weil sie die letzte war und weil sie so gebeugt war, daß sie in zwei Teile zerbrochen schien. Als sie wenige Schritte vor mir war, sagte ich zu ihr: ›Ist's heiß, Großmütterchen?‹

›Es ist heiß‹, antwortete sie, ohne sich aufzurichten.

Und nun beobachtete ich etwas Eigenartiges: Während die anderen Frauen eine Kielfurche von Ährenbündeln hinter sich ließen, ließ die Alte nichts hinter sich.

Kaum geschnitten, zerfielen ihr die Ähren in der Hand und wurden zu einem Häufchen grauen Staubes.

Diese Alte waren Sie, meine Dame. Und zu Mittag, als die anderen Frauen in der Allee zusammenkamen, um Brot und Pfefferoni zu essen, war die Alte nicht mehr da.

Sie dürfen solche Geschichten nicht machen, meine Dame. Sie nehmen um einer frivolen Belustigung willen jemandem, der darauf wartet, Arbeit und Brot. Sie könnten auch Anstände mit den Behörden haben. Außerdem: Wenn man soviel zu tun hat wie Sie, vertut man seine Zeit nicht unnütz.

Aber kommen wir auf unser Thema zurück. Wir kennen einander, gnädige Frau. Nach Rivalto haben wir einander auf der Straße von Cezerbe gesehen. Erinnern Sie sich? Eine lange Straße in der Ebene, eine von jenen, die sich mitten in einem Meer von Feldern ohne Haus und ohne Baum verlieren. Eine weiße, staubige Straße.

Es war ein Augustnachmittag, ein Nachmittag ohne Bewegung, ohne einen Laut. Ich radelte auf meinem Tandem, ich fuhr Margherita besuchen, die in Trepiani auf Sommerfrische war. Ich radelte allein auf dem Doppelfahrrad, über die Lenkstange gebeugt.

Plötzlich begegnete ich einem hübschen Mädchen mit weißen Hosen, einer weiten roten Bluse, einem blauen Tuch auf dem Kopf und einer großen blauen Brille, von jenen enormen Brillen, die bei den modernen Mädchen das halbe Gesicht verdecken.

›Darf ich aufsteigen?‹ fragte mich das Mädchen.

›Steigen Sie nur auf‹, antwortete ich und bremste.

Meine Augen waren geblendet von der Sonne und von der weißen Straße. ›Treten Sie, mein Fräulein, ich habe Eile.‹ Dann begann ich wieder, auf die Pedale zu drücken.

Auf einmal wendete ich den Kopf zurück, um dem Mädchen irgend etwas zu sagen.

Sie hatte die blaue Brille abgenommen, und ich fühlte, wie mir die Luft wegblieb.

Als ich mich ein zweites Mal umblickte, war das Mädchen verschwunden.

Das Mädchen waren Sie, gnädige Frau. Und das macht Ihnen keine Ehre. Das sind keine Scherze, die man mit einem braven Manne treibt. Bei Ihrer Stellung wählt man keine so unschickliche Maskerade, um Radfahrer hinters Licht zu führen.

Wir kennen einander sehr gut, gnädige Frau – ich bleibe dabei, und ich habe meine Gründe dafür. Das letztemal haben wir einander in dieser ungewöhnlichen Stadt Mailand gesehen. Es war eine trübe Novembernacht. Dicke Finsternis, totale Verdunkelung, denn der Himmel war schwarz wie Kohle. Keine Straßenbahn, kein Taxi, kein Autobus. Keine Seele. Die Leute waren schon alle zu Hause, und ich streifte durch die Straßen, behutsam, ohne meinen Weg zu finden.

Ich wanderte eine Stunde, zwei Stunden, und dann kam plötzlich die Verzweiflung über mich. Ich hatte keine Taschenlampe bei mir, und das letzte Streichholz hatte mir dazu gedient, um das Schild einer unbekannten Straße zu beleuchten.

Ich dachte, ich würde um diese Zeit nie den Mut haben, an eine Tür zu klopfen, und ich müßte so die ganze Nacht herumwandern.

Plötzlich sah ich aus einem Fenster im Erdgeschoß einen Lichtstrahl dringen. Ich faßte mir ein Herz und klopfte ein paarmal leise mit dem Finger.

Eine Tür öffnete sich. Eine gutmütige, weißhaarige, freundlich lächelnde Alte erschien mit einer Laterne in der Hand.

›Ich habe mich verirrt‹, sagte ich. ›Ich muß in die Gegend von Monforte gehen. Können Sie mir den Weg weisen?‹

›Monforte?‹ rief die gute Frau. ›Aber Sie sind ja über die Stadtgrenze hinaus. Sie werden den Weg nie allein finden. Ich werden Ihnen meinen Sohn mit dem Fahrrad als Begleitung mitgeben. Er muß zum Bahnhof gehen. Er ist Eisenbahner und muß gleich in den Dienst. Wenn Sie einen Augenblick warten, ist er fertig.‹

Ich dankte der guten Alten. Ich wollte warten.

›Kommen Sie einen Augenblick herein‹, lud mich die gute Frau ein. ›Sie werden müde sein, setzen Sie sich.‹ Ich betrat arglos ein Zimmerchen im Erdgeschoß: ein weißes Bett, ein Tisch, drei Sessel, ein Backtrog, ein Kamin.

›Setzen Sie sich, setzen Sie sich nur‹, sagte die Alte, ›mein Sohn kommt gleich herunter.‹ Und sie schob mir einen Sessel hin. Ich ließ mich auf den Sessel fallen.

Und ich fand mich auf dem Boden. Es war ein harter Stoß.

Um mich wieder zu erheben, klammerte ich mich an die Tischplatte. Meine Hand griff in die Luft.

Alles war Luft: die drei Sessel, der Tisch, das Bett, der Backtrog.

Als ich aufgestanden war, sah ich die Alte nicht mehr.

Diese Alte waren Sie, gnädige Frau, ich kam in dieser Nacht auf wunderbare Weise nach Hause und konnte mich nach diesem infernalischen Plumps drei Tage lang nicht niedersetzen.

Das alles ist nicht schön. Man macht keine solchen Scherze mit Bürgern, die sich im Finstern verirren. Das Spiel mit dem Sesselwegziehen ist dumm; das mit dem Anbieten eines Sessels aus Luft ist gemein. Es ist, als würde man einem seit Tagen mitten in einer Wüste Verirrten die Fata Morgana einer Quelle vorzaubern. Wir kennen einander, gnädige Frau, und ich habe Grund, mich über Sie zu beklagen.

Aber nicht, um zu protestieren, schreibe ich Ihnen, sondern um Sie um eine Gefälligkeit zu bitten. Nach dem Vergnügen, das ich Ihnen bereitet habe, glaube ich, das Recht dazu zu haben.

Ich werde Sie um nichts Ungewöhnliches, Bedeutendes, Unmögliches bitten. Nur um eine Kleinigkeit. Ich habe hier in diesen sechshundertzehn Kubikmeter von Mailand eine ganze kleine eigene Welt mit tausend Dingen, die ich liebe.

Ich weiß, daß ich alle eines Tages werde verlassen müssen.

Ich möchte nur zwei armselige kleine Dinge mit mir nehmen, wenn Sie kommen werden, um mit mir den letzten, endgültigen kleinen Scherz zu treiben, nämlich: mir die Erde unter den Füßen wegzuziehen.

Lassen Sie mich für ein paar Tage ein kleines Endchen Bleistift und ein wenig Papier mitnehmen.

Ich versichere Ihnen ehrenwörtlich, daß ich mir mit diesen Gegenständen keinerlei Vorteile verschaffen will. Ich werde keine Geheimnachrichten weitergeben und keine Lotterienummern verraten. Ich werde nur das letzte Kapitel in das Buch meines Lebens schreiben. Einst habe ich mich verpflichtet, alle meine kleinen, unbedeutenden Geschichten zu erzählen. Lassen Sie mich mein Werk anständig zu Ende bringen.

Das hat keinen Sinn, sagen Sie? Alles hat seinen Sinn für einen, den es betrifft.

Im übrigen ist es nicht gerecht, daß jemand zu arbeiten aufhört, nur weil er nicht mehr diesem irdischen Hoheitsbereich untersteht. Ich rechne mit Ihrer Liebenswürdigkeit. Ich danke im voraus und grüße Sie.«

Alles ist ruhig in meinem Heim. Nehmen wir den Brief, trocknen wir die Tinte, stecken wir ihn in einen hübschen Umschlag, schreiben wir den Namen der Dame drauf, adressieren wir ihn postlagernd.

Ich bin gewiß, daß sie ihn bekommen wird.

Gehen wir zu Bett. Nun ist alles für die Zukunft in Ordnung gebracht. Jetzt kann das Rad sich weiterdrehen, solange es will.

Gehen wir zu Bett, leise, um keinen Lärm zu machen.

Margherita schläft; und ihre geschlossenen Augen sagen nicht: »Giovannino, Giovannino . . .«

Das letzte Kapitel

Im Grunde ist es gar nichts. Es ist so ähnlich, wie wenn man sich einen Zahn ziehen läßt. Ein kurzer stechender Schmerz, dann ein Gefühl von unerhörter Leichtigkeit, von unendlichem Wohlbefinden. Kaum abgeschieden, tat ich einen Seufzer der Erleichterung: »Die Hauptsache ist erledigt.«

Dann betrachtete ich mit Interesse mein anderes Selbst.

Die Spiegelfabrikation hat einen wahrhaft bewundernswerten Grad technischer Vollkommenheit erreicht; aber es ist trotzdem etwas anderes, das eigene Gesicht in einem Glas oder es direkt zu sehen. Die Tatsache, daß ich nach Belieben über die Erde oder durch die Luft reisen und mich aufhalten konnte, wo es mir am besten gefiel, erleichterte meine Beobachtungen nicht unwesentlich.

Endlich konnte ich mir nun den Grund meines eigenartigen Erfolges bei Leuten von hohem Wuchs erklären und meinen nicht minder eigenartigen Mißerfolg bei Leuten von kleiner Gestalt.

Mein Gesicht war von oben gesehen wirklich einnehmend; von unten gesehen hatte es aber wegen der vorspringenden Backenknochen und des allzu dicken Halses etwas Plumpes.

Ich bemerkte auch, und zwar mit großem Stolz, einen schönen Anstand in meiner Haltung, die Augen zwanglos geschlossen, Beine und Arme in guter Lage, ein Lächeln auf den Lippen.

Es sah aus, als träumte ich angenehme Dinge.

Bald blieb ich mit mir allein; der Arzt und die Krankenschwester gingen gleich weg. »Der kommt uns nicht mehr hin«, sagte der Doktor. Und darüber mußte ich herzlich lachen.

Auch ich ging fort, nicht weil ich mich fürchtete, sondern weil ich den Anblick eines Menschen, der, ohne zu schauen, ohne zu sprechen, ohne zu hören und ohne zu atmen, unbeweglich auf seinem Bett hingestreckt liegt, nicht unterhaltend finde.

Kaum war ich auf dem Gang, konnte ich nicht widerstehen. Seit Jahren und Jahren träumte ich davon, hundertmal hatte ich mich schon an die Spirale des Treppengeländers herangemacht, aber dann hatten mich gewisse Erwägungen über das Gesetz der Schwerkraft auf den Plan verzichten lassen.

Aber nun gab es für mich kein Gesetz der Schwerkraft mehr. Mit einem Ruck sauste ich vom vierten Stock hinunter. Ein großartiger, schwindelerregender Flug! Auf einer Handbreit Boden angekommen, begab ich mich ruckartig in die Horizontale, passierte das Haustor, glitt durch einen mitten auf der Straße stehenden Lastwagen, schnellte mich mit einem schwungvollen Aufbäumen in den sechsten Stock empor, ließ mich wieder fallen und kam wie ein welkes Blatt nach unten.

Ich warf mich gegen fahrende Autos, streckte mich auf den Straßenbahngleisen aus, wenn gerade ein Wagen daherkam, ließ die Räder der Autobusse mich überfahren.

Ich setzte mich einem Schutzmann auf den Kopf, begab mich in eine Schachtel Sardinen und in eine Uhr am Handgelenk eines Mädchens. Dann ging ich in die Redaktion. Der Chef schlief in einem großen Lehnstuhl: Ich tanzte auf seiner Weste herum.

Sie wußten es schon. Sie sprachen davon, wieviel man für Blumen anlegen sollte. Der Personalchef sagte, im Grunde genüge es, wenn morgen ein einziger in Vertretung aller anderen ginge. Dann sagte mein intimster Kollege, der Text des Beileidstelegramms an meine Familie sei fertig.

Der Personalchef las laut und strich ein Wort. »Telegramme sind Telegramme«, meinte er. »Sonst würden sie nicht so heißen und soviel pro Wort kosten.«

Ich unterhielt mich ausgezeichnet, denn plötzlich öffnete die Sekretärin eine Lade meines Schreibtisches und stieß einen Schrei aus. Alle liefen herbei und zogen mit zitternden Händen eine ungeheure Menge von Briefen aus der Lade.

»Seit zwei Jahren erledigt er keine Korrespondenz! Ungeöffnete Expreßbriefe! Eine wichtige Mitteilung zum Federnreinigen verwendet!«

Alle waren blaß geworden; wer von ihnen würde dieses Inferno wieder in Ordnung bringen müssen?

»Alles streichen!« brüllte der Personalchef und schwang den Telegrammentwurf in der Luft. »Es genügt das Wort ›Beileid‹! Auch das ist schon zuviel!«

Ich setzte mich rittlings auf seine Schultern und lachte vor Vergnügen.

Ich schwang mich aus dem Fenster und begann, auf den Dächern zu balancieren.

Ich traf einen Kollegen. Lungenentzündung. Er war im Begriff, emporzuschweben, und ich sagte ihm, es sei nicht so eilig. Lassen wir uns achtundvierzig Stunden Zeit, ehe wir uns oben vorstellen. Jeder hat seine Kleinigkeiten auf der Erde in Ordnung zu bringen. Wir begannen, über alles mögliche zu sprechen. Er war ein älterer, sehr ernster Herr. Wir redeten ein wenig über Politik. »Ich gehe doch gleich!« rief er aus. »Ich möchte wirklich hören, was man oben sagt.«

Ich blieb allein. Es war nun Abend geworden, und ich trieb mich lange in der Umgebung meines Hauses herum. Dann entschloß ich mich, außer Hauses zu schlafen, und zwar auf einer Radioantenne. Vielleicht waren Margherita und die Kinder vom Land nach Hause gekommen; und ich kann schmerzliche Szenen nicht mit ansehen.

Um Mitternacht ging der Mond auf und weckte mich. Einen Moment lang dachte ich daran, doch nach oben zu schweben, um zu sehen, was es da gab und was es da nicht gab.

Doch dann näherte ich mich meinem Haus. Aber ich habe es nicht betreten. Ich habe am Schlafzimmerfenster gelauscht. Margherita weinte leise. Um so besser, so konnten die Kinder schlafen.

In einer anderen Nacht war ich dann bei mir zu Hause. Ich trat in mein Arbeitszimmer und sah zu meiner großen Freude, daß alles in Ordnung war. Die Schreibmaschine stand noch offen, und ich drückte mit dem Finger auf eine Taste. Sonderbar: wenn ich durch eine Straßenbahn hindurchschreite, macht mir das nichts aus; aber wenn ich mit dem Finger die Tasten meiner Maschine berühre und sehe, daß sie sich nicht bewegen, macht das einen gewissen Eindruck auf mich.

Ich setzte mich auf meinen Lehnstuhl, schaue meine Bücher an, stehe auf und beginne, wie ich es so viele Jahre lang getan habe, auf und ab zu gehen.

Ich muß nachdenken. Ich muß mir eine schöne Traumgeschichte für meine Tochter ausdenken. Ich will sie so erziehen, wie ich es richtig finde, und ich erlaube niemandem, sich in ihre Träume hineinzumischen. Der letzte, den ich für sie gemacht habe, war gegen Ende ein bißchen mangelhaft.

Ich müßte auch einen Traum für Albertino und vor allem einen für Margherita ausdenken. Aber wie stelle ich das an? Ich habe nicht den Mut, mich der süßen Frau meines Exlebens zu zeigen. Ich habe noch die Furchtsamkeit der Novizen.

Ich dachte mir einen schönen, für eine Schülerin der ersten Volksschulklasse geeigneten Traum aus, dann hörte ich Stimmen im Schlafzimmer.

Carlotta wollte eben einschlafen, und Margherita erinnerte sie: »Das Gebet für deinen Papa.«

Das Kind begann zu flüstern . . . Und ich habe mich ein wenig geärgert. Lästiges Weib, laß das Kind doch schlafen!

Ich ging nachsehen, wie es meinem Kind in der Schule geht. Ich trat ein, als der Unterricht schon begonnen hatte.

Die Lehrerin diktierte gerade: »A ... IA ... U ... IU ... E ... IE ...« Die Kinder saßen gebeugt, an das Heft und den Bleistift geklammert, und arbeiteten angestrengt.

Ich sah Carlotta sofort links hinten neben dem Fenster.

Ich stellte mich hinter sie. Arme kleine Person! Sie quälte sich mit allem: mit dem Papier, mit dem Federstiel, der Feder, der Tinte.

Ich verstehe das nicht! Die Kinder schreiben mit der rechten Hand, aber sie beschmutzen sich mit Tinte nicht nur die rechte, sondern auch noch die linke Hand, die Stirne und die Nase; wie stellen sie das nur an?

Als das Diktat beendet ist, beginnt die Lehrerin zu fragen. Ein Mädchen geht zum Katheder und kann geläufig bis zehn zählen. Sie muß eine Gewohnheitsbüfflerin sein. Wer kommt als nächste dran? Mir ist, als sei ich ins Lyzeum zurückversetzt. Die zweite, die zum Katheder gerufen wird, ist ausgerechnet mein Kind. Lehrerin, behandle sie gut, oder ich erscheine dir heute nacht im Traum als Löwe!

»Zwei und vier«, fragt die Lehrerin. Und mein Kind sieht sie furchtsam an.

Ich beginne, zu knirschen und mich aufzuregen. Zwei und vier! Ist es denn vernünftig, derartige Sachen ein Kind zu fragen, das so klein wie ein Häschen ist?

Wer hat diese Lehrpläne eingeführt?

Mein Kind arbeitet mit den Fingern. Es ist zu schwer, guter Gott! »Wehe, wenn jemand vorsagt!« mahnt die Lehrerin streng.

Ich möchte schreien: »Sechs! Sechs! Sechs!«

Aber ich kann es nicht, weil ich Luft bin, ein Nichts bin, durch Straßenbahnen schreite, mich einem Schutzmann auf den Kopf setze, ohne daß man es bemerkt. Ich singe, und niemand kann es hören. Ich kann auf einer Nadelspitze schlafen, und es ist noch Platz übrig. Mein Kind arbeitet verzweifelt mit den Fingern, seine Unterlippe deutet auf Sturm. Wenn Carlotta nicht antworten kann, wird man sie vielleicht bestrafen.

»Sechs! Sechs! Sechs!« rufe ich verzweifelt.

»Sechs«, antwortet mein Kind.

»Wer hat vorgesagt?« fragt die Lehrerin streng.

Auch sie muß es gehört haben, zwei Schritte von mir.

Aber da sie nicht an Wunder glaubt, sagt sie lächelnd: »Brav!«

Ich habe mein Kind nach Hause begleitet. Unterwegs erzählt es seiner Mutter, daß die Lehrerin »brav« zu ihm gesagt hat. Und ich stürzte mich kopfüber gegen eine Straßenbahn, dann flog ich wieder auf, stieg wie der Blitz bis zu siebenten Stock, kam in schwindelndem Flug wieder nach unten, richtete mich auf einer Handbreit Boden auf, machte drei rasche Drehungen um einen dicken Herrn, stieg wieder bis zu einer Höhe von zehn Stockwerken empor und flatterte wie ein welkes Blatt zu Boden.

Margherita, die süße Margherita, schaute lächelnd in den Himmel, und ihre schwarzen Augen sagten: »Giovannino, Giovannino . . .«